clv

Maleachi-Kreis (Hrsg.)

Die Bibel fasziniert mich ...

... weil sie Gottes inspiriertes Wort ist,
... weil sich ihre Vorhersagen erfüllen,
... weil sie mir den Weg zu Jesus zeigt,
... weil sie mir täglich Kraft und Trost gibt,
... weil sie mein Leben verändert.

clv

Christliche Literatur-Verbreitung e.V.
Postfach 11 01 35 · 33661 Bielefeld

Soweit nicht anders vermerkt, sind die Bibelzitate der Elberfelder Übersetzung 2003, Edition CSV Hückeswagen, entnommen.

1. Auflage 2012

© 2012 by CLV · Christliche Literatur-Verbreitung
Postfach 11 01 35 · 33661 Bielefeld
Internet: www.clv.de

Idee, Konzept und Koordination: Eberhard Platte, Wuppertal
Umschlaggestaltung: Eberhard Platte, Wuppertal
Satz: CLV
Druck und Bindung: CPI – Ebner & Spiegel, Ulm

ISBN 978-3-86699-244-3

Inhalt

Vorwort 7

Weshalb dieses Buch? 11
    Stellungnahme zu einer Zeitschrift mit gutem Titel
    Michael Kotsch

Die Bibel fasziniert mich …
    weil sie Gottes inspiriertes Wort ist 17
    Die Relativierung der Bibel
    und ihre Folgen für die Gemeinde Jesu
    Siegfried F. Weber

Die Bibel fasziniert mich …
    weil sich ihre Vorhersagen erfüllen 38
    Gott offenbart die Zukunft
    Jochen Endres

Die Bibel fasziniert mich …
    weil sie mir den Weg zu Jesus zeigt 114
    Aufklärung in der aktuellen Diskussion
    um seinen Sühnetod
    Wolfgang Nestvogel

Die Bibel fasziniert mich …
    weil sie mir täglich Kraft und Trost gibt 145
    Das Wort Gottes als Lebenselixier
    Johannes Pflaum

Die Bibel fasziniert mich …
    weil sie mein Leben verändert 163
    Echtes Leben aus Gott wird unweigerlich sichtbar
    Eberhard Platte

Anhang I
    Meine Lebenswende –
    wie Gott mir Glauben schenkte   186
    Ein sehr persönliches Zeugnis
    einer Theologiestudentin
    Anita Kupfermann

Anhang II
    Mit Rücksicht auf den Fleiß des Verfassers:
    noch mangelhaft!   195
    Ein Situationsbericht aus den 1960er-Jahren,
    der die Grenzen der Bibelkritik,
    aber auch Gottes Eingreifen aufzeigt
    Martin Vedder

Vorstellung der Autoren   200

Der Maleachi-Kreis stellt sich vor   204

Buchempfehlung   206

Abkürzungen   208

Vorwort

Kein anderes Buch hat die Geschichte der Menschheit so bewegt und verändert wie das Buch der Bücher, die Bibel. Und kein anderes Buch ist so umkämpft und angegriffen. Warum?

Eine Zeitschrift titelt: »Faszination Bibel«. Ja, das ist wirklich ein Thema für Christen: Kann uns die Bibel noch wirklich faszinieren? Was bewirkt sie tatsächlich noch in unserem Leben?

Dabei ist aber der grundsätzliche Ansatz, mit dem wir an die Bibel herangehen, von entscheidender Bedeutung: Ist sie wirklich das von Gott inspirierte untrügliche und unveränderbare Wort – das Wort, durch das Gott zu uns Menschen spricht und in dem er sich uns Menschen offenbart, oder enthält sie nur Gottes Wort und wird – wie heute viele Theologen und biblische Ausbildungsstätten statuieren – in mir zum Wort Gottes in dem Fall, wenn sie mich anspricht? Es ist eine Katastrophe, ja geradezu ein Super-Gau, dass diese Überzeugung inzwischen selbst viele evangelikale Kreise und Gemeinschaften erreicht hat. Dieses Virus der Bibelkritik hat sich bei vielen Christen durchgefressen und beherrscht das Denken unserer nachchristlichen Zeit. Damit aber stellt sich der Mensch über das Wort Gottes und entscheidet, was ihn anspricht bzw. noch in unsere Zeit passt und was nicht. Auf diese Weise hat aber der Widersacher Gottes erreicht, dass die Wirkung des Wortes Gottes keine Stoßkraft mehr hat, sondern einem Schwert ohne Klinge gleicht. Wie ist es möglich, dass selbst in kirchlichen und freikirchlichen Kreisen es keinen Aufschrei der Gläubigen gibt, wenn klare Aussagen der Bibel zur Ethik und Moral als nicht mehr zeitgemäß abgetan werden und wenn sich niemand mehr aufregt, dass Gesetze zur Homosexualität ein neues Zusammenleben in »eheähnlichen Beziehungen« ermöglichen und Gender-Mainstreaming auch in kirchlichen und evangelikalen Gemeinden Einzug hält? Warum nimmt keiner mehr Stellung gegen Abtreibung oder gegen die sogenannte Rentner-Ehe? Wo sind die Christen, die die Wahrheiten des Wortes Gottes hochhalten und bemüht sind, danach zu leben? Wo sind die Gläubigen, die zu Buße bzw. Bekehrung aufrufen und in deren Leben die verändernde Kraft des Evangeliums sichtbar wird? Wo sind die Christen, die mutig vor den Gefahren der Religionsvermischungen warnen, vor der Verirrung der Ökumene, vor dem Durchdringen der biblischen Botschaft mithilfe der »Transformation« und des Gedankenguts der Emerging Church sowie vor ihrer Vermischung mit Esoterik und östlicher Transzendenz?

Was soll man davon halten, wenn der Schriftleiter der vorgenannten Zeitschrift offen in der ersten Ausgabe bekennt, lieber John Ortberg zu lesen als die Bibel? Welchen Sinn hat dann eine solche Zeitschrift, in der gleich im ersten Heft von »Widersprüchen« in der Bibel zu lesen ist? Gebraucht werden vielmehr Christen, die auf bibelbezogene Fragen ihrer Mitmenschen in rechter Weise antworten können, an der uneingeschränkten Treue zum Wort Gottes festhalten und dessen lebensverändernde Kraft im Alltag unter Beweis stellen. Es geht um Christen, die sich mutig dem Zeitgeist entgegenstellen, denn wer sich auf die Bibel als Fundament des Glaubens bezieht, muss künftig verstärkt damit rechnen, als Fundamentalist diffamiert und mit gewaltbereiten Islamisten in eine Schublade gesteckt zu werden.

Gilt wirklich noch das Prinzip »sola scriptura«, wenn es um die Person unseres Herrn und Heilandes Jesus Christus geht und wenn wir in seinem geoffenbarten schriftlichen Wort, der Bibel, lesen? Hat sie auch heute noch ihre verändernde Wirkung in unseren Herzen und in unserem Leben? Oder ist sie nur noch ein faszinierendes Buch im Bücherschrank? Der Philosoph Friedrich Nietzsche hat einmal gesagt: »Wenn die Botschaft der Christen stimmt, müssten sie viel erlöster aussehen!« Ja, hierin hatte er recht. Wir wollen nicht verbissen kämpfen, sondern froh die befreiende Botschaft der Bibel weitergeben und vorleben: Jesus Christus macht frei von aller Sünde, er befreit uns Menschen von der Last der Vergangenheit, begleitet und stärkt uns in der Gegenwart, und er schenkt uns eine herrliche Zukunft in seiner Herrlichkeit. Er ist der Sieger von Golgatha durch sein stellvertretendes Sterben am Kreuz, er ist der real Auferstandene und in den

Himmel Aufgefahrene, und er ist der Wiederkommende, den wir erwarten dürfen. In dieser Zuversicht können wir leben – auch in einer zunehmend säkularisierten Christenheit.

Die Autoren und Referenten des Maleachi-Kreises greifen diese ungemein wichtigen Themen bewusst auf. Auf den Maleachi-Tagen und -Konferenzen beschäftigen sie sich immer wieder mit der Bedeutung des inspirierten Wortes Gottes.

Das vorliegende Buch will zu diesem wichtigen Thema Stellung beziehen.

Michael Kotsch analysiert die Zeitschrift *Faszination Bibel* des Bundes-Verlages (Witten) und zeigt die Bibelsicht der Herausgeber auf.

Siegfried Weber begründet in seinem Artikel »Die Bibel fasziniert mich ... weil sie Gottes inspiriertes Wort ist«, warum wir der Bibel als dem untrüglichen Wort Gottes vertrauen dürfen.

Jochen Endres zeigt in seinem umfangreichen Artikel »Die Bibel fasziniert mich, weil sich ihre Vorhersagen erfüllen«, wie viele der biblischen Aussagen zur Zukunft sich bereits erfüllt haben. Eine Mut machende Ausführung, die unser Vertrauen in die Bibel stärkt und auffordert, zuversichtlich in die Zukunft zu schauen, da unsere Zukunft Jesus Christus heißt.

Wolfgang Nestvogel macht in seinem Artikel »Die Bibel fasziniert mich, weil sie mir den Weg zu Jesus zeigt« deutlich, dass allein durch den Sühnopfertod Jesu, der heute selbst von führenden Vertretern der Kirche hinterfragt wird, die göttliche Errettung von der Sündenlast des Menschen möglich ist.

Johannes Pflaum beschäftigt sich in seinen Ausführungen »Die Bibel fasziniert mich, weil sie mir täglich Kraft und Trost gibt« damit, dass die Worte der Heiligen Schrift zu meinem Lebenselixier werden müssen, von dem ich täglich leben kann.

Und **Eberhard Platte** zeigt in seinem Beitrag »Die Bibel fasziniert mich, weil sie mein Leben verändert«, dass echtes Leben aus Gott unweigerlich sichtbar werden muss. Glauben bewirkt Umkehr. Wenn das im Leben der Christen erkennbar wird, ist die Botschaft der Bibel um Vieles glaubwürdiger.

Im Anhang finden Sie ein persönliches Zeugnis von **Anita Kupfermann**. Sie schildert, welche negative Auswirkung die historisch-kritische Bibelwissenschaft während ihres Theologiestudiums für sie persönlich hatte, aber auch, wie sie zum lebendigen Glauben an Jesus Christus fand. Außerdem berichtet **Martin Vedder** ein Erlebnis aus seiner Studienzeit, das Mut macht, sich treu zum Wort Gottes, der Bibel, zu bekennen.

Lassen Sie sich mit hineinnehmen in die Faszination des unvergleichlichen Wortes Gottes.

Es grüßt Sie der Herausgeberkreis
des Maleachi-Kreises, Oktober 2012

Weshalb dieses Buch?

Stellungnahme zu einer Zeitschrift mit gutem Titel
Michael Kotsch

»Faszination Bibel« – ohne Faszination für die Bibel

Großartig, endlich eine allgemein verständliche Zeitschrift, die sich der Bibel widmet! Das selbst gesteckte Ziel klingt vielversprechend: »Wachsende Liebe zur Bibel. Den Schatz der Bibel aufschließen … Das Wort Gottes zum Leuchten bringen« (S. 7).[1] Wer das erste, 100 Seiten starke Heft des neuen Quartalsmagazins gelesen hat, ist stellenweise jedoch ziemlich irritiert. So outen sich zwei der Herausgeber, die andere zum Bibellesen motivieren wollen, als ausgesprochene Bibel-Muffel. Ulrich Eggers: »Jenseits vom Beruf lese ich wenig in der Bibel und erwarte nicht viel von ihr …« Martin Gundlach: »Als Teenager bin ich dann vom regelmäßigen Bibellesen abgekommen. Und hab bis heute nicht so richtig dorthin zurückgefunden.« Es wirkt seltsam, wenn jemand, der selber nicht gerne in der Bibel liest, andere gerade dazu ermutigen will.

Natürlich finden sich in *Faszination Bibel* auch wirklich interessante und Mut machende Artikel. Viele von geistlichen Minderwertigkeitsgefühlen geplagte Christen wird es beispielsweise erfreuen zu lesen, wie positiv manch prominente Politiker und Künstler über die Bibel denken (S. 57). Ganz praktische und authentische Aussagen zur Bibel kommen dann interessanterweise vorwiegend von Nichttheologen. So bekennt der Geschäftsmann Daniel Walk, wie das Lesen der Bibel seine Aufmerksamkeit im Gottesdienst stärkt und ihm hilft, andere Men-

---

[1] A. d. V.: Wenn in diesem Artikel Seitenzahlen angegeben sind, beziehen sie sich auf die erste Ausgabe von *Faszination Bibel* (Oktober bis Dezember 2010), auf die an anderer Stelle auch mit *Faszination Bibel*, 4/10, Bezug genommen wird.

schen realistischer einzuschätzen. Vor allem aber äußert er, wie ihm Gott in der Bibel begegnet und er durch die Bibel Orientierung zum Leben findet: »Es wird alles ins rechte Licht gerückt. Ich sehe mein Lesen als enormen Einfluss, um ... mich nicht verrückt zu machen, nicht vor Sorgen zu zerbrechen. ... Ich lese in deinem Wort, Herr. Alles andere kommt danach« (S. 50). Schade nur, dass den Pastoren und Theologen in *Faszination Bibel* solche Worte fehlen.

Der Theologe und *Faszination-Bibel*-Mitarbeiter Ulrich Eggers bekennt, dass er lieber John Ortberg liest als die Bibel. Unterstützt wird er diesbezüglich von *Faszination-Bibel*-Redakteur Thomas Härry. Zunächst fragt U. Eggers: »Muss jeder die Bibel wichtig finden und gut kennen?« Darauf Th. Härry: »Nein, nicht die Bibel, sondern Jesus Christus« (S. 38-41). Das hört sich nach dem altbekannten Spiel an, Jesus von der Bibel trennen zu wollen – man fragt sich nur, wie das gehen soll. Später werden uralte und längst geklärte Argumente gegen die Glaubwürdigkeit der Bibel präsentiert und bejaht: »Der Hase ein Wiederkäuer? Hier irrt die Bibel doch tatsächlich« (S. 95).[2] Auch Christel Eggers' theologische Erkenntnis: »Ich habe viel gelernt ... [Gott] sein Versagen zu verzeihen ...« (S. 47), dürfte manchem Leser zu denken geben. Wer sich dann Christoph Schrodts Grundlagenartikel zur Inspiration vornimmt, der die Unklarheit noch vergrößert, weiß hinterher nur noch, was Inspiration sicher nicht ist (S. 26-29). *Faszination Bibel* ist offensichtlich ein *Aufatmen* für Bibelleser.

Über die Zielsetzung von *Faszination Bibel* ist auf der eigenen Homepage (http://www.faszination-bibel.net)[3] Folgendes zu lesen: »Die Bibel nicht nur im Regal aufbewahren, sondern sie verstehen, ihre Kraft erfahren, ihre Relevanz erfassen: ›Faszination Bibel‹ schließt Wege dazu auf. ›Das Buch der Bücher lieben lernen‹ ist Ziel dieses Magazins.« Das hört sich wirklich gut an, und tatsächlich finden sich auf der Internetseite von *Faszination Bibel* informative historisch-archäologische Aufsätze,

---

[2] Diese Aussage über einen vorgeblichen Irrtum des Alten Testaments wurde in der zweiten Ausgabe von *Faszination Bibel* zurückgenommen.
[3] A. d. V.: Abgerufen am 21. 08. 2012.

biblische Kurzauslegungen und persönliche Glaubensberichte. Darunter sind auch originelle Beiträge, z. B. über Bibelsprüche an alten Häusern (Wendel: »ungefähr biblisch«) und eine locker formulierte Einführung in den alttestamentlichen Gebrauch des Begriffs »Herz« mit zahlreichen aussagekräftigen Bibelstellen (»Das menschliche Herz im AT«). Eine offensichtliche Stärke vieler Artikel von *Faszination Bibel* ist die formulierte Echtheit, in der sie geschrieben sind. Ob es sich dabei um eine wirkliche oder lediglich journalistisch dargebotene Echtheit handelt, kann natürlich nicht gesagt werden. Die Autoren begeben sich bewusst auf die Ebene des zweifelnden, unsicheren und emotionsgeleiteten Christen, um sich mit ihren potenziell erhofften Lesern zu identifizieren. Häufig finden sich anregende, kurze Gedanken zu einzelnen Bibelversen. Zumeist sind diese nicht sehr tief, aber persönlich.

Immer wieder finden sich dementsprechend auch Formulierungen wie »das berührt mich« und »das spricht mich an«. Die subjektive Betroffenheit im Positiven wie im Negativen rangiert bei den *Faszination-Bibel*-Autoren vor objektiven Aussagen über Gott und die Bibel. Psychologisch korrekt spricht man fast ausschließlich über sich und seine Gefühle im Umgang mit dem Wort Gottes und wenig über den Leser oder seinen Umgang mit der Bibel. Unpopuläre Appelle oder Kritik finden sich natürlich kaum. Feste Aussagen werden fast nur bei sprachlichen, archäologischen oder kulturellen Aussagen gemacht – deren Sicherheit allerdings nicht immer wirklich sicher ist.

Die 35 Mitglieder des Beirats von *Faszination Bibel* repräsentieren so gut wie jede theologische Ausrichtung innerhalb der evangelikalen Bewegung. Darunter finden sich u. a. charismatische, kirchlich geprägte, konservativ-bibeltreue und gemäßigt-bibelkritische Personen (S. 96f.). Auf die konkrete Gestaltung der Zeitschrift hat der Beirat allerdings nur bedingt Einfluss, wie auf Rückfrage bei verschiedenen Beirats-Mitgliedern zu erfahren war.

Die meisten Artikel stammen aus der Feder bzw. dem Computer von Redaktionsleiter Dr. theol. Ulrich Wendel. Er hat den größten Einfluss auf Inhalt und Ausrichtung der Zeitschrift.

Theologisch festlegen will sich Wendel für seine Zeitschrift allerdings nicht. Über die geistliche Ausrichtung von *Faszination Bibel* schreibt er: »Unser Magazin ist auf keine bestimmte Auslegungstradition festgelegt. Wo es unterschiedliche Möglichkeiten gibt, Texte zu verstehen, wollen wir das auch fair darstellen.« Da zu den unterschiedlichen Möglichkeiten, biblische Texte zu interpretieren, auch bibelkritische, materialistische, feministische oder geschlechtergerechte Ansätze gehören, muss davon ausgegangen werden, dass auch diese exegetischen Methoden in *Faszination Bibel* nicht generell abgelehnt werden.

Im *Faszination-Bibel*-Blog, der in Kooperation mit dem Portal »Jesus.de« betrieben wird, finden sich neben kurzen geistlichen Gedankenanstößen auch zwiespältige theologische Thesen von Ulrich Wendel.

In einem Artikel zum 119. Psalm und dessen Loblied auf das Wort Gottes schreibt Wendel beispielsweise: »Aber das meiste in den ersten fünf Büchern der Bibel sind eben Vorschriften und Gesetze ... Textstrecken, die für mich am farblosesten sind« (Wendel: »Was ist so schön an den fünf Büchern Mose?«). Und dann folgt leider keine positive Denkhilfe oder Perspektive, um auch in den fünf Büchern Mose Gottes Wort erkennen zu können, das noch bis heute seinen Lesern etwas zu sagen hat. Der Psalm 119 mit seiner Begeisterung für das Wort und Gesetz Gottes wird in diesem Artikel eher als fremd und unverständlich dargestellt. Das mag ehrlich sein und wird bei manchem vielleicht sogar auf ähnliche Lese-Erfahrungen stoßen; kaum aber werden solche Bekenntnisse helfen, die Bibel besser zu verstehen oder dazu motivieren, der Bibel hinsichtlich des eigenen Lebens mehr zu vertrauen.

Wohl nicht ganz unstrittig wird das *Reich Gottes* in einem anderen Beitrag Wendels ganz von einer realen zukünftigen Herrschaft Gottes gelöst und allein auf die irdische Gemeinschaft Gottes mit seinen Nachfolgern, den Christen, bezogen. Mit Bezug auf Offenbarung 5,10 wird das Reich Gottes rein innerweltlich und zeitlich interpretiert (Wendel: »Gottes Reich: Was, wo, wer ist das?«).

Anstößige Aussagen aus einem der »Rachepsalmen«, die von einem Gericht Gottes über die Feinde Israels sprechen, werden von Wendel schnell geglättet. Zum einen handle es sich nur um subjektive Wünsche des Psalm-Schreibers, zum anderen zeigten seine Rachewünsche nur ein erstes Stadium einer evolutionären Entwicklung biblischer Aussagen. Am Ende gäbe es natürlich keine göttliche Vernichtung der Feinde Israels.»Manche biblische Aussagen sind Momentaufnahmen und müssen in dem Prozess verstanden werden, in dem die Bibel sich selbst vorwärts schreibt ...« (Wendel: »Wie die Bibel sich vorwärts schreibt«).

Etwas irritierend für den bibelorientierten Leser sind auch Feststellungen wie: »Es gibt keine ›biblischen Prinzipien‹« (Wendel: »Gegenkräfte Gottes«). Begründet wird das dann mit der Freiheit Gottes, die keinen Prinzipien unterworfen sei. Obwohl Gott in der Bibel zweifellos keinen äußeren Gesetzen unterliegt, formuliert er aber für sich und die Menschen durchaus allgemeingültige Prinzipien: »Gehorsam bringt Segen, Ungehorsam bringt Fluch« (vgl. 3Mo 26). »Wer Sünden bekennt, dem werden sie vergeben« (vgl. 1Jo 1,9). »Wer Gott ablehnt, wird auch im Jenseits von Gott getrennt« (vgl. Joh 3,18) usw.

Von Faszination an der Bibel spürt man bei den meisten Artikeln in *Faszination Bibel* relativ wenig. Neben einigen anregenden Reportagen und Sachartikeln zur Archäologie und zum Land Israel bekommt der Leser eher den Eindruck, dass die Autoren sich andauernd für die Bibel entschuldigen. Die Bibel sei schwer verständlich, nicht mehr aktuell und widersprüchlich; Paulus sei ein »harter Hund«, ein »Leitwolf«, zumindest zeitweise »autoritär« usw.; aber trotz allem sei die Bibel eigentlich gar nicht so schlimm (z. B. Wendel: »Paulus, ein harter Hund?«). Immerhin sei die Bibel gelegentlich recht fortschrittlich, zumindest im Vergleich mit der Umwelt des Neuen Testaments. Echte Faszination für die Bibel hört sich anders an.

Immer wieder wird in Artikeln erwähnt, wie seltsam, altertümlich oder unverständlich die Inhalte der Bibel seien. Letztlich unterschieden sie sich aber doch nicht so sehr von der Gegenwart, ihren Lebensformen und Auffassungen. Folglich könne man die Bibel auch in einer postmodernen Zeit noch gebrauchen.

Seit Jahrhunderten werben überzeugte Christen für die absolute Zuverlässigkeit und Glaubwürdigkeit der Bibel. Wenn gewisse Parolen in der Zeitschrift *Faszination Bibel* die Bibel relativieren, dient das eher einer Verunsicherung interessierter Gemeindeglieder. Christen mit Bibelkritik zum Bibellesen animieren zu wollen, ist doch wohl ein seltsames Konzept.

Die Bibel fasziniert mich ...
weil sie Gottes inspiriertes Wort ist

Die Relativierung der Bibel
und ihre Folgen für die Gemeinde Jesu
Siegfried F. Weber

Die Bibel fasziniert mich – wirklich?

Nicht immer hat mich die Bibel fasziniert. Als Kind faszinierten mich die Wundergeschichten in der Bibel. Als Teenager stellte ich sie zwar nicht infrage, aber eine gewisse Gleichgültigkeit verdrängte das Bibellesen. Dann aber kam der Einschlag, und zwar, als ich mit 17 Jahren zum persönlichen Glauben an Jesus Christus kam. Von da an begann ich, die Bibel täglich zu lesen, auch wenn ich anfangs noch nicht alles verstand. Aber ich merkte, dass die Worte der Bibel besondere Worte waren, die mein Leben veränderten und prägten. Ich spürte, dass hier der lebendige Gott selbst durch sein Wort zu mir persönlich redete. Und das fasziniert mich bis heute an der Bibel: Der unendliche große Gott, der Schöpfer aller Dinge, nimmt sich Zeit für mich und redet mit mir, wenn ich sein Wort aufschlage. Damit sind wir aber auch mitten im Thema: Wird die Bibel erst Gottes Wort, wenn sie zu mir redet, oder ist sie es an sich, weil sie inspiriert ist? Dieser Frage wollen wir kurz nachgehen.

Inspiration, was ist das?

Der Begriff »Inspiration«[4] ist vom lateinischen Wort »inspirare« abgeleitet, was so viel heißt wie »durch den Geist eingeben«. Das

---
4   Bereits Tertullian (ca. 150 – 230 n. Chr.) kannte den Begriff »Inspiration«.

lateinische Wort »spiritus« ist der »Geist«. Das entsprechende griechische Wort in Zusammenhang mit der Inspiration der Bibel heißt »theopneustos« und bedeutet »gottgehaucht«, das heißt »von Gott eingegeben«. Wenn wir sagen, dass die Bibel inspiriertes Wort Gottes ist, dann meinen wir damit, dass sie von Gott eingegeben ist. Sie ist also kein menschliches Werk, in dem nur Menschenworte stehen. Denn dann wäre sie ein profanes Buch und allen anderen Büchern gleichzusetzen. Wenn wir von der Inspiration sprechen, dann bekunden wir damit, dass die Bibel kein bloßes Menschenwort ist, sondern Gottes Wort.[5]

Schon Paulus teilt uns mit, dass der Heilige Geist durch den Propheten Jesaja gesprochen hat (Apg 28,25). Gott hat durch die Propheten und zuletzt in seinem Sohn geredet (Hebr 1,1-2).

Inspiration – ist das so wichtig?

Manche glauben, dass das Thema von Jesus Christus wichtiger sei als das Thema von der Inspiration. Diesem Vorwurf hält Helge Stadelmann entgegen: »Der Glaube an den ganzen Christus und der Glaube an das inspirierte Wort gehören untrennbar zusammen und machen sich keine Konkurrenz. Wir haben Christus nicht ohne das Wort, denn nur hier wird er uns verkündigt.«[6]

Andere stören sich daran, dass die Inspirationslehre ein menschliches Dogma wäre. Dazu noch einmal H. Stadelmann: »Der zweite Vorwurf ist von nicht besserer Qualität. Als ob die Inspirationslehre nachträglich erfunden worden wäre, um die Bibel ›abzusichern‹! Vielmehr findet sich das Zeugnis von der Gott-Gegebenheit der Heiligen Schriften bereits ausführlich im Alten wie im Neuen Testament.«[7]

Christoph Schrodt hebt sich in der Zeitschrift *Faszination Bibel* vom Inspirationsdogma ab, wenn er schreibt: »Dass die Bibel

---

5 In diesem Sinne sprechen wir von der *Inverbation*, das heißt, dass Gottes Rede sich in menschlicher Sprache fixiert.
6 H. Stadelmann, *Grundlinien eines bibeltreuen Schriftverständnisses*, Wuppertal: R. Brockhaus Verlag, 1996, 3., überarbeitete Auflage, S. 64.
7 Ders., ebd., S. 64.

inspiriert ist, lässt sich nicht beweisen. Gottes Wort lässt sich nicht absichern durch eine Theorie. Inspiration wird erfahren, wo das Wort trifft.«[8] Die Bibel ist aber unabhängig vom Bibelleser inspiriert, auch wenn das Wort Gottes ihn nicht trifft.[9] Die Bibel sagt selber, dass sie inspiriert ist. Daran hält auch Christoph Schrodt fest: »Wer die Bibel vom Heiligen Geist trennt, der ›tötet‹ sie ... Die Bibel ist nicht nur teilweise inspiriert. Wir können Gottes Wort nicht von Menschenwort trennen.«[10] Um diese Statements belegen zu können, wären wir wieder mitten in der Dogmatik. Die Aufgabe der biblischen Dogmatik besteht darin, jene Aussagen innerhalb der Bibel herauszufiltern, die belegen, dass die Bibel mehr als ein Buch ist, nämlich Gottes Wort. Es geht also um ein apologetisches Bemühen[11], das bereits der Apostel Petrus mit 2. Petrus 1,20-21 verfolgt: Es geht nämlich darum, dass alles Geschriebene in der Bibel Gottes Wort und damit in jeder Beziehung authentisch und zuverlässig ist. Und nicht nur die Heilstatsachen, sondern auch die geschichtlichen Ereignisse, die ineinander übergehen, sind inspiriert.

Diesem biblischen Zeugnis wollen wir uns nun zuwenden.

Das biblische Zeugnis über die Inspiration

»Die ganze Schrift ist gottgehaucht [theopneustos] und nützlich zur Lehre, zur Überführung, zur Zurechtweisung [Wiederherstellung], zur Erziehung in der Gerechtigkeit, damit der Mensch Gottes vollkommen sei, zu allem guten Werk zugerüstet« (2Tim 3,16-17).

---

8   Christoph Schrodt, »Was ist so heilig an der Heiligen Schrift?«, in: *Faszination Bibel. Das Buch der Bücher lieben lernen*, Witten: SCM Bundes-Verlag, Ausgabe Okt.–Dez. 2010 (4/10; A. d. V.: Damit ist die erste, im 4. Quartal 2010 erschienene Ausgabe dieser Zeitschrift gemeint. Das gilt auch im Folgenden.), S. 29. In gleicher Weise argumentiert Werner Brändle in: *RGG4* (Studienausgabe 2008, Tübingen) unter der Rubrik »Inspiration/Theopneustie«, Bd. 4, Sp. 173: Die Inspiration der Heiligen Schrift ist eine Glaubensaussage, und mit derzeitigen wissenschaftlichen Verfahren ist kein Beweis für die Autorität der Bibel zu erbringen, so seine These.

9   Diese Worte (»Inspiration wird erfahren, wo das Wort trifft«) klingen ähnlich wie die Aussage von Karl Barth (*Kirchliche Dogmatik* I,1 § 4): »Die Bibel wird nur im Zeugnis Gottes Worts.« Sie wäre demnach nicht an sich Gottes Wort.

10 Chr. Schrodt in: *Faszination Bibel*, 4/10, S. 28-29.

11 Vgl. Werner Brändle in: *RGG4*, Bd. 4, Sp. 171.

»Denn dies sollt ihr vor allem erkennen, dass keine Prophetie der Schrift aus eigener Auflösung heraus geschah, denn niemals wurde eine Prophetie durch den Willen eines Menschen hervorgebracht, sondern vom Heiligen Geist getrieben haben Menschen von Gott her geredet« (2Petr 1,20-21).[12]

a) Erklärung von 2. Timotheus 3,16
1. Feststellung:

Die Schrift ist gottgehaucht (»theopneustos«). Der Begriff kommt nur einmal in der Bibel vor. Er ist in außerbiblischen Texten nicht vor dem 1. Jahrhundert n. Chr. bezeugt. Er scheint also erst von Paulus gebildet worden zu sein. Als die göttlichen Offenbarungen in menschlicher Sprache niedergeschrieben wurden, da hatte Gott seine Hand im Spiel. Er hat den Verfassern sein Wort eingehaucht. Noch mehr: Er wacht mit seiner Hand darüber. Würde es keine Inspiration geben, dann wären die biblischen Schriften nur Mythen und Legenden. So aber sind alle 66 Bücher der Bibel von Gott eingehaucht und folglich Gottes Wort. Weil es sich um Gottes Wort handelt, haben wir es mit der Wahrheit zu tun. Dadurch haben die Bücher der Bibel göttliche Autorität. Wir müssen uns jetzt noch das Wort »theopneustos« etwas genauer anschauen. Manche übersetzen »von Gottes Geist eingegeben/inspiriert«[13]. Diese Übersetzung geschieht in Anlehnung an die Vulgata.[14] Der Begriff »Inspiration« an sich ist ungenau, denn man könnte meinen, dass die biblischen Autoren nur vom Heiligen Geist angeblasen wurden. Deshalb muss der Begriff exakt definiert werden. Das griechische Wort »theo-pneustos«

---

12 Übersetzung beider Verse von S. F. Weber. Vgl. W. Haubeck und H. v. Siebenthal, *Neuer Sprachlicher Schlüssel zum Neuen Testament*, Gießen: Brunnen, 1994, Bd. 2, S. 233 und 332.
13 *Neuer Sprachlicher Schlüssel zum NT*, a. a. O., Bd. 2, S. 233. Vgl. ferner den Begriff »theopneustos« bei W. Bauer, *WBNT* (Griechisch-deutsches Wörterbuch zum Neuen Testament), Berlin: Walter De Gruyter, 1971, Sp. 704; *ThWBNT* (Theologisches Wörterbuch zum Neuen Testament), Stuttgart: Kohlhammer, 1959, Bd. VI, S. 452; oder *RGG3* (*Religion in Geschichte und Gegenwart*, 3. Auflage), Studienausgabe, Tübingen: J. C. B. Mohr, 1986, Bd. 3, Sp. 775; »Inspiration/Theopneustie« in: *RGG4*, Studienausgabe 2008, Tübingen: Mohr Siebeck, Bd. 4, Sp. 167-175.
14 Vulgata: »omnis scriptura divinitus inspirata« = »alle Schrift ist von Gott eingegeben«.

ist genauer, meint »gottgehaucht« und gibt den Autor der Inspiration an, nämlich Gott. Der Begriff »pneustos« weist zudem auf »pneuma« (Geist) hin und besagt, dass Gott durch seinen Heiligen Geist die Worte ausgehaucht hat. Eine genaue Definition von »theopneustos« gibt Benjamin B. Warfield.[15] Der griechische Begriff meint nicht, dass die Heilige Schrift von Gott »eingehaucht« ist, sondern sie ist »ausgehaucht«. So wie Himmel und Erde durch den Hauch des Mundes Gottes entstanden sind (Ps 33,6), so hat Gott durch seinen Geist seine Worte ausgehaucht. Das griechische Wort »theopneustos« bedeutet also »gottgehaucht« und besagt, dass die Heilige Schrift auf Gott zurückgeht. Gott selbst ist der Autor.[16]

Diese Definition hat weitreichende Konsequenzen. Denn wenn Gott selbst der Autor ist, dann ist sein Wort auch unfehlbar und irrtumslos. Die Inspiration ist also nicht von dem *Wesen* Gottes zu trennen. Gott ist seinem Wesen nach vollkommen, unfehlbar, irrtumslos und zuverlässig. Demgemäß gilt dies auch für sein Wort![17]

2. Feststellung:

Wie wird die griechische Aussage »pasa graphe theopneustos« richtig übersetzt? Zunächst einige Übersetzungen:

- »Denn alle Schrift, von Gott eingegeben ...« (Luther 1984).
- »Alle Schrift ist von Gott eingegeben ...« (UELB, RELB, Elb 2003 und Schlachter 2000).
- »Jede Schrift ist von Gottes Geist eingegeben ...« (Schlachter 1951).

---

15 Benjamin B. Warfield, *The Inspiration and Authority of the Bible*, hrsg. von S. G. Craig, Phillipsburg: The Presbyterian and Reformed Publishing Company, 1948, S. 133. Auf S. 245-296 bietet er eine ausführliche Wortstudie über »theopneustos«.
16 So auch A. von Almássy, *Die Bedeutung von Inspiration und Autorität der Bibel und Ersatz-Autoritäten*, Waldbronn: Verlag Bibel und Gemeinde (BuG), S. 16f.
17 Eckhard Schnabel in: *Der Kampf um die Bibel – 100 Jahre Bibelbund*, 2/94, hrsg. von S. Holthaus und Th. Schirrmacher, S. 80.

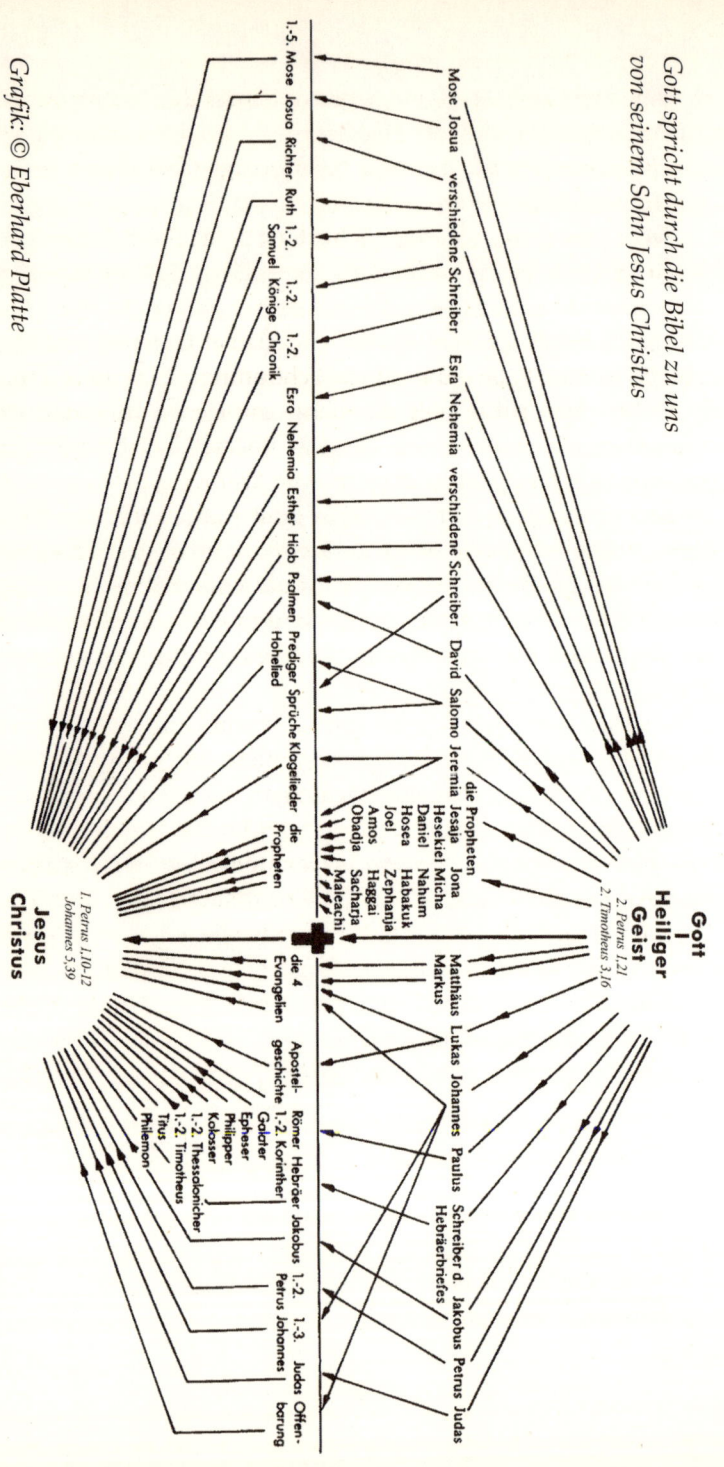

- »Jede von Gottes Geist eingegebene Schrift ist ...« (Menge und Zürcher).
- »Die ganze Schrift ist von Gottes Geist gegeben und von ihm erfüllt« (NeÜ).
- »Denn die ganze Heilige Schrift ist von Gott eingegeben« (HfA).

Das griechische Adjektiv »pasa« mit Artikel bedeutet »ganz«[18], z. B. in Römer 8,22 (»die ganze Schöpfung«). Da in 2. Timotheus 3,16 der Artikel fehlt, ist »pasa« mit »jede« oder »alle« zu übersetzen.[19] Wenn wir »jede Schrift« übersetzen, dann ist alles gemeint, was in der Schrift steht; *jede Schriftstelle* ist also gottgehaucht.[20] Wenn wir »pasa graphe« mit »alle Schrift«[21] wiedergeben, dann ist damit die *ganze Schrift* gemeint, die Schrift als Ganzes. Bei dieser Übersetzung wird die Vollständigkeit als Einheit betont.[22] Beide Übersetzungen sind möglich. Für das Wesen der Inspiration zieht der Unterschied keine Konsequenzen nach sich.[23]

Kommen wir nun zu »graphe«. Wenn »graphe« (Schrift) mit Artikel (die Schrift) erscheint, ist nicht nur an die einzelne Schriftstelle zu denken, sondern auch an die ganze Schrift, also an das ganze Alte Testament (Röm 4,3; 9,17; 10,11; 11,2; Gal 4,30; ferner Joh 2,22; 17,12; 20,9).[24] In 2. Timotheus 3,16 steht »graphe« ohne Artikel und bezeichnet »jede Schrift(stelle)« des Alten Testaments.[25] Das bedeutet, dass jede Schriftstelle von Gott gehaucht

---

18 E. G. Hoffmann und H. v. Siebenthal, *Griechische Grammatik zum Neuen Testament*, Riehen (Schweiz): Immanuel Verlag, 1985, § 136 d, S. 187.
19 E. G. Hoffmann, H. v. Siebenthal, ebd., S. 188.
20 So W. Haubeck und H. v. Siebenthal, *Neuer Sprachlicher Schlüssel zum NT*, a. a. O., Bd. 2, S. 233. So auch Benjamin B. Warfield, *The Inspiration and Authority of the Bible*, a. a. O., S. 134; ferner G. Schrenk in: *ThWBNT*, hrsg. von G. Kittel, a. a. O., Bd. I, S. 753. Dagegen spricht sich allerdings G. Wohlenberg aus, und zwar in: *Die Pastoralbriefe*, S. 311, in: *Kommentar zum Neuen Testament*, hrsg. von Th. Zahn, Leipzig: Deichertsche Verlagsbuchhandlung, 1906. Er übersetzt: »Alles, was von Gott eingehauchte Schrift ist ...«
21 So Max Zerwick, Mary Grosvenor, *A Grammatical Analysis of the Greek New Testament*, Rom: Biblical Institute Press, 1981, S. 644.
22 Vgl. E. G. Hoffmann, H. v. Siebenthal, *Griechische Grammatik zum Neuen Testament*, a. a. O., § 136 d, S. 188.
23 E. Schnabel, a. a. O., S. 83.
24 G. Schrenk in: *ThWBNT*, a. a. O., Bd. I, S. 753.
25 Ders., ebd., S. 753.

ist. Es gibt keine Schriftstelle, die nicht göttliche Autorität besitzt oder weniger inspiriert wäre. Wenn auch »graphe« ohne Artikel steht, so könnte man meinen, dass irgendeine Schrift gemeint wäre – egal, ob heilig oder profan.[26] Doch denkt Paulus hier in 2. Timotheus 3,16 in keiner Weise an profane Schriften, weist er doch Timotheus in Vers 15 auf die »heiligen Schriften« hin.

Welche kanonischen Bücher der Bibel meint nun der Apostel?

Das Wort »graphe« bezieht sich in jedem Fall auf die 39 Bücher des Alten Testaments.[27] J. J. van Oosterzee schreibt: »Obgleich der Artikel hier fehlt, so ist doch dem Zusammenhange zufolge nicht ein [sic][28] Augenblick daran zu zweifeln, dass der Apostel hier entschieden und ausschließlich von der grafh. (›graphe‹[29]) des Alten Bundes, und zwar in ihrer Totalität, redet.«[30]

Paulus weiß selbst, dass er inspiriert ist (Gal 1,12). Von daher gesehen, rechnet er auch mit der Inspiration aller neutestamentlichen Schriften. Wir müssen bedenken, dass Paulus den 2. Timotheusbrief am Ende seines Lebens schrieb, das heißt, die anderen zwölf Paulusbriefe waren schon geschrieben. Petrus bekennt sich ebenso zu den Briefen des Paulus: »Davon redet er in allen Briefen, in denen einige Dinge schwer zu verstehen sind, welche die Unwissenden und Leichtfertigen verdrehen, wie auch die andern Schriften, zu ihrer eigenen Verdammnis« (2Petr 3,16; Luther 1984). Die »andern Schriften« sind die übrigen neutestamentlichen Schriften.

In Bezug auf die Syntax (Satzstellung) von »theopneustos« (gottgehaucht) ist festzuhalten, dass es wiederum zwei Über-

---

26 G. Wohlenberg, *Die Pastoralbriefe*, S. 311, in: *Kommentar zum Neuen Testament*, hrsg. von Th. Zahn, a..a. O.
27 So auch E. Schnabel, a. a. O., S. 83. Ferner: Gerhard Maier, *Biblische Hermeneutik*, Wuppertal: R. Brockhaus Verlag, 1990, S. 83.
28 A. d. V.: Mit diesem Klammerausdruck wird darauf hingewiesen, dass der unmittelbar vorangehende Ausdruck (»ein«) korrekt zitiert worden ist, obwohl sein Gebrauch im Original nicht mit den heutigen Regeln der deutschen Sprache in Einklang steht.
29 Hinzufügung in Klammern durch Siegfried F. Weber.
30 J. J. van Oosterzee, *Die Pastoralbriefe*, S. 118, in: *Theologisch-homiletisches Bibelwerk*, hrsg. von J. P. Lange, Bielefeld und Leipzig: Verlag Velhagen und Klasing, 1894.

setzungsmöglichkeiten gibt. Einmal: »Alle Schrift ist gottgehaucht.«[31] Wir können aber auch übersetzen: »Jede gottgehauchte Schrift«[32].

Beide Übersetzungen meinen dasselbe: Die Heilige Schrift ist durch den Heiligen Geist von Gott in die biblischen Schreiber hinein ausgehaucht!

3. Feststellung:

Weil es sich um Gottes Wort handelt, zeigt es uns den Weg, den wir gehen sollen. Gottes Wort ist die Navigation zum Himmel, zum Leben. Gott sagte in Bezug auf die Thora (das sind die 5 Bücher Mose), dass sie nicht ein leeres Wort enthalte, sondern dass sie das Leben ist (5Mo 32,47).

b) Einige Stimmen zu 2. Timotheus 3,16

Wir wollen ganz kurz die wichtigsten Aussagen einiger Kommentatoren zu 2. Timotheus 3,16 festhalten.

- Fritz Grünzweig[33] übersetzt: »Alle Schrift [ist] von Gott eingegeben.« Er kommentiert: »Gott machte den Menschen zum Menschen, indem er etwas selbst in ihn hineinschenkte: seinen Lebenshauch, seinen Geist (1Mo 2,7; Hauch und Geist sind in der Ursprache dasselbe Wort).«[34] So wie der Lebenshauch Gottes im Menschen ist, so durchhaucht sein Geist die Heilige Schrift, meint Grünzweig. Wiederum werden wir durch diese Auslegung darauf hingewiesen, dass die Bibel durch und durch göttlich ist.

---

31 Das Hilfsverb (sein) fehlt im Griechischen. An dieser Stelle haben wir prädikativ übersetzt, indem wir ein Hilfsverb hinzufügten.
32 An dieser Stelle fügten wir kein Hilfsverb hinzu und übersetzten attributiv.
33 Fritz Grünzweig, *Zweiter Timotheus-Brief, Titus- und Philemon-Brief*, in: G. Maier (Hrsg.), Edition C-Bibelkommentar zum NT, Neuhausen: Hänssler, 1990, S. 116.
34 Ebd.

- Hans Bürki fasst zusammen: »Jeder in Schrift gefasste Gottesspruch ist gottgehaucht und darum für die Gemeinde mit Autorität versehen. Die biblischen ›Schriftsteller‹ waren nicht eigenmächtig von ihren Vorstellungen, Wünschen und Lügen, geschweige denn vom Vater der Lüge inspiriert ... sondern von Gottes Heiligem Geist bewegt.«[35]
- Adolf Schlatter: Die Schrift hat, weil sie geistgegeben ist, »bleibende Geltung und immer neue Wirkung«[36].
- In seinen Erläuterungen zum Neuen Testament schreibt Schlatter: »Paulus will, dass die Gemeinde nicht bloß einzelne Stücke oder besonders inhaltsvolle Worte aus der Bibel kenne und brauche, sondern sich in die ganze Bibel vertiefe. Willkürliche Auswahl schmälert nicht nur den Gewinn, sondern hat die Gefahr bei sich, dass die eignen verkehrten Neigungen und trüben Lieblingsgedanken die Obmacht gewinnen und zum eigensinnigen Missbrauch der Bibel führen.«[37]
- James Baker resümiert: »›Jede Schrift‹ bezieht sich nicht einfach auf das Ganze, sondern ist ein Hinweis auf jede einzelne Passage der ganzen Schrift ... ›Jede Schrift‹ schließt auch die neutestamentlichen Schriften ein.«[38]
- Joachim Jeremias fasst sich kurz: »Jede Schriftstelle ist ›durch das Wehen des Geistes Gottes entstanden‹ – es ist wirklich Gott, der hier redet –, und darum bietet das Schriftwort auch des Alten Bundes das Mittel zur Belehrung über den Gotteswillen, zur Überführung der Sündigenden, zur Aufrichtung und Besserung der Reuigen, zur Erziehung in der rechten Lebensführung, wie Gott sie fordert.«[39]

---

[35] Hans Bürki, *Der zweite Brief des Paulus an Timotheus*, S. 101, in: *Wuppertaler Studienbibel*, begründet von F. Rienecker, Reihe NT, hrsg. von W. de Boor und A. Pohl, Wuppertal: R. Brockhaus Verlag, 1982, 4. Auflage.
[36] Zitiert bei H. Bürki, *Der zweite Brief des Paulus an Timotheus*, S. 101, in: *Wuppertaler Studienbibel*, a. a. O.
[37] Adolf Schlatter, *Erläuterungen zum NT*, II, *Die Briefe des Paulus*, Calw und Stuttgart: Verlag der Vereinsbuchhandlung, 1909, S. 830.
[38] James Baker, *1./2. Timotheus und Titus*, S. 268, in: *Was die Bibel lehrt*, Dillenburg: Christliche Verlagsgesellschaft, 1989.
[39] J. Jeremias, *Die Briefe an Timotheus und Titus*, S. 45, in: *NTD*, hrsg. von Paul Althaus und Johannes Behm, Göttingen: Vandenhoeck und Ruprecht, 1934.

c) Erklärung zu 2. Petrus 1,20-21
1. Feststellung:

Man könnte meinen, dass hier von der Auslegung des Alten Testaments gesprochen wird.[40] So schreibt Ulrich Wilckens: »Damit sollen wohl Deutungen des Alten Testaments getroffen werden, durch die die Gegner des Verfassers ihre Irrlehre propagieren.«[41] Dem aber ist nicht so. Mit dem griechischen Wort »epilysis« in Vers 20 ist wohl nach Markus 4,34 »Auslegung« gemeint, aber wörtlich heißt »epilysis« »Auflösung«[42], und zwar im Sinne von »Enthüllung, Freisetzung«. Die Prophetie der Schrift des Alten Testaments geschah nicht aus eigener Freisetzung. Somit bezieht sich diese Aussage in Vers 20 nicht auf die Exegese, sondern auf die Inspiration, und das stimmt mit dem Kontext von Vers 21 klar überein. Bernhard Ramm konstatiert: »**Das heißt, keine biblische Prophetie entsprang der persönlichen, eignen Inspiration (Auflösung oder Freisetzung), sondern der Auflösung, Freisetzung oder Inspiration des Heiligen Geistes.**«[43]

2. Feststellung:

- Die Weissagungen/Prophetien entstammen nicht der menschlichen Vernunft, denn sie sind von Gott eingegeben.
- Auch wenn der Verfasser die Prophetien nicht verstanden hat, so hat er sie dennoch aufgeschrieben, weil er vom Geist Gottes gelenkt wurde. In seinem ersten Brief schreibt Petrus, dass der Geist Christi sogar in den Autoren der alttestamentlichen Schriften gewirkt hat (1Petr 1,11).
- Der biblische Verfasser hat die Weissagungen nicht korrigiert.

---

40 So G. Wohlenberg, *Der erste und zweite Petrusbrief und der Judasbrief*, S. 208, in der Reihe *Kommentar zum Neuen Testament*, hrsg. von Th. Zahn, Leipzig: Deichertsche Verlagsbuchhandlung, 1915.
41 Ulrich Wilckens, *Das Neue Testament*, übersetzt und kommentiert, Gütersloh: Gütersloher Verlagshaus Gerd Mohn, 1983, 7. Auflage, S. 845.
42 Fr. Büchsel in: *ThWBNT*, a. a. O., Bd. IV, S. 338f.
43 Bernard Ramm, *Biblische Hermeneutik*, Aßlar: International Correspondence Institute, 1991, S. 285.

- Der Verfasser konnte bei der Niederschrift keine menschlichen Fehler begehen. Sein Werk war gottgehaucht, und Gott macht keine Fehler.
- Die Verfasser schrieben das auf, was Gott ihnen eingab.

Verschiedene Auffassungen von der Inspiration

Was wir bisher gesagt haben, sollte klar und verständlich gewesen sein: Die Bibel ist kein menschliches Geschichtsbuch, sondern geistgehauchte **Offenbarung** und damit Gottes Wort. Aber *wie* fand die Inspiration statt? Gab es eine bestimmte Methode? Sind auch die Worte inspiriert oder nur die Themen? Ist sogar jeder Buchstabe eingehaucht? Gott hat sich sündhafte sowie fehlerhafte und sogar ungebildete Leute ausgesucht, die sein Wort niederschrieben. Gibt es daher auch ein fehlerhaftes Wort? Diesen Fragen müssen wir uns stellen.

Im Vorfeld sei schon gesagt, dass die Inspiration nicht nur ein Wunder, sondern auch ein Geheimnis ist und bleibt![44]

a) Der liberale Standpunkt

Der in Berlin dozierende Theologe Friedrich Schleiermacher (1768–1834) sowie Johann Salomo Semler (1725–1791), Professor der Theologie in Halle, gelten als Väter der historisch-kritischen Theologie. Sie geben die Lehre von der biblischen Inspiration im apostolischen Sinne auf. Für Schleiermacher besteht kein gradueller Unterschied zwischen apostolischen und zeitgenössisch-christlichen Schriften.[45] Die Bibel sei nur ein hervorragendes menschliches Buch ohne göttliche Eingebung.

Stellungnahme: Wer dieser Deutung folgt, der ist blind für Gottes Wahrheiten. Er wird die Bibel nicht als göttliche Autorität

---

[44] So auch Chr. Schrodt: »Das ›Wie‹ der Inspiration lässt sich nicht greifen oder erklären.«, vgl. *Faszination Bibel*, 4/10, S. 29.
[45] W. Brändle in: *RGG4*, Bd. 4, Sp. 170.

in seinem Leben anerkennen und nicht danach leben. Die Bibel wird damit überflüssig.

b) Personalinspiration

Bestimmte Leute sind inspiriert, aber ob das, was sie niedergeschrieben haben, fehlerlos ist, weiß man nicht.
Stellungnahme: Würde man diesem Standpunkt folgen, dann würde die Bibel ihre Autorität verlieren.

c) Diktatinspiration

In der lutherischen Orthodoxie (16. Jahrhundert) entwickelte sich eine erweiterte Verbalinspiration. Jeder Buchstabe sei eingehaucht, auch jedes Komma und selbst der Schreibstil. Der Verfasser verhalte sich völlig passiv. Sein Verstand sei ausgeschaltet. Man spricht an dieser Stelle auch von der mechanischen Inspiration.
Stellungnahme: Gegen die Diktatinspiration spricht der persönliche Schreibstil der Verfasser. Der Stil von Johannes ist anders als der Stil von Petrus.

d) Realinspiration

Gott gab den Verfassern die Themen ein, aber nicht die Worte.
Stellungnahme: Die Bibel wäre nicht vollkommen, weil Menschen sich irren können.

e) Verbalinspiration

Sie besagt, dass Gottes Geist den biblischen Autoren jedes Wort eingegeben hat, wobei die Verfasser ihre Persönlichkeit (sprich

Schreibstil) bewahrten. Nur bei der »Wort-für-Wort-Eingabe« ist die Bibel Gottes vollkommenes Wort. In Offenbarung 22,18-19 heißt es, dass wir kein einziges Wort von der Bibel wegnehmen und auch keines hinzufügen sollen. Deshalb sagt Charles Haddon Spurgeon: »Wir wollen niemals versuchen, die Hälfte der Wahrheit dadurch zu retten, dass wir einen Teil von ihr wegwerfen … Wir wollen eine ganze Bibel haben oder gar keine.«[46] Jeder, der den richtigen Umgang mit der Heiligen Schrift erlernen möchte, sollte unbedingt das Buch von C. H. Spurgeon lesen: »Es steht geschrieben – Die Bibel im Kampf des Glaubens«[47]. In Bezug auf die Verbalinspiration sagt der englische Prediger: »Wir sind der Inspiration des Wortes Gottes gewiss! Sie werden feststellen, dass sich viele Angriffe gegen die ›wörtliche‹ Inspiration richten. Diese Umschreibung ist ein Vorwand: ›Wörtliche Inspiration‹ ist das ausdrücklich genannte Ziel des Ansturms, aber der Angriff richtet sich in Wirklichkeit gegen die Inspiration selbst.«[48] Und die Bibel ist nicht nur bei ihrer Abfassung inspiriert worden, sie ist es immer noch, konstatiert der Londoner Verkündiger.[49]

Gott selber sorgte dafür, dass kein Wort der Bibel verloren ging: »Denn ich werde über mein Wort wachen, es auszuführen« (Jer 1,12). Wer die Inspiration ablehnt, macht aus der Bibel ein menschliches Buch. Die Weichen in die richtige Richtung werden daher bereits bei der Theopneustie[50] gestellt. Schon die »gemilderte« Form der Inspiration ist und bleibt ein Wunder in Bezug auf die göttliche Herkunft des Bibelwortes.[51]

Fazit: Unter Verbalinspiration verstehen wir die geistgehauchte Eingebung des ewigen, göttlichen Wortes Gottes, das die bibli-

---

46 C. H. Spurgeon, *Es steht geschrieben – Die Bibel im Kampf des Glaubens*, Kassel: Oncken, 1980, S. 37f.
47 A. d. V.: Text als PDF-Download verfügbar unter
http://www.clv-server.de/pdf/255147.pdf (abgerufen am 21. 08. 2012).
48 C. H. Spurgeon., a. a. O., S. 30.
49 Ders., a. a. O., S. 81.
50 Geisteinhauchung der Heiligen Schrift.
51 Gerhard Maier, *Das Ende der historisch-kritischen Methode*, Wuppertal: R. Brockhaus Verlag, 1984, 5. Auflage, S. 67.

schen Verfasser Wort für Wort fehlerlos und irrtumsfrei aufgeschrieben haben, wobei ihre Persönlichkeit nicht ausgeschaltet wurde.

Das inspirierte Wort Gottes kennen

Wer das Wort Gottes gebrauchen möchte, sollte es mit Akribie auswendig lernen. Spurgeon, der sich im Selbststudium Griechisch und Hebräisch aneignete, schreibt: »Wer an die wörtliche Inspiration glaubt, sollte große Sorgfalt anwenden, auch im Wortlaut korrekt zu sein. Die Herren, welche Irrtümer in der Schrift sehen, mögen sich für kompetent halten, die Sprache des Herrn der Heerscharen zu verbessern. Wir aber, die wir Gott glauben und gerade die Worte annehmen, die er gebraucht, dürfen diesen anmaßenden Versuch nicht machen. Wir wollen die Worte anführen, wie sie in der genauesten Übersetzung stehen, und es wird noch besser sein, wenn wir den Grundtext kennen und sagen können, wo unsere Übersetzung nicht den richtigen Sinn wiedergibt. Wie viel Unheil kann aus einer zufälligen Änderung eines Wortes entstehen! Wohl denen, die in Übereinstimmung mit der göttlichen Lehre sind und ihren wahren Sinn erkennen, wie der Heilige Geist sie lehrt! Oh, dass wir den Geist der Heiligen Schrift völlig kennen und einsaugen würden, bis wir damit durchdrungen wären! Das ist der Segen, den wir um jeden Preis erlangen möchten.«[52]

f) Ganzinspiration

Manche Ausleger ziehen den Begriff »Ganzinspiration« der »Verbalinspiration« vor. Gerhard Maier meint, dass der Begriff »Ganzinspiration« ein biblischer sei, weil er sich direkt auf

---

52 Charles H. Spurgeon, *Es steht geschrieben*, a. a. O., S. 26.

2. Timotheus 3,16 gründe (»alle Schrift ist von Gott eingegeben«).[53] Zu einem ähnlichen Ergebnis kommt auch Christoph Schrodt: »Damit ist klar, dass Inspiration immer die ganze Bibel meint.«[54] Schrodt distanziert sich von allen herkömmlichen Inspirationslehren (auch von der Verbalinspiration), hebt jedoch auch ihre bisherigen Stärken hervor.[55] Gerhard Maier berichtet von einigen mutmaßlichen Einwänden gegen die Verbalinspiration, die er aber meistens selbst widerlegt:[56]

1. Die Verbalinspiration sei zu scholastisch (schulmäßig; logisch-abstrakt). Diesen Einwand lässt G. Maier gelten. Wir können einwenden, dass die Heilige Schrift selbst die Verbalinspiration lehrt (2Tim 3,16 und 2Petr 1,21 beziehen sich auch auf die Worte. Gegenteiliges ist nicht zu behaupten.) Wenn bestimmte Worte der Bibel nicht inspiriert wären, wo kämen wir dann hin? Was wäre dann in der Schrift zuverlässig und was nicht? Anhand der Aussage von Galater 3,16 merken wir, dass es auf jedes einzelne Wort ankommt: »Nun ist die Verheißung Abraham zugesagt und seinem Nachkommen. Es heißt nicht: und *den* Nachkommen, als gälte es vielen, sondern es gilt *einem*: ›und *deinem* Nachkommen‹, welcher ist Christus« (Luther 1984; Hervorhebung hinzugefügt).

2. Die Schrift weise Fehler auf. G. Maier schreibt: »Ist es denn völlig ausgeschlossen, dass der Heilige Geist aus irgendwelchen Gründen den einen oder anderen Fehler stehen lässt oder sogar benutzt?«[57] Wir sagen, dass Gott nicht lügt! »Denn es ist unmöglich, dass Gott lügt« (Hebr 6,18; Luther 1984). Folglich lügt auch sein Geist nicht.

3. Verbalinspiration meint, dass jedes Wort in der Bibel von Gott ausgehaucht worden ist. Manche setzen sie mit der Diktatinspiration gleich. Das ist aber nicht zulässig, weil wir betont

---

53 G. Maier, *Biblische Hermeneutik*, a. a. O., S. 100f.
54 Chr. Schrodt, *Faszination Bibel*, 4/10, S. 29.
55 Chr. Schrodt versucht, »die positiven Anliegen aller drei Positionen« (A. d. A.: der Verbal-, Real- und Personalinspiration) festzuhalten (*Faszination Bibel*, 4/10, S. 28). So auch W. Brändle in: *RGG4*, Bd. 4, Sp. 174.
56 G. Maier, *Biblische Hermeneutik*, a. a. O., S. 97-99.
57 Ders., a. a. O., S. 97.

haben, dass bei der Verbalinspiration die Persönlichkeit der Verfasser im Schreibstil nicht ausgeschaltet wurde.

4. Die Verbalinspiration mache die Bibel zu einem Gesetzbuch. Alles in der Bibel sei gleich. Manche aber unterscheiden das Heilsnotwendige (Joh 3,16) von den heilsunwichtigen Dingen, wozu z. B. der Mantel des Paulus gehört, den er in Troas zurückließ (2Tim 4,13). Es geht hier jedoch gar nicht um die heilsbedeutenden Tatsachen oder um die Bedeutung der Völkertafeln in 1. Mose 5 und 10. Vielmehr geht es hier um die Inspiration, und wir sagen, dass 2. Timotheus 4,13 genauso inspiriert ist wie Johannes 3,16.

5. Die verschiedenen Lesarten im griechischen Textapparat ließen eine Verbalinspiration nicht zu. Wir sagen aber, dass die Verbalinspiration sich auf Originalhandschriften bezieht und dass der Inhalt der göttlichen Offenbarung in den Abschriften erhalten blieb.[58] Schrodts Aussage (»eine in diesem Sinne ›inspirierte Bibel‹ gibt es nirgends auf der Welt«) führt zur »größtmöglichen Verunsicherung«[59], wenn er doch im selben Artikel konstatiert, dass »die Heilige Schrift … Gottes Buch« ist und »dass Inspiration immer die ganze Bibel meint«[60]. Welche Bibel meint Schrodt denn nun? Ist es eben nicht diejenige, die auf der Grundlage der griechischen Handschriften übersetzt und herausgegeben wurde?!

6. Manche sehen historische Forschung und Verbalinspiration als Gegensätze. Inzwischen wissen wir, dass die archäologische Forschung die biblische Geschichte unterstrichen hat.[61]

---

58 Vgl. dazu die Chicago-Erklärung zur Irrtumslosigkeit der Bibel von 1978.
(A. d. V.: Dieses Dokument steht zur Verfügung unter:
http://www.maleachi-kreis.de/downloads/chicago.pdf [abgerufen am 21. 08. 2012].)
Ferner Thomas Jeising, *Irrtumslos trotz Fehlern? Die Lehre von der Verbalinspiration und der Irrtumslosigkeit der Heiligen Schrift trotz fehlender Urschriften und fehlerhafter Abschriften*, in: *Bibel und Gemeinde*, Nr. 3/2008, und in den folgenden Ausgaben dieser Zeitschrift des Bibelbundes.
59 Vgl. jeweils *Faszination Bibel*, 4/10, S. 27. Den Ausdruck »größtmögliche Verunsicherung« verwendet Chr. Schrodt in Bezug auf die Verbalinspiration.
60 Chr. Schrodt, a. a. O., S. 26 und 29.
61 Zur Vertiefung der biblischen Archäologie siehe u. a.: www.wort-und-wissen.de; ferner die Veröffentlichungen von Alan Millard, Peter van der Veen, Alexander Schick oder Kenneth A. Kitchen (hinsichtlich des letztgenannten Autors vgl. *Das Alte Testament und der Vordere Orient*, Gießen: Brunnen, 2008).

7. Der Glaubende sei gar nicht auf die Verbalinspiration angewiesen. Worauf aber gründet sich denn unser Glaube? Auf Märchen und Legenden? Nein, sondern auf die wahrhaftige, göttliche und historisch zuverlässige Schriftoffenbarung!

8. Verbalinspiration und Naturwissenschaft seien unvereinbar. Der Informatiker Werner Gitt bringt die Naturwissenschaft in Zusammenhang mit der Inspiration. Er schreibt: »Die Bibel ist zwar nicht ›vom Himmel gefallen‹, dennoch ist sie ein göttliches Buch in dem Sinne, dass die menschlichen Verfasser vom Heiligen Geist geführt wurden. Gott überwachte das Niederschreiben der Urtexte bis in die Wahl der korrekten sprachlichen Ausdrucksweisen. Dadurch trägt die Bibel das Siegel der Wahrheit und ist in all ihren Aussagen verbindlich – unabhängig davon, ob es sich um Glaubens- und Heilsfragen, um Lebensfragen oder um Aspekte handelt, die auch eine naturwissenschaftliche Relevanz haben … So gingen naturwissenschaftliche Bezüge zwangsläufig weit über den damaligen Erkenntnisstand hinaus, und prophetische Botschaften sprengten in der Regel den geschichtlich übersehbaren und verstehbaren Rahmen.«[62] Armin Sierszyn fügt hinzu: »Nicht steht die Bibel unter der naturwissenschaftlichen Wahrheitsfrage, sondern die Naturwissenschaft mit ihren Voraussetzungen unter der biblischen Wahrheitsfrage.«[63]

Man sollte kein Tauziehen zwischen Verbalinspiration und Ganzinspiration durchführen. Die Ganzinspiration schließt die Verbalinspiration mit ein. In diesem Sinne verwendet Helge Stadelmann den Begriff »Ganzinspiration«[64]. A. von Almássy spricht auch von der »völligen Inspiration« und meint damit die Verbalinspiration: »Diese biblische Inspirationslehre[65] sagt aus, dass in den Originalhandschriften der Heilige Geist die Schreiber der Bibel in der tatsächlichen Wahl der Worte so führte, dass ihr Stil,

---

62 Werner Gitt, *So steht's geschrieben*, Bielefeld: CLV, 2011, 8., überarbeitete Auflage, S. 45.
63 Armin Sierszyn, *Die Bibel im Griff?*, Wuppertal: R. Brockhaus Verlag, 1978, S. 44.
64 Helge Stadelmann, a. a. O., S. 29.
65 Gemeint ist die ›völlige Inspirationslehre‹.

ihr Charakter und ihre persönlichen Verschiedenheiten gewahrt blieben, ohne dass ein Irrtum eindringen konnte.«[66]

Inspiration im Wandel der Zeiten

Im Laufe der Geschichte der Aufklärungstheologie wurde die Bibel als ein Produkt des menschlichen Geistes gesehen. Sie verliert ihren göttlichen Charakter. Bereits Johann Salomo Semler (1725 – 1791) hat die Lehre von der Inspiration der Bibel aufgegeben. Einige versuchen noch an der Realinspiration festzuhalten (wie Menken, Hofmann, Rothe), indem sie die Sache, insbesondere die Heilsgeschichte, für inspiriert halten. Schleiermacher versuchte es mit der Personalinspiration, indem er die Apostel für inspiriert hielt, nicht aber das Geschriebene.[67]

Die katholische Kirche gibt die Inspirationslehre nicht auf.[68] Für sie ist die Bibel inspiriert. Daneben werden aber auch einige Apokryphen (wie Judith, Tobias, Jesus Sirach, 1. und 2. Makkabäer u. a.) als kanonisch anerkannt.[69] Zu ihnen gesellt sich die »Heilige Überlieferung«, die eng mit der Heiligen Schrift verbunden ist, weil sie nach katholischer Lehre beide derselben göttlichen Quelle entspringen.[70]

Der indische Jesuit Ishanand Vempeny geht noch einen Schritt weiter. Er untersucht in seinem 1973 erschienenen Buch

---

[66] A. von Almássy, *Die Bedeutung von Inspiration und Autorität der Bibel und Ersatz-Autoritäten*, Sonderdruck (B – 48), Waldbronn: Verlag Bibel und Gemeinde, S. 5. Vgl. auch René Pache, *Inspiration und Autorität der Bibel*, Wuppertal, R. Brockhaus Verlag, 1985, 3. Auflage, S. 63ff.

[67] Zur geschichtlichen Darstellung der Inspirationslehre vgl. Artikel von Otto Weber, »Inspiration der heiligen Schrift, dogmengeschichtlich« (II), in: *RGG*, 3. Auflage, Bd. 3, Sp. 775-779. Siehe auch G. Maier, *Biblische Hermeneutik*, a. a. O., S. 79ff.; Eckhard Schnabel, Wuppertal: R. Brockhaus Verlag, *Inspiration und Offenbarung*, 1997, 2. Auflage, S. 47ff.

[68] Zweites Vatikanisches Konzil, XI. Die dogmatische Konstitution über die göttliche Offenbarung »Dei Verbum«, 3,11: Karl Rahner/Herbert Vorgrimler, *Kleines Konzilskompendium* – Sämtliche Texte des Zweiten Vatikanums, Freiburg i. B.: Herder, 1991, 23. Auflage, S. 373f.

[69] Die römisch-katholische Kirche deklarierte auf dem Konzil von Trient von 1546 einige Apokryphen als kanonisch. Sie anerkannte Zusätze zu Daniel und Esther, Baruch, den Brief des Jeremia, 1. und 2. Makkabäer, Judith, Tobit (Tobias), Jesus Sirach und das Buch der Weisheit (d h. die Weisheit Salomos).

[70] Zweites Vatikanisches Konzil, XI, 2,9 (Rahner/Vorgrimler, a. a. O., S. 372).

»Inspiration in the Non-Biblical Scriptures«[71] die Religionen. Da auch die Religionen einen »Heilsplan«, einen »kosmischen Bund« und eine »Logos-Theologie«[72] besäßen, seien somit auch ihre heiligen Schriften inspiriert und damit auch wahr.[73]

Welchen Weg wird der Protestantismus in der Inspirationslehre in der Zukunft gehen? Wird er diese Lehre ganz aufgeben? Oder wird er sich der katholischen, und damit offenen[74], Lehrauffassung angleichen?

Für den Monat September des Jahres 2006 gaben die *Herrnhuter Losungen* einen Monatsspruch aus dem Buch der Weisheit 15,1 an. Und der Bibelleser konnte in der fortlaufenden Bibellese zwischen 1. Chronik und Weisheit wählen. Für Sonntag, den 20. August, konnte der Verkündiger den Predigttext zwischen Jesaja 62,6-12 und Sirach 36,13-19 wählen.[75]

Die Gemeinde Christi darf die biblische Lehre von der »Theopneustie« (»Gotteinhauchung« der 66 kanonischen Bücher der Bibel) nicht aufgeben, sie auch nicht variieren oder assimilieren.

An der Inspiration der Bibel festhalten

Die Verbalinspiration wird eindeutig in 2. Timotheus 3,16 und 2. Petrus 1,20-21 bezeugt. Immer wieder heißt es in der Schrift, dass wir ihr nichts hinzufügen oder von ihr wegnehmen sollen (5Mo 4,2; 13,1; Spr 30,5-6; Offb 22,18-19).

---

71 Svw. »Inspiration in den nichtbiblischen Schriften«.
72 Svw. »Theologie des Wortes« (von gr. *logos* = »Wort«).
73 Die Arbeit des Jesuiten Ishanand Vempeny wurde zusammengefasst von Helmut Gabel in: *Inspirationsverständnis im Wandel – Theologische Neuorientierung im Umfeld des Zweiten Vatikanischen Konzils*, Diss. 1990, Mainz, 1991, S. 280-286.
74 Den herkömmlichen Ausdruck »biblische Inspiration« durch einen modernen wie »ein Erschließungsgeschehen göttlichen Offenbarungshandelns« zu ersetzen, wäre äußerst verunsichernd und irreführend (W. Brändle in: *RGG4*, Bd. 4, Sp. 173).
75 *Die täglichen Losungen und Lehrtexte der Brüdergemeine für das Jahr 2006*, 276. Ausgabe, hrsg. von der Evangelischen Brüder-Unität, Herrnhut und Bad Boll, Lörrach/Basel, 2005. Die fortlaufende Bibellese und die Monatssprüche stammen von der »Ökumenischen Arbeitsgemeinschaft für Bibellesen« in Berlin. Auch wenn die Herausgeber der *Herrnhuter Losungen* nicht für die fortlaufende Bibellese, für die Monatslosung und für die Auswahl des Predigttextes verantwortlich sind, so ist dennoch der Leser irritiert, weil es keinen Hinweis in Bezug auf die Unterscheidung zwischen Apokryphen und der Bibel gibt.

Wenn die Autorität der Bibel fällt, dann fällt auch die Inspiration (und umgekehrt), und das bedeutet, dass sie in der Gemeinde wie ein profanes Buch behandelt wird. Sie verliert ihre göttliche Kraft und ihre Verbindlichkeit! Wo findet die Gemeinde Jesu dann noch Zuverlässigkeit und Wahrheit? In Christus? Ja, aber Christus finden wir nur in der Schrift (Joh 5,39). Die Bibel ist zeitlos gültig (Mt 24,35). Es geht nicht darum, dass wir sie infrage stellen, sondern darum, dass sie uns infrage stellt. Sie allein ist der Maßstab für unser Leben und Handeln.

Gottes Wort ist der beste Kompass und das beste Kursbuch für unser Leben. Karl Heim berichtet von einem Treffen mit Hudson Taylor: »Wir kamen ja aus dem Tübinger Stift, der Hochburg der liberalen Theologie und der Bibelkritik. Wir umringten Hudson Taylor und stellten ihm die Frage: ›Wie können Sie so an jedes Wort der Bibel glauben?‹ Er gab uns zur Antwort: ›Wenn Sie morgen wieder von Frankfurt abreisen wollen, so schlagen Sie das Kursbuch auf und sehen nach, wann der Zug abgeht. Und wenn da steht, um sieben Uhr morgens fährt der erste Zug, so stellen Sie weiter keine Untersuchungen an über die Zuverlässigkeit des Kursbuches, sondern gehen morgens sieben Uhr auf den Bahnhof und finden dort den angegebenen Zug. Genau so, wie Sie es mit dem Kursbuch machen, habe ich es seit fünfzig Jahren mit der Bibel und ihren Geboten und Zusagen gemacht, und ich habe ihre Weisungen in einem langen Leben auch unter Hunderten von Todesgefahren immer richtig gefunden.‹«[76]

---

[76] Lienhard Pflaum in: *Informationsbrief der Bekenntnisbewegung »Kein anderes Evangelium«*, Nr. 183/August 1997, S. 16.

Die Bibel fasziniert mich …
weil sich ihre Vorhersagen erfüllen

Gott offenbart die Zukunft
Jochen Endres

1. Der erstaunliche Umfang biblischer Aussagen zur Zukunft

Die Bibel ist nicht zuletzt auch deshalb ein so überaus geschätztes und faszinierendes Buch, weil sie sich ausführlich der Vorhersage und Beschreibung zukünftiger Ereignisse und Zustände widmet. Einer Thematik also, der sich menschliche Autoren normalerweise nur nähern, wenn sie über eine große Portion Fantasie (sonst trifft die Aussage auf wenig Interesse) und ein gewisses Maß an Mut oder Unbekümmertheit (sonst unterbleibt die Aussage aus Angst vor der Blamage) verfügen. Vorsichtiger formulierende Zeitgenossen nennen ihre Zukunftsaussagen »Prognosen« oder »Zukunftsszenarien« und berufen sich auf allgemein wenig bekanntes Detailwissen oder einen besonderen Blick für Zusammenhänge und Hintergründe. Nicht selten lagen auch in der Vergangenheit die Vorsichtigen unter den Zukunfts- »Forschern« trotzdem ziemlich falsch. Einzigartig in der Weltliteratur ist ein Buch, an dem unterschiedlichste Autoren aus verschiedenen Epochen mit einigen Jahrhunderten Abstand über Zukünftiges geschrieben haben. Die Autoren nahmen dabei einer des anderen Faden wieder auf und führten ihn widerspruchslos weiter, bis sich dann schließlich der Inhalt der Zukunftsaussagen Schritt für Schritt immer mehr tatsächlich erfüllte – dieses Buch ist die Bibel.

Mehr als ein Viertel des Bibeltextes behandelt Vorhersagen über Zeiten und Entwicklungen, die zum Zeitpunkt ihrer schriftlichen Fixierung oder des gottgewirkten Ausspruchs noch zukünftig waren.[77] Gleichzeitig betreffen etwa die Hälfte dieser Aussagen Zeiten, die für uns als heutige Leser bereits Vergangenheit sind. Ihre Erfüllung braucht somit nicht gespannt abgewartet zu werden; man kann sie vielmehr an Tatsachen im Leben Einzelner und in der Menschheitsgeschichte ablesen. Zum Teil werden Erfüllungen bereits im nächsten Vers oder Kapitel der Bibel berichtet, zum Teil sind sie aber auch Bestandteil unserer modernen Geschichtsschreibung. Immer jedoch haben sich die Zukunftsvoraussagen der Bibel als absolut zuverlässig erwiesen.

1.1 Gott offenbart sich als derjenige, der die Zukunft kennt

Offensichtlich ist die inhaltliche Ausrichtung der Bibel u. a. auf Zukunftsaussagen absichtsvoll. In der Bibel offenbart sich Gott den Menschen. Die Menschen sollen und dürfen wissen, wie Gott ist.

> »*Denn siehe, er bildet die Berge und schafft den Wind und zeigt dem Menschen an, was seine Gedanken sind ... HERR, Gott der Heerscharen, heißt er*« (Am 4,13; Schlachter 1951).

U. a. beschreibt er sich als derjenige, der alles kann, alles weiß und keinen Launen oder irgendeinem anderen Wandel unterworfen ist. Zu Recht wird der Gott der Bibel als der Allmächtige, Allwissende und Unwandelbare bezeichnet.[78] Die Zukunftsaussagen der Bibel sind mit diesen Eigenschaften Gottes untrennbar verbunden. Weil er allwissend ist, kennt er die

---

[77] Werner Gitt nennt die Anzahl von 6408 Versen, aber diese Angabe beruht wohl auf einer sehr restriktiven, vorsichtigen Zählweise; vgl. Werner Gitt, *So steht's geschrieben*, a. a. O., S. 159 (siehe ausführliche bibliografische Angaben am Ende dieses Artikels). Allein für die Thematik der Vorhersagen auf Jesus Christus im Alten Testament gibt Roger Liebi die Zahl von 330 an (vgl. Roger Liebi, *Erfüllte Prophetie*, Berneck: Schwengeler-Verlag, 1987, 3. Auflage, S. 7).
[78] Siehe u. a. Psalm 147,5; Römer 11,33; Hebräer 13,8; 1. Johannes 3,20; Offenbarung 15,3.

Zukunft bis in jedes Detail.[79] Weil er allmächtig ist, kann er jedes zukünftige Ereignis bewirken:

> »... der ich von Anfang an das Ende verkünde und von alters her, was noch nicht geschehen ist; der ich spreche: Mein Ratschluss soll zustande kommen, und all mein Wohlgefallen werde ich tun« (Jes 46,10).

> »Er führt andere Zeiten und Stunden herbei; er setzt Könige ab und setzt Könige ein ... [und er] hat den König ... wissen lassen, was am Ende der Tage geschehen soll« (Dan 2,21-28; Schlachter 2000).

Um verlässlich die Zukunft vorhersagen zu können, reicht es jedoch nicht aus, alles über die Zukunft zu wissen und die Zukunft bestimmen zu können. Nur weil Gott gleichzeitig auch der Unwandelbare ist, muss er seine früheren Aussagen nicht zurücknehmen:

> »Denn ich, der HERR, ich verändere mich nicht ...« (Mal 3,6).

> »Auch lügt der nicht, der Israels Ruhm ist, und es gereut ihn nicht. Denn nicht ein Mensch ist er, dass ihn etwas gereuen könnte« (1Sam 15,29; RELB).[80]

Nun offenbart Gott in diesem zwar von Menschen geschriebenen, aber durch den Geist Gottes inspirierten und zusammengestellten Buch[81] nicht nur diese seine göttlichen Eigenschaften, er stellt sie in den Zukunftsaussagen auch unter Beweis:

---

79 Er selbst nennt dies als Kriterium, das ihn von jedem der selbst gemachten oder selbst ernannten »Götter« der Menschheitsgeschichte unterscheidet; vgl. Jesaja 41,21-24.
80 Vgl. auch Jakobus 1,17 und Psalm 33,11.
81 Vgl. 2. Timotheus 3,16; 2. Petrus 1,20-21; ferner 1. Korinther 2,13; 1. Thessalonicher 2,13.

»Ich bin Jahwe[82], das ist mein Name ... Das Frühere, siehe, es ist eingetroffen, und Neues verkündige ich. Bevor es aufsprosst, lasse ich es euch hören« (Jes 42,8-9; RELB).

Es ist für den gläubigen Bibelleser offensichtlich entscheidend, diesen Anspruch Gottes ernst zu nehmen. Wie die Bibel von moderner Theologie und sonstigen Kritikern in ihrer Geschichtlichkeit (im Rahmen der »historisch-kritischen Forschung«) angegriffen wird, so auch in der Verbindlichkeit ihrer Zukunftsaussagen. Es ist keineswegs ohne Belang, ob die Bibel tatsächliche Geschehnisse (Historie) berichtet oder nur an den Lehren aus solchen – so wird unterstellt – entscheidend veränderten, legendenhaften Erzählungen interessiert ist.[83] Die Bibel selbst erhebt den Anspruch, Wahrheit[84] (und zwar bis ins letzte angeführte Detail) und nicht Fiktion[85] zu berichten. Das gilt auch für die Zukunftsaussagen. Sie sind nicht bloß tröstend oder mahnend gemeinte Worte, die einfach eine gewisse Stimmung bewirken sollen. Vielmehr sind sie Beschreibungen tatsächlicher Ereignisse und Zustände einer zukünftigen Zeit, die vor Gott genauso präsent ist wie Vergangenheit und Gegenwart. Ihre Wahrheit braucht nicht erst aus dem Beiwerk von Formulierungen herausgelöst zu werden. Sie dürfen und müssen wortwörtlich genommen werden.[86]

Wie froh können wir sein, in der Bibel Einblicke in Gottes Wesen zu bekommen! So wissen wir aus der Bibel: Er ist nicht zu überraschen, ihm kann nichts »aus dem Ruder laufen«, und

---

82 Schon in diesem Namen Gottes offenbart sich seine Souveränität über die Zeitdimension; vgl. 2. Mose 3,14: »Ich bin, der ich bin«, oder: »Ich werde sein, der ich sein werde« (A. d. V.: vgl. Fußnote in der RELB).
83 Siehe hierzu ausführlich die immer noch lesenswerten Standpunkte von Gerhard Bergmann, *Alarm um die Bibel*, Gladbeck: Schriftenmissions-Verlag, 1974, 5. Auflage.
84 Vgl. Psalm 119,160; Johannes 17,17; ferner 2. Samuel 7,28; Psalm 12,7; Psalm 19,8.
85 Damit ist Erdachtes oder fantasievoll Ausgeschmücktes bzw. frei veränderte Wirklichkeit gemeint.
86 Natürlich sind damit nicht Beispiele von offensichtlich bildhafter Sprache (Metaphern) gemeint. Diese ist jedoch als Stilmittel in den allermeisten Fällen unschwer zu erkennen. Ausführliche Argumentationen bei J. D. Pentecost, *Bibel und Zukunft*, Dillenburg: Christliche Verlagsgesellschaft, 1993, S. 32ff.

er überlegt es sich niemals anders.[87] Das zusammen macht die Verlässlichkeit der Zukunftsaussagen Gottes aus. Ihre Verlässlichkeit und die Verlässlichkeit Gottes selbst sind nicht voneinander zu trennen: Der Allmächtige hat sich selbst an seine Worte gebunden.[88]

1.2 Gott offenbart die Zukunft des Menschen

Neben dem Ziel der Selbstoffenbarung Gottes verfolgt die Bibel erkennbar auch die Absicht, den Menschen über seine eigenen Ursprünge sowie sein Wesen und eben auch über seine zukünftige Bestimmung zu informieren. Wie wir hinsichtlich des Wesens, der Eigenschaften und der Absichten Gottes nicht auf eigene Vermutungen und Vorstellungen angewiesen sein sollen, so auch nicht in Bezug auf die verborgenen Aspekte unseres eigenen Daseins.

Natürlich ist dieser Aspekt der Offenbarung Gottes für uns Menschen besonders spannend. Nicht von ungefähr erfreuen sich alle Zukunftsprognosen von jeher großen Interesses. Dabei treibt uns Menschen nicht nur die Neugierde, die uns eigen ist. Sicheres Wissen um die Zukunft wäre in unserer heutigen Welt der alles entscheidende Informationsvorsprung in Wirtschaft und Politik. Aber auch all unsere individuellen Lebensfragen – hängen sie nicht ausnahmslos damit zusammen, was der Einzelne

---

[87] Mitunter wird auf Textstellen verwiesen, die scheinbar in Widerspruch zu 1. Samuel 15,29 und den vielen anderen Stellen stehen, in denen Gott von seiner Seite eine Sinnesänderung ausschließt: 1. Mose 6,5-6; 2. Mose 32,14; 2. Samuel 24,16; Jona 3,10ff. Dabei wird jedoch übersehen, dass die gesamte Argumentation Moses in 2. Mose 32 und auch die Überlegungen Jonas in Jona 1 – 4 auf ebendieser, für sie außer Frage stehenden Tatsache beruht, dass Gott sich nicht ändert. Insbesondere anhand von 1. Samuel 15,11 in Zusammenhang mit 15,29 wird deutlich, dass ein veränderter Umgang Gottes mit seinen Geschöpfen nicht Ausdruck seines Sinneswandels ist – der Wandel hat aufseiten des Menschen stattgefunden. Wenn Gott bestimmte Menschen anders behandelt als zuvor, dann immer wegen ihres veränderten Verhaltens (vgl. Jer 18,7-8). Die Bibeltexte enthalten keine Andeutung, dass Gott diese Reaktion etwa nicht vorhergesehen hätte, von ihr überrascht worden wäre und sie in seinem ewigen Plan keinen Platz gefunden hätte. Im Gegenteil, wenn er auf eine andere Weise mit Menschen zu handeln beginnt, ändern sich seine ewige Absichten und Pläne dadurch nicht, sondern werden vielmehr bestätigt.
[88] Siehe z. B. Jesaja 44,24-26; 45,23; 48,3; Matthäus 5,17-18; Lukas 16,16-17; 24,44; Johannes 10,35; 2. Korinther 1,20.

in Zukunft zu erwarten hat? So scheint die Sehnsucht nach verlässlichem Wissen über unser zukünftiges Ergehen zu unseren grundlegendsten Bedürfnissen zu gehören.[89] Doch ganz offensichtlich können wir dieses Bedürfnis nicht aus eigener Kraft stillen.

Dabei könnte sicheres Wissen über die Zukunft unsere Wahrnehmung von Vergangenheit und Gegenwart beeinflussen. Wenn wir wüssten, wie die Dinge enden, würden wir sie wohl in einem ganz anderen Licht sehen. Dieses Wissen könnte, ja müsste unsere Entscheidungen und Handlungen entscheidend beeinflussen. Folgerichtig nennt die Bibel denjenigen weise bzw. verständig, der um die Zukunft weiß und entsprechende Schlüsse für die Gegenwart zieht.[90]

Doch woher sollten Menschen denn über ihre Zukunft Bescheid wissen? Weil Gottes Wort, die Bibel, sie ihnen offenbart. Natürlich nicht in jedem Detail, das uns so sehr interessiert, aber doch in einigen wichtigen Einzelheiten. Nicht jedem Menschen, dem Gott in den biblischen Berichten begegnete, wurde seine persönliche Zukunft geoffenbart. Selbst wenn er oder sie Aussagen Gottes über das künftige Geschehen im Voraus bekam, so waren damit oft viele Fragen zum Wie oder Wann nicht beantwortet. Und so geht es auch dem heutigen Bibelleser, dem im Blick auf seine eigene persönliche Zukunft die Frage nach Gesundheit und Erfolg am Herzen liegt. Er will wissen, ob Liebe und Treue Bestand haben usw. Ihm wird beim Lesen der Bibel schnell klar, dass solche Fragen nicht im Zentrum der göttlichen Offenbarung stehen.

Gleichwohl sind die Zukunftsaussagen der Bibel auch für heutige Bibelleser bisweilen sehr konkret. Es fällt dabei jedoch auf, dass Gott in seinen Vorhersagen nicht so sehr auf Ziele eingeht, die Menschen sich stecken könnten und die für sie scheinbar höchst interessant sind, dafür aber umso ausführlicher auf

---

[89] Vgl. David Gooding, *Die Bibel – Mythos oder Wahrheit?*, Dillenburg: Christliche Verlagsgesellschaft, 1993, S. 79ff. A. d. V.: In der CLV-Ausgabe dieses Buches (4. Auflage 2012) finden sich die entsprechenden Ausführungen auf S. 58ff.
[90] 5. Mose 32,29; Psalm 90,12; Prediger 9,10; Epheser 5,16-17.

die Ziele, die er mit den Menschen hat. Offensichtlich ist bei allem Interesse an der Zukunft unser Unterscheidungsvermögen zwischen Wesentlichem und Unwesentlichem hinsichtlich der Zukunft sehr gering. Wenn Gott uns drei Fragen erlauben würde, die wir zu unserer eigenen Zukunft stellen dürften – wir würden wohl nicht die wirklich entscheidenden Fragen stellen.

»Denn meine Gedanken sind nicht eure Gedanken, und eure Wege sind nicht meine Wege, spricht der HERR. Denn wie der Himmel höher ist als die Erde, so sind meine Wege höher als eure Wege und meine Gedanken als eure Gedanken« (Jes 55,8-9).

Wir müssen uns dieser Begrenztheit stellen, sonst könnten wir enttäuscht sein von den Zukunftsaussagen der Bibel. Was wirklich wichtig hinsichtlich unserer Zukunft ist, sagt sie uns. Sie beschreibt uns z. B. – und das scheint aus Gottes Sicht mit Blick auf die Ausführlichkeit der biblischen Darstellung zum Wichtigsten zu gehören – das ultimative Ergebnis des Weges eines jeden Menschen. Abhängig von seinen Entscheidungen in der Gegenwart wird dem Menschen gesagt, dass es zwei mögliche zukünftige Bestimmungsorte gibt: die Realität *Himmel* und die ebenso reale *Hölle*. Gott lässt uns Menschen nicht im Ungewissen.

Für uns Menschen ist es also nicht nur wichtig, Gott als den zu kennen, der wegen seiner Allmacht, seiner Allwissenheit und seiner Unveränderlichkeit die Zukunft verlässlich vorhersagen kann. Für uns ist es auch wichtig, diese Vorhersagen zu kennen (insbesondere wenn sie unsere persönliche Zukunft betreffen) und ihnen Glauben zu schenken. Wir stellten schon fest: Die Verheißungen und die Gerichtsandrohungen der Bibel sind tatsächlich so gemeint, wie sie dort stehen. Das Maß unserer Wertschätzung dieser Aussagen wird sich darin offenbaren, wie wir unser Entscheiden und Handeln nach ihnen ausrichten.

Unter den biblischen Autoren scheint Petrus derjenige zu sein, dem es ein besonderes Anliegen war, auf die Unveränderlichkeit biblischer Aussagen über die Zukunft des Menschen hinzuweisen. Er nennt den Glauben an die Zusagen Gottes eine »lebendige

Hoffnung« und betont, dass sie niemals der Verwesung unterliegen, nicht einmal ansatzweise schmutzig werden und nicht wie die schnell verwelkenden Blüten etwas von ihrer Schönheit verlieren (1Petr 1,3-4). Für Menschen, die dem ewigen, niemals veraltenden Wort Gottes vertrauen (1Petr 1,23), liegt eine Belohnung bereit, die unvergänglich ist (1Petr 5,4). Im zweiten Brief des Petrus geht es dann vor allem darum, dass auch die negativen Aussagen, die Gerichtsbotschaften, zum von Gott festgesetzten Zeitpunkt trotz der Aussagen der Spötter Wirklichkeit werden (siehe 2Petr 2,3.9; 3,3-4.7-10).

Die Unumstößlichkeit der Zukunftsaussagen Gottes betont auch der Hebräerbrief mit folgenden Worten:

»Wenn Menschen schwören, tun sie das bei einem Größeren. Ihr Eid bekräftigt die Aussage und beseitigt jeden Widerspruch. So hat auch Gott sich mit einem Eid für seine Zusage verbürgt, denn er wollte den Erben des Versprechens die feste Gewissheit geben, dass er seine Zusage wirklich einlöst. Zwar ist es sowieso unmöglich, dass Gott lügen kann, doch hier wollte er sich in doppelter Weise festlegen – durch die Zusage und den Eid, die beide unumstößlich sind. Das ist für uns eine starke Ermutigung, denn wir haben ja unsere Zuflucht zu dieser Hoffnung genommen und wollen alles daransetzen, sie zu erreichen. In ihr haben wir einen sicheren und festen Anker, der uns mit dem Innersten des himmlischen Heiligtums verbindet. Dorthin ist Jesus bereits vorausgegangen ...« (Hebr 6,16-20; NeÜ)

2. Die Vielfältigkeit und Verschiedenartigkeit der Zukunftsaussagen

Die biblischen Voraussagen über die Zukunft sind ganz unterschiedlicher Natur.

Wir könnten die Zukunftsaussagen der Bibel nach ihrem Adressatenkreis unterscheiden. Da gibt es höchstpersönliche Vorhersagen, die sich nur an einzelne Personen richten, welche von Gott benannt werden.[91] Andere Zusagen gelten einer nicht quantitativ, jedoch qualitativ begrenzten Personenzahl (d. h. den Betreffenden ist eine bestimmte Haltung gemein).[92] Wieder andere beziehen sich auf ein ganzes Volk (hier ist vor allem, aber nicht ausschließlich, an Israel[93] zu denken), die antiken Weltmächte[94] oder sogar die ganze Menschheit einschließlich des von ihr bewohnten Globus.[95]

Auch in ihrer inhaltlichen Grundposition unterscheiden sich einzelne Vorhersagen deutlich. In der Bibel überwiegen die positiven Zukunftsaussagen, wir nennen sie auch Verheißungen oder Versprechen. Daneben treten aber auch negative Aussagen auf (sogenannte Gerichtsbotschaften), und sie sind nicht immer bloße Warnungen[96], deren Eintreffen durch eine angemessene Reaktion auf die Mahnung noch verhindert werden kann, sondern auch gewiss eintreffende Ankündigungen von Unglück, das Gott schickt.[97]

Die Bibel enthält kurzfristige Voraussagen, deren Erfüllung bereits zeitnah nach ihrem Bekanntwerden zu beobachten war,[98] und sie enthält Voraussagen, die mehr als ein Jahrtausend überspannen. Bei manchen Beispielen können wir heute noch nicht sagen, wie lange es noch dauern wird, bis sie letztlich erfüllt sind.[99] Wir sind aber aus der Erfahrung der anderen Beispiele gewiss, dass sie sich erfüllen.

Schließlich treten Vorhersagen auf, die eher allgemeiner Natur sind, deren Erfüllung nicht exakt bestimmt werden kann und die dem Einzelnen vielleicht erst in einer rückblickenden Gesamt-

---

91 Beispielsweise Abraham (1Mo 12,2), David (2Sam 7,11-15), Kores (Jes 45,1-3) oder auch Paulus (Apg 18,9-10; 23,11; 27,24).
92 Beispielsweise Matthäus 5,2-10; Römer 8,28-29.
93 Vgl. Römer 9,4; Epheser 2,12.
94 Beispielsweise Daniel 2,37ff.; 7,3ff.
95 Beispielsweise Jesaja 51,6; 2. Petrus 3,7; Offenbarung 21,1.
96 Unter vielen anderen könnte hier das bereits erwähnte Beispiel Jonas angeführt werden: Jona 1,2; 3,2.10; 4,2. Pentecost spricht in diesem Zusammenhang von bedingter Prophetie, a. a. O., S. 71ff.
97 Beispielsweise: Sprüche 1,28-30; Jeremia 11,11; Lukas 13,25.
98 Ein Tag z. B. in 2. Mose 8,19; 9,5; Josua 3,5; 1. Samuel 9,16; 28,19; 2. Könige 7,1; ein Jahr z. B. in 1. Mose 17,7; 18,10.
99 Siehe Markus 13,32; Apostelgeschichte 1,7; 1. Thessalonicher 5,1-2.

schau als zutreffend bewusst werden.[100] Andere Aussagen zur Zukunft sind konkret und bis ins Detail überprüfbar. Sie sind dazu angetan, selbst Skeptiker zu überzeugen.[101]

Aus der Verschiedenartigkeit wird deutlich, dass die Bibel nicht den allgemeinen Vorstellungen von Zukunftsliteratur entspricht. Sie legt sich nicht auf eine bestimmte Zeit fest, die sie ausführlich in allen ihren Vorzügen oder Übeln beschreibt. Vielmehr berichtet sie über die Zukunft ganz verschiedener Personen – manchmal sehr detailliert, ein anderes Mal mehr allgemein. Mitunter werden Fragen von globalem Interesse und die Entwicklung von Weltmächten, Wirtschafts- und Politiksystemen sowie ökologische Entwicklungen und Katastrophen beschrieben. Ein anderes Mal kann die Bibel mit leichtem Schritt an all dem vorübergehen. Sie behält dabei immer die Ziele ihres letztlichen Urhebers im Blick, von denen Punkt 3 im Folgenden berichtet.

3. Zielsetzung von Zukunftsaussagen

Wenn Gott in der Bibel so vielfältige und zahlreiche Aussagen zur Zukunft macht, geschieht das, wie wir oben sahen, um sich selbst den Menschen zu offenbaren und ihnen ihre Zukunft zu enthüllen. Neben diesen Hauptzielen der göttlichen Zukunftsoffenbarung lassen sich jedoch noch einige weitere Aspekte unterscheiden.

3.1 Gottes Zukunftsoffenbarung bewirkt Glauben

Die ersten Argumentationen über den christlichen Glauben im Neuen Testament basieren bemerkenswerterweise auf der Erfüllung alttestamentlicher Zukunftsoffenbarungen. Den nieder-

---

100 Beispielweise Matthäus 6,6.14.18.33; 10,19.
101 Siehe Beispiele unter Punkt 4 dieses Artikels.

geschlagenen Wanderern nach Emmaus wies Jesus Christus selbst aus dem Alten Testament nach, dass die Entwicklungen der letzten Tage keineswegs den Plänen Gottes widersprachen. Sie ließen sich auch nicht als Beweis dafür heranziehen, dass jener Galiläer vielleicht nicht der Messias gewesen war, da er doch, statt königlich zu triumphieren, so schmachvoll gestorben war. Im Gegenteil: Christus zeigte ihnen anhand des Alten Testaments, wie sie, wenn sie richtig gelesen hätten (d. h. ohne ihre durch eigene Interessen und Wunschvorstellungen getrübte Wahrnehmung), genau diese Entwicklung im Voraus gekannt hätten:

»Da sagte Jesus zu ihnen: ›Was seid ihr doch schwer von Begriff! Warum fällt es euch nur so schwer, an alles zu glauben, was die Propheten gesagt haben? Musste der Messias nicht das alles erleiden, bevor er verherrlicht wird?‹ Dann erklärte er ihnen in der ganzen Schrift alles, was sich auf ihn bezog; er fing bei Mose an und ging durch sämtliche Propheten« (Lk 24,25-27; NeÜ).

Als Petrus wenig später seine erste (aufgezeichnete) Predigt hielt, argumentierte er mit der Erfüllung alttestamentlicher Voraussagen (aus dem Propheten Joel; siehe Apg 2,16). Auch die Auferstehung Jesu leitet er als Vorhersage aus dem Alten Testament ab (Apg 2,27). Dieses Argumentationsmuster wiederholte sich dann immer wieder, z. B. bei Paulus (Apg 9,22) und auch bei Apollos (Apg 18,28). Wenn die ersten Prediger der Kirchengeschichte ihren scheinbar völlig neuen Glauben gegenüber Menschen, die mit dem Alten Testament vertraut waren, erklären und verteidigen sollten, dann verwiesen sie auf die Erfüllung göttlicher Zukunftsaussagen.

In Römerbrief heißt es, dass der Glaube auf dem Wort Gottes, der Bibel, basiert (vgl. Röm 10,17). Natürlich ist damit der ganze biblische Inhalt gemeint, und natürlich überzeugt die Bibel auch durch ihre tiefen Wahrheiten, ihre moralische Integrität, ihre inhaltliche Konsistenz, ihre persönliche Wirkung u. v. a. m. Oft waren es aber gerade die inzwischen erfüllten Zukunftsaussagen, die Menschen überzeugten.

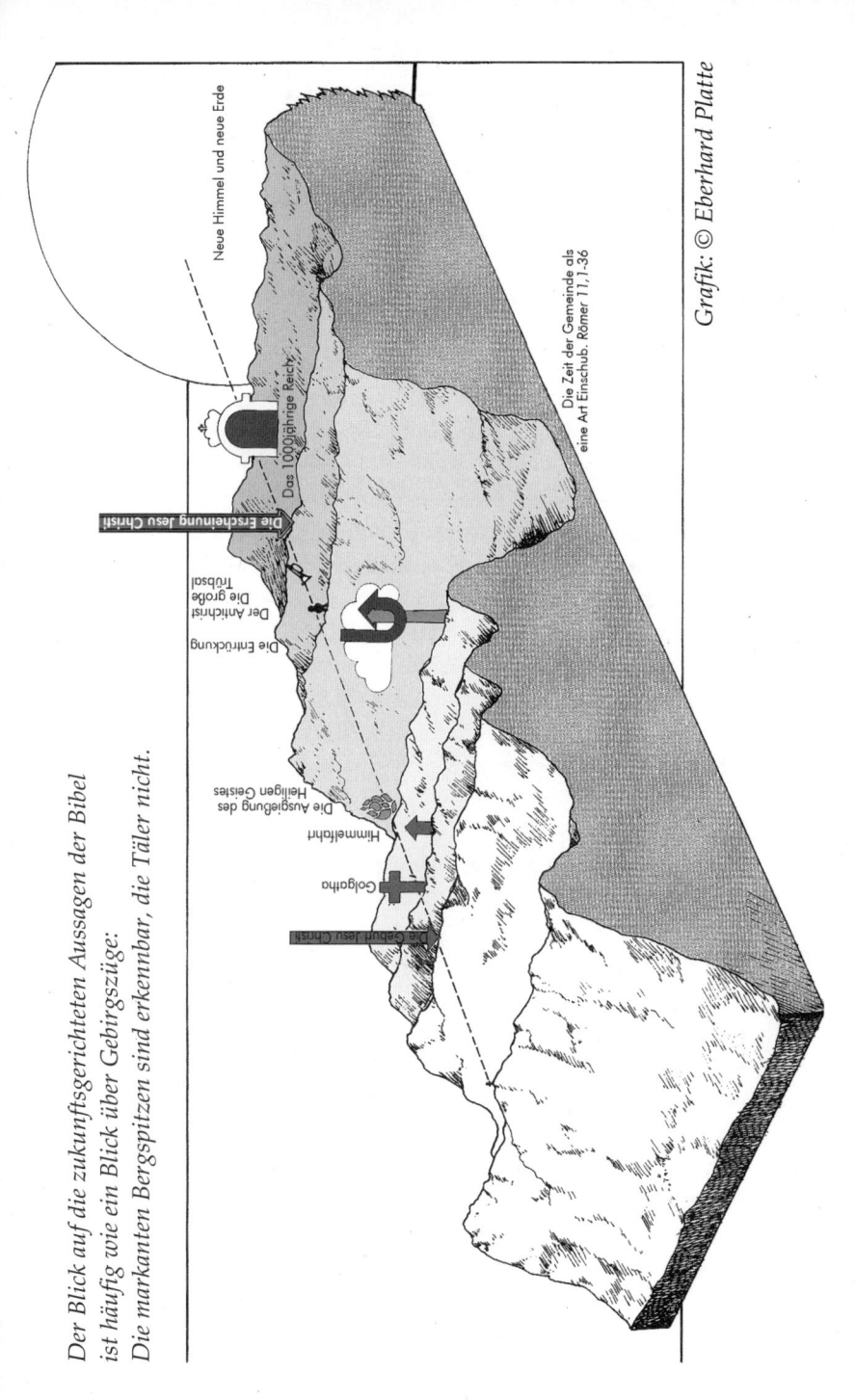

Der Blick auf die zukunftsgerichteten Aussagen der Bibel ist häufig wie ein Blick über Gebirgszüge: Die markanten Bergspitzen sind erkennbar, die Täler nicht.

Grafik: © Eberhard Platte

In diesem Zusammenhang wird mitunter das Wort »Beweis« benutzt. Die erfüllten Zukunftsaussagen, so die Behauptung mancher Leute, würden zweifelsfrei ›beweisen‹, dass es sich bei der Bibel um Gottes Wort handelt. Doch die Bibel wird sich im Sinne eines empirisch-analytischen Wissenschaftsverständnisses nicht ultimativ beweisen lassen. Es kann nicht die Absicht Gottes sein, durch das Mittel einer mathematisch exakten Beweisführung sich vor allen denen zu offenbaren, die diese Argumentation intellektuell nachvollziehen und überprüfen können. Glaube wendet sich nie nur an den Intellekt und ist mehr als eine verstandesmäßige Überzeugung. Gleichwohl darf festgehalten werden, dass der Verstand dem Glauben keinesfalls im Wege steht. Angesichts vieler erfüllter Zukunftsaussagen ist es wohl leichter, von dem übernatürlichen (göttlichen) Ursprung dieser Worte überzeugt zu sein, als irgendeine andere Möglichkeit ihrer Entstehung und Erfüllung zu vertreten. Natürlich werden Menschen das trotzdem tun – aber nicht, weil ihr Verstand ihnen keine andere Position erlaubt, sondern weil ihr Wille in dieser Weise festgelegt ist. Unter Punkt 4 werden wir den Blick auf einige beeindruckende Beispiele für solche überzeugenden erfüllten Zukunftsaussagen der Bibel richten.

3.2 Gottes Zukunftsoffenbarung stärkt den Glauben

Biblische Zukunftsaussagen erfüllen nicht nur gegenüber Menschen, die für den Glauben gewonnen werden sollen, eine wichtige Aufgabe. Sie sind auch denen wertvoll, die bereits Glaubende sind. In seiner letzten langen Unterredung mit den übrig gebliebenen elf Jüngern spricht Jesus Christus vornehmlich über Ereignisse der Zukunft. Diese Gläubigen, dem Herrn so nah und doch so langsam im Glaubenswachstum, sollten wissen, was unmittelbar folgen bzw. Tage danach und knapp zwei Monate später passieren sollte: Er sprach über seine Kreuzigung, seine Auferstehung und seine Himmelfahrt. Damit sollten sie sicherlich vorbereitet und getröstet werden (Joh 14,27; 16,22), vornehmlich aber ging es darum, ihren noch schwachen Glauben zu stärken:

> »Von jetzt an sage ich es euch, ehe es geschieht, damit ihr, wenn es geschieht, glaubt, dass ich es bin« (Joh 13,19; vgl. 14,29).

Die Worte Jesu im Obersaal dort in Jerusalem (Joh 13 – 17) waren nicht für die Öffentlichkeit bestimmt. Man konnte sie deshalb Ungläubigen gegenüber nicht als Argument benutzen, indem man darauf verwies, wie exakt sie sich erfüllt haben. Sie galten allein den Elfen und der Weiterentwicklung ihres Glaubens. An Gläubige gerichtete Zukunftsaussagen, die mit einer baldigen Erfüllung verknüpft waren, finden sich vielerorts in der Bibel, und es ist leicht nachvollziehbar, wie sie den jeweiligen Empfängern als Glaubensstärkung dienten.

Abraham hatte bereits der Vorhersage geglaubt, dass er eine große Nachkommenschaft haben würde, die das Land besitzen sollte (1Mo 15,1ff.). Nun bekam er die konkrete Zusage, dass seine Frau Sara in einem Jahr einen Sohn gebären würde (17,21). Als sich genau dies bewahrheitete, wurde Abrahams Glauben so sehr gestärkt (Röm 4,20), dass er später Gott zutraute, seinen Sohn auch aus den Toten auferwecken zu können (Hebr 11,19). Andere Beispiele sind Diener Gottes, die nach dem biblischen Bericht Aufträge erhielten. Diese waren mit konkreten Vorhersagen über einen Umstand oder Ereignisse verbunden waren, die sie in Kürze antreffen würden. So erging es beispielsweise Elia (1Kö 17,4-6) und auch zwei Jüngern (Lk 19,29-32 sowie Lk 22,10-13). Ein besonderes Beispiel ist zudem noch Simeon, der die persönliche Zusage erhalten hatte, nicht zu sterben, bevor er den gesehen hätte, auf den sich die Zukunftsaussagen des Alten Testaments konzentrierten und den er deshalb sehnsüchtig erwartete (Lk 2,25-28). Wie beeindruckt werden sie alle gewesen sein, als sich vor ihren Augen alles so erfüllte, wie es zuvor beschrieben worden war![102]

---

[102] Ein weiteres Beispiel aus dem Leben einer Gemeinde findet sich in 1. Thessalonicher 3,3-4.

»Die Erfüllung des prophetischen Wortes stärkt somit unseren Glauben und gibt uns das feste Vertrauen, dass Gottes Wort absolut wahr und vertrauenswürdig ist.«[103]

3.3 Gottes Zukunftsoffenbarung erfordert Glauben

Zukunftsaussagen der Bibel haben in Bezug auf den Glauben noch mindestens eine weitere Funktion. Sie rufen den Glauben hervor und stärken den Glauben. Darüber hinaus beweist die Reaktion auf sie den Glauben. Sie sind wie ein Testverfahren, das den Nachweis eines sonst nicht unbedingt zu erkennenden Vertrauens auf Gottes Worte erbringt.

Dem Apostel Paulus ist dieser Aspekt im Brief an die Galater besonders wichtig. Er erklärt ihnen, dass der neutestamentlich geforderte Glaube an die gute Botschaft (Evangelium = gr. *euangelion*) mit dem Glauben Abrahams an die ihm gegebenen Zukunftsverheißungen (gr. *epangelia*[104]) zu vergleichen ist. Anders gesagt: Weil Abraham dem zukunftsgerichteten Wort Gottes Glauben schenkte, wurde er vor und von Gott gerecht gesprochen.[105] Abrahams Glauben bewies sich in seinem Vertrauen darauf, dass Gottes Zukunftsaussagen in Erfüllung gehen würden. Dieser Beweis fiel auch deshalb so beeindruckend aus, weil über sehr lange Zeit außerhalb der göttlichen Zusage nichts im Leben Abrahams auf eine Erfüllung der Verheißung hindeutete: Als er starb, hatte er gerade einmal einen im hohen Alter geborenen Sohn und zwei minderjährige Enkelkinder.[106] Er besaß als Nomade im verheißenen Land nicht mehr als eine kleine Begräbnisstätte (1Mo 23,8ff.; 25,9). Trotzdem glaubte er, dass Gott seine Nachkommen mehren würde wie die Sterne des Himmels (1Mo 15,5-6), dass sie dieses Land besitzen würden (1Mo 15,7; vgl. 1Mo 12,1-7; 13,15-16; 17,4-10) und dass einer sei-

---

[103] Werner Gitt, a. a. O., S. 196 (Hervorhebung hinzugefügt).
[104] A. d. V.: Diese Wortform bezieht sich auf den Singular (»Verheißung«).
[105] Vgl. Galater 3,6 bzw. den gesamten Abschnitt Galater 3,1-18.
[106] Vgl. John H. Walton, *Chronologische Tabellen zum Alten Testament*, Marburg: Verlag der Francke-Buchhandlung, 1984, 2. Auflage, S. 40.

ner Nachkommen (Einzahl!) nicht nur für das dann entstandene Volk, sondern für alle Völker der Erde zum Segen werden würde (1Mo 22,18; vgl. Gal 3,16). Er würde *der* Nachkomme Abrahams schlechthin sein.

Ähnliches könnte von Joseph (z. B. 1Mo 37,5-8; vgl. 1Mo 42,6.9) und auch von David (1Sam 16,1.13; 25,30; 2Sam 5,2) gesagt werden, denen jeweils eine Erhöhung von Gott verheißen wurde, aber deren Leben nach Empfang dieser Zusage zunächst scheinbar in eine ganz andere Richtung verlief (vgl. 1Mo 50,20). Glaube ist »eine Überzeugung von Dingen, die man nicht sieht« (Hebr 11,1). Deshalb kann sich seine Wahrheit gerade auch anhand der nicht vorhersehbaren Entwicklungen, von denen Gott zuvor gesprochen hat, erweisen. Wer Gott Glauben schenkt, muss auch glauben, dass sich seine positiven Zusagen erfüllen:

> *»... wer Gott naht, muss glauben, dass er ist und denen, die ihn suchen, ein Belohner ist« (Hebr 11,6).*

3.4 Gottes Zukunftsoffenbarung ist ein Vertrauensbeweis

Ein weiterer Aspekt der biblischen Zukunftsoffenbarungen hängt mit dem vorherigen zusammen. Wer Gottes Worten im Allgemeinen glaubt, der glaubt auch seinen Aussagen zur Zukunft und dem wird Gott auch gerne Zukunftsgeheimnisse anvertrauen.

> *»Das Geheimnis des HERRN ist unter denen, die ihn fürchten; und seinen Bund lässt er sie wissen« (Ps 25,14; Luther 1912).*

> *»Denn der Herr, HERR, tut nichts, es sei denn, dass er sein Geheimnis seinen Knechten, den Propheten, offenbart habe« (Am 3,7).*

Der Gebrauch des Wortes »Geheimnis« in der Bibel ist bemerkenswert. Geheimnisse sind im üblichen Verständnis Fakten, die nicht allgemein zugänglich sind. Sie stehen nur Eingeweihten zur Verfügung. Geheimnisse könnte es somit in der Bibel nicht geben. Die Bibel ist ein öffentliches Buch, jeder kann die darin enthaltenen Worte nachlesen und dem Geheimnis damit auf die Spur kommen. Auch sind gesprochene Worte spätestens dann kein Geheimnis mehr, wenn man sie in der Öffentlichkeit hört. Und doch spricht die Bibel von Geheimnissen, auch wenn sie öffentlich ausgesprochen oder für jeden nachlesbar niedergeschrieben wurden.[107] Der Schlüssel zu den biblischen Geheimnissen ist offensichtlich nicht die Kenntnis der Worte, sondern die gläubige Aufnahme der Worte. Statt Auge und Ohr ist für die Wahrnehmung biblischer Geheimnisse die innere Einstellung entscheidend:

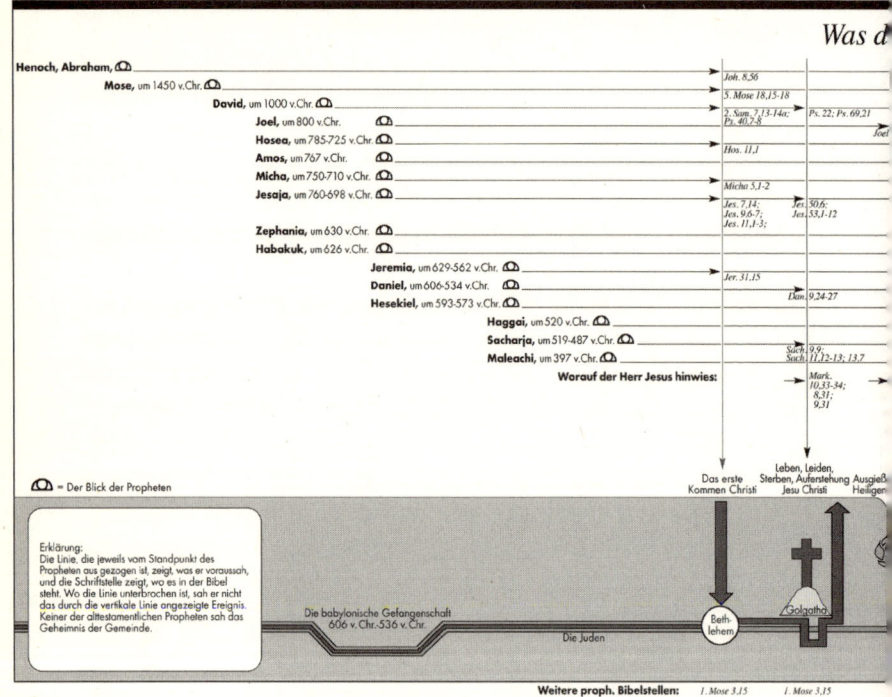

Diese Grafik zeigt, welcher alttestamentliche Prophet was im Voraus gesehen hat.

---

107 Siehe z. B. Markus 4,11; 1. Korinther 2,7; Kolosser 1,26; 4,3; 1. Timotheus 3,16.

»›Was kein Auge gesehen und kein Ohr gehört hat und in keines Menschen Herz gekommen ist, was Gott denen bereitet hat, die ihn lieben‹« (1Kor 2,9; RELB).

Gottes Zukunftsaussagen richten sich demnach insbesondere an solche, die sich in inniger Gemeinschaft mit ihm befinden. Er möchte, dass sie wissen, »was bald geschehen muss« (Offb 1,1). Wenn sie so Offenbarungen über ihre Zukunft oder allgemeine Zukunftsentwicklungen erhalten, dürfen sie sich als Vertraute Gottes verstehen. Geheimnisse offenbart man Freunden. Genau diesen Gesichtspunkt unterstreicht Jesus Christus im Gespräch mit seinen Jüngern:

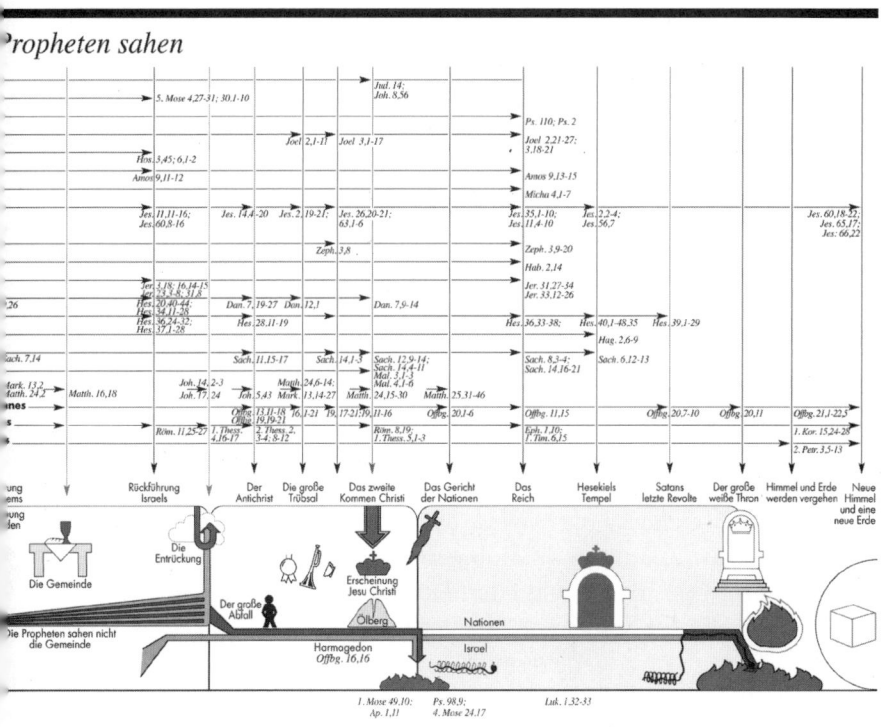

Grafik: © Eberhard Platte

»*Ich nenne euch Freunde und nicht mehr Sklaven. Denn ein Sklave weiß nicht, was sein Herr tut. Aber ich habe euch alles mitgeteilt, was ich von meinem Vater gehört habe*« (Joh 15,15; NeÜ).

Indem Gott sie in seine zukünftigen Pläne einweiht, werden Gläubige mehr als bloße Befehlsempfänger. Ihnen ist in einem gewissen Grad bekannt, was geschehen wird und warum es geschehen wird. Sie kennen die Ziele und Absichten Gottes. Für menschliche Beziehungen, die derart eng verknüpft sind, haben wir das Wort Freundschaft. Gott scheute sich schon im Alten Testament nicht, diese ehrende Bezeichnung »Freund« auch für Abraham und Mose zu gebrauchen (vgl. 2Chr 20,7; Jes 41,8; Jak 2,23; 2Mo 33,11). Wie bei Abraham[108] und Mose hatte auch bei den elf Jüngern die Freundschaft mit Gott zur Folge, dass er sie in seine Zukunftspläne einweihte (vgl. Joh 13–17). »Es ist bemerkenswert, dass kein bedeutendes Ereignis im Rahmen des Heilsplanes oder auch der großen Gerichte stattgefunden hat, ohne dass Gott versucht hätte, es … insbesondere den Gläubigen vorher mitzuteilen und sie darauf vorzubereiten.«[109]

3.5 Gottes Zukunftsoffenbarung bewirkt Freude und Trost

In den Ausführungen zum letzten Punkt wurde thematisiert, warum Gläubige sich geehrt fühlen dürfen, wenn sie von Gott Aussagen über die Zukunft empfangen. Dabei ging es um die Tatsache, **dass** Gläubige Zukunftsworte haben. Jetzt geht es darum, **welche** Zukunftsworte es sind.[110] Wenn es Worte zur persönlichen Zukunft des Gläubigen sind, haben sie nämlich ausnahmslos positiven Charakter. Das lässt sich insbesondere vom Grundsatz aus Römer 8,28 ableiten:

---

[108] »Und der HERR sprach: Sollte ich vor Abraham verbergen, was ich tun will?« (1Mo 18,17).
[109] Werner Gitt, a. a. O., S. 195. Vgl. Psalm 25,14; Jeremia 33,3 und Amos 3,7.
[110] Selbstverständlich kann in diesem Rahmen nicht die biblische Eschatologie (die Lehre von den zukünftigen Ereignissen) entfaltet werden.

»*Wir wissen aber, dass denen, die Gott lieben, alles zum Besten mitwirkt ...*« *(Schlachter 1951).*

Das ist zweifellos eine der sehr allgemeinen Aussagen zur Zukunft bestimmter Menschen. Sie teilt nicht mit, was genau diesen Menschen in ihrer Zukunft geschehen wird – nicht einmal, ob diese zukünftigen Ereignisse von ihnen selbst als positiv oder negativ empfunden werden. Doch auf jeden Fall wird hier die Absicht Gottes hinsichtlich dieser unbekannten zukünftigen Ereignisse zum Ausdruck gebracht: Sie werden letztlich »zum Besten« dienen. Weil Gottes Absichten niemals zwar freundliche, aber leider vergebliche Bemühungen sind, gilt: Denjenigen, die es glauben wollen und für die zutrifft, dass sie Gott lieben, wird hier die maßgebliche Richtung all ihrer Zukunftserwartungen vorgegeben. Ihre Aussichten sind demnach bestens.

So kann es nicht verwundern, dass einzelne konkrete Aussagen Gottes über die Zukunft in den Gläubigen, die sie vernahmen, Freude bewirkten. Schon von Abraham wird gesagt, dass er dem Tag Jesu Christi entgegensah und sich auf ihn freute (vgl. Joh 8,56). Zusammenfassend wird in Hebräer 11,13 über Menschen des Glaubens gesagt: »... sie sahen die Erfüllung der Zusagen von fern und freuten sich darauf« (NeÜ).[111] So werden also die Vertrauten Gottes auf doppelte Weise beschenkt: Sie werden Freude haben, wenn Gottes gute Pläne mit ihnen zur Erfüllung gekommen sind, und sie können vorher eine zuversichtliche Vorfreude auf das Kommende entwickeln. Die Vorfreude kann ihre Herzen mit Jubel erfüllen, lange bevor die zugesicherten Ereignisse tatsächlich eintreffen.

Jenen Gläubigen, die sich gegenwärtig in schwierigen Umständen befinden oder solche auf sich zukommen sehen, ist das Zukunftswort Gottes ein großer Trost. Auch diese Wirkung des prophetischen Wortes wird an zahlreichen Stellen der Bibel bezeugt.

---

111 Vgl. auch 1. Petrus 1,8 sowie Lukas 6,23.

Beispielsweise beantwortete Paulus der Gemeinde in Thessalonich Fragen zur Zukunft der Gläubigen und schloss seine Ausführungen mit der Aufforderung:

»So ermuntert nun einander mit diesen Worten« (1Thes 4,18).

Im Hebräerbrief heißt es:

»... Wir müssen uns doch gegenseitig ermutigen, und das umso mehr, je näher ihr den Tag heranrücken seht, an dem der Herr kommt« (Hebr 10,25; NeÜ).

Von den überaus traurigen elf Jüngern (Joh 16,6) war schon die Rede – ebenso wie von Simeon, der auf den »Trost Israels« wartete (Lk 2,25). Ihnen gemeinsam war die Erfahrung, dass von den Worten Gottes, bei denen die Zukunft der Gläubigen angesprochen wird, Trost ausgeht. Je mehr Gläubige sehen, wie die Ereignisse gemäß den Vorhersagen nacheinander ablaufen und in die schweren letzten Zeiten münden (2Tim 3,1), desto bedeutsamer und tröstlicher werden für sie die Zukunftsaussagen der Bibel werden.

»Wenn aber dieses anfängt zu geschehen, dann seht auf und erhebt eure Häupter, weil sich eure Erlösung naht« (Lk 21,28; Luther 1984).

3.6 Gottes Zukunftsoffenbarung bietet Orientierung und stärkt die Aufmerksamkeit

Besonders in Zeiten, die als herausfordernd und schwierig empfunden werden, sind Kenntnisse über die Zukunft sehr wertvoll. Neben dem Trost, den sie insoweit bieten, als sie positiv sind, ermöglichen sie die Konzentration auf das Wesentliche und helfen, die richtige Orientierung zu behalten. Man kann von den Zukunftsaussagen der Bibel wohl zu Recht als von den »Positionslampen der Ewigkeit«[112] sprechen.

---

112 So Heinrich Kemner (1903–1993), zitiert nach: Werner Gitt, a. a. O., S. 196.

»Und wir halten nun desto fester an dem prophetischen Wort, und ihr tut wohl, darauf zu achten als auf ein Licht, das an einem dunklen Orte scheint« (2Petr 1,19; Schlachter 1951).

In diesem Sinne helfen die Zukunftsaussagen der Bibel, den Gläubigen in Schwierigkeiten durchzuhalten und den Glauben zu bewahren. Dem Gläubigen gilt die Aufforderung, seine herrliche ewige Zukunft zu vorübergehenden Situationen des Leids in Relation zu setzen. Das Ergebnis dieser Abwägung fällt eindeutig aus:

»Denn die kleine Last unserer gegenwärtigen Not schafft uns ein überaus großes ewiges Gewicht an Herrlichkeit – uns, die nicht auf das Sichtbare starren, sondern nach dem Unsichtbaren Ausschau halten. Denn alles, was wir jetzt sehen, vergeht nach kurzer Zeit. Das Unsichtbare aber hat ewig Bestand« (2Kor 4,17-18; NeÜ).

»Ausschau halten« darf in diesem Zusammenhang wohl mit dem Wertschätzen der biblischen Zukunftsperspektiven gleichgesetzt werden. »Ausschau halten« bedeutet aber auch Wachsamkeit. Der Gläubige erwartet aufgrund seines Wissens um die Zukunft eine grundsätzliche Änderung. Nahezu jeder Brief des Neuen Testaments führt diese Erwartungshaltung als ein grundsätzliches Kennzeichen des Gläubigen an.[113] In den Evangelien sind es die Worte Jesu Christi selbst, die zu einer wachsamen Erwartungshaltung auffordern:

»… und ihr, seid Menschen gleich, die auf ihren Herrn warten« (Lk 12,36).[114]

Aufgrund dieser Erwartungshaltung lässt sich der Gläubigen nun aber nicht zum »entspannten Zurücklehnen« verleiten, sondern vielmehr zu »gespannter Aufmerksamkeit« veranlassen. Er

---

113 Z. B. 1. Korinther 1,7; Philipper 3,20; Kolosser 3,4; 1. Thessalonicher 1,10; 2. Timotheus 4,8; Hebräer 9,28; Jakobus 5,7-8; 1. Petrus 1,13; 2. Petrus 3,12; 1. Johannes 3,3; Judas 21 u. a.
114 Vgl. Lukas 12,40; Matthäus 25,1-13.

nimmt keine passive Wartestellung ein, sondern ist angesichts der Kürze der verbleibenden Zeit besonders aktiv. Auch lässt er sich dem guten Ende nicht duldsam entgegentreiben, sondern arbeitet bewusst darauf hin. Er bereitet sich auf den nahen Höhe- und Zielpunkt seiner Lebensgeschichte vor und richtet seine Entscheidungen danach aus.

»Deshalb, Geliebte, da ihr dies erwartet, so befleißigt euch, ohne Flecken und untadelig von ihm befunden zu werden in Frieden« (2Petr 3,14).

»Daher, meine geliebten Brüder, seid fest, unbeweglich, allezeit überströmend in dem Werk des Herrn, da ihr wisst, dass eure Mühe nicht vergeblich ist im Herrn« (1Kor 15,58).

»… damit ihr prüfen mögt, was das Vorzüglichere ist, damit ihr lauter und ohne Anstoß seid auf den Tag Christi« (Phil 1,10).

»Und jeder, der diese Hoffnung zu ihm hat, reinigt sich selbst, wie er rein ist« (1Jo 3,3).

4. Die überprüfbare Zuverlässigkeit biblischer Zukunftsaussagen

Die Bibel hat mit ihren Zukunftsaussagen immer recht behalten – und oft ist das auch überprüfbar! Wenn das wahr ist, dann müsste die Bibel Aussagen enthalten, die so konkret ausformuliert sind, dass ihr Wahrheitsgehalt zweifelsfrei festgestellt werden kann. Diese Aussagen müssten nachweislich vor dem Ereignis gemacht worden sein, und sie müssten nach allgemeinem Ermessen höchst unwahrscheinlich sein, damit sie nicht einfach als Zufall oder eingetroffene Prognose zu werten sind. Schließlich dürfte die Wirklichkeit nach Abfassung des Textes nicht durch die entsprechenden Aussagen so beeinflusst worden sein, dass das tatsächliche Eintreffen des Ereignisses nicht als vorhergesagt, sondern in einem gewissen Grad als vorherbestimmt gelten darf. (Gemeint ist die selbsterfüllende Prophezeiung. Der Lehrer beispielsweise, der seinen Schülern verärgert eine schlechte Klassenarbeit »prophezeit«, demotiviert dadurch womöglich seine Schüler, die sich daraufhin weniger gut vorbereiten, und nimmt zudem die Beurteilung in negativer Erwartungshaltung vor, sodass die Erfüllung seiner »Prophezeiung« wenig überraschen kann.) Anders ist der Fall bei konkreten, vorzeitig gemachten Aussagen über höchst unwahrscheinliche Ereignisse, bei denen die daran Beteiligten die Erfüllung nicht selbst beeinflussen konnten. Wenn sie tatsächlich und nachweislich eintreffen, ist das unsere ungeteilte Aufmerksamkeit wert. Aussagen solcher Art finden sich an vielen Stellen der Bibel.

Sie alle hier an dieser Stelle zu zitieren und zu kommentieren, ist natürlich unmöglich. Wir werden uns im Folgenden auf einige eindrückliche Beispiele beschränken.[115] Immer wieder wollen wir dabei die oben vorgestellten Prüfkriterien für wirkliche Zukunftsaussagen anwenden:

- Wurden sie tatsächlich vor den Ereignissen gemacht?
- Sind sie konkret?
- Weichen sie von dem ab, was als wahrscheinlich gelten kann?
- Haben sie die Realität zugunsten ihrer Erfüllung beeinflusst?
- Sind sie wirklich eingetroffen?

4.1 Beispiel: Zukunftsaussagen über Tyrus

Auf den ersten Blick mag es überraschen, in der Bibel Zukunftsaussagen über den Stadtstaat Tyrus zu lesen, der sich nördlich von Israel befand. Im Buch Hesekiel wird jedoch die Frage aufgeworfen und beantwortet, wie es denn wohl den Völkern rings um Israel gehen würde, wenn Gott den Israeliten und

---

[115] Weitere Beispiele und ausführlichere Anmerkungen dazu z. B. bei: Josh McDowell, *Die Bibel im Test. Tatsachen und Argumente für die Wahrheit der Bibel*, Bielefeld: CLV, 2002, 9. Auflage, S. 389ff.

ihrer Hauptstadt Jerusalem wegen ihres Ungehorsams eine derart unheilvolle Zukunft prophezeien lässt. Die Antwort lautet: Das Gericht Gottes würde sich auf die anderen Völker und ihre Städte ausweiten (Hes 25–32) und eben auch Tyrus treffen (Hes 26–28).[116]

Zur Geschichte dieser etwa 160 km nördlich von Jerusalem gelegenen Stadt sei Folgendes gesagt: Im 6. Jahrhundert v. Chr., der Abfassungszeit des Buches Hesekiel, beherrschte die an der Ostküste des Mittelmeeres gelegene phönizische Hafenstadt Tyrus den Seehandel der gesamten Region. Sie hatte gegenüber dem schwächer werdenden Reich der Assyrer ihre Unabhängigkeit zurückgewonnen und stellte eine bedeutsame politische, wirtschaftliche und militärische Macht dar. Nun aber erstarkte das neubabylonische Weltreich, und unter Nebukadnezar (Herrscher ab 605 v. Chr.) nahm es den ganzen Nahen Osten ein. Das Königreich Juda wurde zunächst noch als Vasallenstaat geduldet, ging jedoch unter, als Jerusalem im Jahre 586 v. Chr. eingenommen und die Juden zum großen Teil nach Babylon deportiert wurden. (Diese Ereignisse hatte Hesekiel in den ersten 24 Kapiteln seines Buches angekündigt.[117]) Tyrus glaubte offenbar, dem Schicksal Jerusalems entgehen zu können,[118] und vertraute dabei auf seine gute Befestigung und die Möglichkeit der Versorgung über den Seeweg. Seit König Hiram I. bestand Tyrus aus zwei Stadtteilen, einem kleineren älteren Teil auf dem Festland und einem weiteren befestigten Teil auf einer der Küste vorgelagerten Insel, einem Felsstreifen, der etwa 1 km entfernt aus dem Meer ragte.[119]

---

116 Vgl. Charles Dyer, »Hesekiel«, in: John F. Walvoord und Roy B. Zuck (Hrsg.), *Das Alte Testament erklärt und ausgelegt*, Neuhausen-Stuttgart: Hänssler, 2000, 3. Auflage, Bd. 3, S. 326ff.
117 A. d. V.: Hesekiel hatte sie im Exil geweissagt, nachdem er bereits 597 v. Chr. (bei der sogenannten zweiten Wegführung) verschleppt worden war. Bei der ersten Wegführung war z. B. Daniel bereits 605 v. Chr. nach Babylon gebracht worden. Die im Text erwähnte Deportation entsprach also der dritten Wegführung.
118 Vgl. Hesekiel 26,2.
119 Vgl. Thomas L. Constable, *Notes on Ezekiel*, S. 126ff. (abgerufen am 21. 08. 2012 unter: http://www.soniclight.com/constable/notes/pdf/ezekiel.pdf), und Kenneth Boa, *Bible Companion Handbook*, S. 20f., abgerufen am 21. 08. 2012 unter:
http://bible.org/seriespage/uniqueness-bible bzw. unter:
http://bible.org/series/bible-companion-handbook. A. d. V.: Diese Internetadresse gilt auch bei der nachfolgenden Bezugnahme auf diese Quelle.

Schon bald nach dem Fall Jerusalems wandte sich Nebukadnezar gegen Tyrus und belagerte diese Stadt. Sie hielt der Belagerung aber dreizehn (!) Jahre stand. In höchster Not entschlossen sich die Bewohner letztendlich, nachts auf die Inselstadt überzusiedeln. Als Nebukadnezar schließlich am nächsten Tag die Stadttore durchbrach, fand er die Altstadt nahezu leer vor. Er zerstörte 573 v. Chr. die Festlandstadt, konnte der Inselstadt aber nichts anhaben.[120] Tyrus handelte Friedensbedingungen aus und unterwarf sich der babylonischen Oberherrschaft ebenso wie später der persischen. Trotzdem blieb Insel-Tyrus, das der Zerstörung entgangen war, in den nächsten 240 Jahren eine mächtige und relativ selbstständige Stadt Phöniziens und wurde als Inselstadt zu einer schier unbezwingbaren Festung ausgebaut.[121] Dann jedoch ließ die wechselvolle Weltgeschichte eine neue Weltmacht entstehen: Griechenland. Alexander der Große besiegte in der Schlacht von Issos (333 v. Chr.) den Perser Darius III. Die Männer Alexanders wollten Darius III. auf seinem Rückzug nach Babylon verfolgen und dort den finalen Sieg erringen. Alexander aber fürchtete die Unterstützung Persiens durch Phönizien und wandte sich deshalb zunächst der Stadt Tyrus zu (332 v. Chr.). Immer wieder griff er die Stadt mit Schiffen an, aber vergeblich. Tyrus schien tatsächlich unbezwingbar zu sein. Dann kam Alexander der Große jedoch auf den Gedanken, die Stadt auf dem Landweg anzugreifen. Sieben Monate lang ließ er den Schutt der alten, von Nebukadnezar zerstörten Stadt ins Meer schütten, bis ein 60 Meter breiter Damm entstanden war, der bis zur Inselstadt reichte. Dem gemeinsamen Angriff zu Land und zu Wasser konnte die Stadt nicht standhalten:[122] Sie wurde eingenommen und teilweise zerstört. Dabei »brach sich die Ungeduld von sieben Monaten« Belagerung »in Wut Bahn«[123], die Soldaten Alex-

---

120 Vgl. Kenneth Boa, a. a. O., S. 20f.
121 Vgl. Josh McDowell, *Die Bibel im Test*, a. a. O., S. 401.
122 Vgl. J. Hampton Keathley III, *Revelation*, S. 4; abgerufen am 21. 08. 2012 unter: http://bible.org/seriespage/foundations-study-prophecy-revelation.
123 Vgl. jeweils *Spiegel online* vom 15. 05. 2007; abgerufen am 21. 08. 2012 unter: http://www.spiegel.de/wissenschaft/mensch/legendaeres-bauwerk-forscher-entraetseln-alexanders-tyrus-trick-a-482957.html.

anders richteten unter den gegnerischen Kriegern und den Einwohnern von Tyrus ein schreckliches Gemetzel an.

Nebukadnezar hatte die Altstadt von Tyrus zerstört, Alexander der Große trug sie bis auf den Felsen ab und schüttete die Trümmer ins Meer. Der Historiker Philip Myers schrieb:

»Der größere Teil des Gebietes der einstmals großen Stadt ist heute nackt wie die Oberfläche eines Felsens ... ein Ort, an dem Fischer ... ihre Netze zum Trocknen ausbreiten.«[124]

Tyrus konnte sich zwar von den Eroberungen Nebukadnezars und Alexanders erholen, errang jedoch nie wieder politische Eigenständigkeit oder eine Machtstellung, die der früheren auch nur annähernd entsprochen hätte. Alexanders »Bauwerk«, der notdürftig unter Belagerungsbedingungen errichtete Damm, blieb infolge massiver Anlagerung von Schwemmland nicht nur bestehen, sondern verbreiterte sich rasch zu einer Landzunge, an deren Spitze sich die ehemalige Insel befindet.[125] Zwar wurde Tyrus wiederaufgebaut, infolge der geografischen Veränderungen jedoch nie wieder am alten Ort auf dem Festland:

»Der Ort, an dem früher Tyrus stand, ist heute nur noch ein bewegtes Zeugnis für das furchtbare Gericht Gottes.«[126]

In seiner weiteren Geschichte waren Tyrus und sein Umland immer wieder Schauplatz kriegerischer Auseinandersetzungen. Gegen die Stadt zogen sowohl die Seleukiden als auch die Ptolemäer[127], die Römer und schließlich 1291 n. Chr. die

---

[124] Vgl. Philip Myers, *General History for Colleges and High Schools*, Boston: Ginn & Co., 1889; zitiert nach Josh McDowell, a. a. O., S. 403.
[125] Vgl. *PNAS, Proceedings of the National Academy of Science of the United States of America*, 29. 05. 2007, Bd. 104, Nr. 22, S. 9218-9223. Eine Skizze der geografischen Veränderung findet sich auch bei Werner Gitt, a. a. O., S. 168.
[126] Charles Dyer, a. a. O., S. 332.
[127] Seleukiden und Ptolemäer beherrschten zwei der sogenannten Diadochenreiche, die als Nachfolgereiche aus dem aufgeteilten Weltreich von Alexander dem Großen entstanden.

Muslime.[128] Heute ist Tyrus eine auf tief liegenden Schichten antiker Trümmer ruhende Stadt mit etwas mehr als 100 000 Einwohnern[129] und einem beschaulichen Fischereihafen.

Vielleicht findet die Beschreibung der Historie der Stadt Tyrus nicht jedermanns Interesse. Das ist längst vergangene Geschichte. Als Hesekiel im Jahr 585 v. Chr.[130] das 26. Kapitel schrieb, stand Tyrus dies alles noch bevor. Und doch konnte Hesekiel auf Geheiß Gottes diese Entwicklung im Voraus beschreiben (Hes 26,3-14).

(3) Darum, so spricht der Herr, HERR: Siehe, ich will an dich, Tyrus, und ich werde viele Nationen gegen dich heraufführen, wie das Meer seine Wellen heraufführt.

(4) Und sie werden die Mauern von Tyrus zerstören und seine Türme abbrechen; und ich werde seine Erde von ihm wegfegen und es zu einem kahlen Felsen machen.

(5) Ein Ort zum Ausbreiten der Netze wird es sein mitten im Meer. Denn ich habe geredet, spricht der Herr, HERR. Und es wird den Nationen zur Beute werden;

(6) und seine Töchter, die auf dem Land sind, werden mit dem Schwert getötet werden. Und sie werden wissen, dass ich der HERR bin.

(7) Denn so spricht der Herr, HERR: Siehe, ich werde Nebukadnezar, den König von Babel, den König der Könige, von Norden her gegen Tyrus bringen, mit Pferden und Wagen und Reitern und mit einer großen Volksschar.

(8) Er wird deine Töchter auf dem Land mit dem Schwert töten; und er wird Belagerungstürme gegen dich aufstellen und einen Wall gegen dich aufschütten und Schilde gegen dich aufrichten.

---

128 Vgl. Kenneth Boa, a. a. O., S. 20f., und Josh McDowell, a. a. O., S. 404ff. A. d. V.: Hier sei angemerkt, dass die Muslime die Stadt bereits 638 n. Chr. eingenommen hatten. Von 1124 – 1291 befand sie sich allerdings in den Händen der Kreuzfahrer, bevor die Muslime sie zurückeroberten.
129 Abgerufen am 21. 08. 2012 unter: http://de.wikipedia.org/wiki/Tyros.
130 Vgl. die Zeitangabe in Hesekiel 26,1 bzw. die diesbezüglichen Ausführungen von Thomas Constable, a. a. O., S. 132, und Charles Dyer, a. a. O., S. 330.

(9) und wird seine Mauerbrecher gegen deine Mauern ansetzen und deine Türme mit seinen Eisen niederreißen.
(10) Von der Menge seiner Pferde wird ihr Staub dich bedecken; vor dem Lärm der Reiter und Räder und Wagen werden deine Mauern erbeben, wenn er in deine Tore einziehen wird, wie man in eine eroberte Stadt einzieht.
(11) Mit den Hufen seiner Pferde wird er alle deine Straßen zerstampfen; dein Volk wird er mit dem Schwert töten, und die Bildsäulen deiner Stärke werden zu Boden sinken.
(12) Und sie werden dein Vermögen rauben und deine Waren plündern und deine Mauern abbrechen und deine Prachthäuser niederreißen; und deine Steine und dein Holz und deinen Schutt werden sie ins Wasser werfen.
(13) Und ich werde dem Schall deiner Lieder ein Ende machen, und der Klang deiner Lauten wird nicht mehr gehört werden.
(14) Und ich werde dich zu einem kahlen Felsen machen; ein Ort zum Ausbreiten der Netze wirst du sein, du wirst nicht wiederaufgebaut werden. Denn ich, der HERR, habe geredet.

Offensichtlich enthält diese Vorhersage die folgenden Details:
1. Die Stadt Tyrus würde erobert werden (V. 10-11).
2. Der siegreiche Eroberer würde Nebukadnezar heißen (V. 7-11).
3. Nicht nur Nebukadnezar, sondern auch andere Völker würden gegen Tyrus militärisch vorgehen (V. 3-4; der Wechsel zum Plural erfolgt erst wieder ab V. 12).
4. Die Trümmer von Tyrus würden ins Wasser geworfen werden (V. 12).
5. Tyrus würde als kahler Felsen zurückbleiben, auf dem Fischer ihre Netze ausbreiten. Obwohl es noch Menschen dort geben würde, hätten diese also viel Platz, ihrer Tätigkeit nachzugehen. Sie würden nicht mehr durch den emsigen Handelsverkehr aus Übersee oder die militärische Präsenz in Form von Flotte und Heer gestört werden (V. 4-5.12.14).
6. Tyrus würde nie wiederaufgebaut werden. In Vers 6 und 8 ist zudem

7. von den Töchtern auf dem Land oder dem Felde[131] die Rede. Das könnte sich auf die weniger bedeutsamen anderen phönizischen Küstenstädte beziehen, die noch vor Tyrus erobert wurden, wahrscheinlicher aber auf den Stadtteil von Alt-Tyrus[132], der auf dem Festland lag und den schon Nebukadnezar einnehmen konnte, während die Inselstadt erst durch Alexander den Großen erobert wurde. Diese Aussage werden wir im Folgenden nicht weiter behandeln, weil sie interpretierbar ist und der Einwand kommen könnte, es würde einfach die Geschichte in die Prophetie »hineingelesen«.

Ist die Vorhersage konkret? Man darf diese Vorhersagen wohl als konkret bezeichnen. Es wird der siegreiche Feldherr genannt (Nebukadnezar) bzw. sogar erwähnt, was mit den Trümmern der besiegten Stadt geschah (ins Meer geworfen) und wie die Stadt aussehen würde, nachdem sie erobert worden wäre (kahl wie ein Felsen).

War das Eintreffen der Vorhersage wahrscheinlich? Sicher konnte man im Jahre 585 v. Chr. absehen, dass sich Nebukadnezar nach seinem erfolgreichen Feldzug gegen Jerusalem auch gegen Tyrus würde wenden können. Allerdings war Tyrus aufgrund seiner Flotte, seiner besonderen Befestigung und Lage ein Gegner ganz anderer Kategorie. In Tyrus hätte jedenfalls wohl keiner mit einer Eroberung gerechnet (was in den übermütigen Worten des Bibeltextes [siehe Hes 26,2], aber auch im späteren selbstbewussten Verhalten der Stadt gegenüber Alexander dem Großen deutlich ablesbar ist). Schließlich dauerte die Belagerung dann ja auch dreizehn Jahre. Bestand nicht auch die Möglichkeit, dass Nebukadnezar zwischendurch aufgab und sich anderen Brennpunkten in seinem großen Reich zuwandte? Niemand konnte voraussehen, dass es anders kam. Erst recht nicht absehbar war, dass sich Tyrus

---

131 A. d. V.: Vgl. Schlachter 1951 (nur V. 8), Luther 1912 und RELB in Bezug auf die angegebenen Verse.
132 So z. B. Adam Clarke, *Clarke's Commentary OT, Isaiah-Malachi* (Bd. 4), S. 987ff., abgerufen am 21. 08. 2012 unter: http://www.studylight.org/com/acc/view.cgi?book=eze&chapter=26.

wieder erholen und als Inselstadt aufs Neue zu einer Festung werden würde, die sich Alexander dem Großen widersetzte. Alexanders Kriegstaktik schließlich, eine Insel über einen aus Schutt errichteten Damm anzugreifen, dürfte in der Geschichte ziemlich einmalig sein und hätte vorab zweifellos niemand als wahrscheinliche Variante auch nur erwogen. Warum sollte jemand die Trümmer einer besiegten Stadt ins Meer schütten?

Hat die Vorhersage den realen Ablauf der Geschichte zu ihren Gunsten beeinflusst? Wenn die Menschen der damaligen Zeit diese Vorhersage tatsächlich in großer Zahl gekannt und geglaubt hätten, wäre wohl eher das Gegenteil zustande gekommen: Tyrus hätte sich dem babylonischen bzw. später dem griechischen Weltreich kampflos unterworfen. Aus Sicht Nebukadnezars und auch Alexanders machte es auch ohne Kenntnis dieser Vorhersage viel Sinn, den prestigekräftigen und strategisch bedeutsamen Kampf gegen die widerspenstige Stadt aufzunehmen und zu Ende zu führen. Außerdem standen sowohl Nebukadnezar als auch Alexander niemals in dem Ruf, absichtsvoll biblische Prophetie erfüllen zu wollen.

Sind die Vorhersagen tatsächlich eingetroffen? Auf erstaunliche Weise: Ja! Das hat die vorangestellte Schilderung der geschichtlichen Abläufe eindeutig gezeigt. Aber muss bei aller Erfüllung nicht festgehalten werden, dass sich Vorhersage (5) doch nicht bewahrheitet hat? Schließlich ist Tyrus doch (immer wieder) aufgebaut worden und wird viel später sogar in der Bibel noch erwähnt (Apg 21,3-4). Ja, es gibt diese Stadt heute noch. Dabei sind jedoch die folgenden Argumente zu bedenken:[133]

1. Das eigentliche alte Tyrus auf dem Festland wurde nie wiederaufgebaut.
2. Die Stadt wurde insofern nie wiederaufgebaut, als nicht einmal ihre Trümmer übrig blieben. Zwar siedelten dort wieder

---
133 Vgl. auch eine ähnliche Argumentation bei Josh McDowell, a. a. O., S. 406-409.

Menschen, aber tatsächlich entstand eine neue Stadt mit gleichem Namen, jedoch nicht am selben Ort.
3. Zudem änderten sich die geografischen Gegebenheiten. Eine solcherart gelegene Stadt kann es, nachdem die Insel zur Landzunge wurde, gar nicht mehr dort geben.
4. Außerdem kann die biblische Aussage nicht bedeuten, dass die gesamte Region anschließend nicht mehr besiedelt sein würde, sonst gäbe es dort auch keine Fischer mehr, die ihre Netze trocknen.
5. Tyrus war ein phönizischer Stadtstaat. So stand die Stadt in einem gewissen Sinn für die Phönizier und ihre damalige Stellung in der Welt. Phönizien ging mit Tyrus für immer unter.
6. Die heutige Stadt kann mit dem antiken Tyrus in Bezug auf ihre wirtschaftliche und militärische Bedeutung überhaupt nicht verglichen werden, jenes »Tyrus« existiert tatsächlich nicht mehr.

Wurden die Vorhersagen tatsächlich vor den Ereignissen gemacht? Laut Bibeltext (Hes 26,1) eindeutig: Ja! Gerade aber die Exaktheit der eingetroffenen Vorhersage hat bibelkritische Forscher zu dem Schluss verleitet, dass sie nur nach den Ereignissen geschehen sein kann. Ganz nach dem Motto: Es kann nicht sein, was nicht sein darf (dass es nämlich einen Gott gibt, der die Zukunft präzise kennt). Das Buch Hesekiel sei eben nicht, wie von ihm behauptet, im 6. Jahrhundert entstanden, sondern ein Jahrhundert später,[134] als Nebukadnezar längst Tyrus erobert und die Nachricht davon Babylon erreicht hatte. An dieser Stelle soll nicht die Argumentation für die korrekten Zeitangaben im Buch Hesekiel geführt werden,[135] das geschieht beispielhaft in den folgenden Ausführungen anhand des weit umstritteneren Buches Daniel. Festzuhalten aber bleibt, dass selbst eine Abfassung im 5. Jahrhundert v. Chr. nicht plausibel erklärt, woher der Verfasser

---

134 Vgl. Kenneth Boa, a. a. O., S. 20f.
135 Nachzulesen u. a. bei Gleason Archer, *Einleitung in das Alte Testament*, Bad Liebenzell: Verlag der Liebenzeller Mission, 1989, Bd. 2, S. 266ff., und bei Charles Dyer, a. a. O., S. 261f.

denn hätte wissen oder auch nur ahnen können, dass der Feldzug Nebukadnezars nicht der einzige gegen Tyrus bleiben sollte und warum jemand einst den Schutt der besiegten Stadt ins Meer werfen würde.

4.2 Beispiel: Zukunftsaussagen über die Entwicklung des griechischen Weltreiches nach Daniel 11

Im 11. Kapitel des Buches Daniel erhält der Prophet Daniel von einem Engel Gottes Informationen über die weiteren Entwicklungen im persischen Weltreich und dem ihm folgenden griechischen Weltreich. Thema ist also die Weltpolitik vom 4. bis zum 2. Jahrhundert v. Chr. Diese wird in groben Zügen und manchen interessanten Details im Voraus beschrieben, wobei vor allem jene Konsequenzen aus den weltpolitischen Entwicklungen dargestellt werden, die Palästina[136], das Volk Israel und insbesondere Jerusalem betreffen. Letztlich beschreibt dieser Text relevante Ereignisse, die dem Kommen des Messias vorausgingen. Die Verse in Daniel 11 lesen sich wie ein Geschichtsbuch mit eindeutiger jüdischer Akzentuierung. Wie wir sehen werden, entsprechen sie den Fakten, die in modernen Geschichtsbüchern nachgelesen werden können. Das Besondere dieser Verse liegt darin, dass sie um das Jahr 530 v. Chr.[137] von Daniel verfasst wurden (also rund 100 bis 400 Jahre vor dem tatsächlichen Eintreffen der Ereignisse) und somit zu den Zukunftsaussagen der Bibel gehören. Nachfolgend wird in der linken Spalte der Bibeltext und in der rechten Spalte das entsprechende historische Ereignis aufgeführt.

---

[136] A. d. V.: Der Gebrauch des Begriffs *Palästina* ist hier im Sinne eines Synonyms für *Israel* zu verstehen. Es gibt Gelehrte, die beide Begriffe gleichsetzen, da man das griechische Wort *Palaistine* mit dem Ausdruck *palaistes* (»Ringkämpfer«, »Rivale«) wiedergeben kann. Dies wiederum entspricht genau der Bedeutung von *Israel*.
[137] Vgl. z. B. Gleason Archer, a. a. O., S. 279.

Bibeltext: Daniel 11,2-19	Fakten der Geschichte[139]
(2) Und nun will ich dir die Wahrheit kundtun: Siehe, es werden noch drei Könige in Persien aufstehen, und der vierte wird größeren Reichtum erlangen als alle; und wenn er durch seinen Reichtum stark geworden ist, wird er alles gegen das Königreich Griechenland aufreizen.	Auf Kyrus folgt Kambyses (530 – 522 v. Chr.); nach ihm regiert für 7 Monate Pseudo-Smerdis (dessen Regentschaft sehr kurz ist und deshalb bei Daniel nicht erwähnt wird). Es folgen Darius I. Hystaspes (521 – 486 v. Chr.) und Xerxes (486[140] – 465 v. Chr.). Schon Darius I. greift die Griechen an (Schlacht bei Marathon [490 v. Chr.]). Xerxes als der mächtigste und wohlhabendste Herrscher führt mehrere erfolglose Kriege gegen Griechenland (u. a. Schlacht bei den Thermopylen [480 v. Chr.], Schlacht bei Salamis [ebenfalls 480 v. Chr.] und Schlacht von Mykale [479 v. Chr.]). Danach verliert das Persische Reich immer mehr an Bedeutung gegenüber dem aufstrebenden Griechenland.
(3) Und ein tapferer König wird aufstehen, und er wird mit großer Macht herrschen und nach seinem Gutdünken handeln.	Die berühmten Eroberungszüge Alexanders des Großen verändern die weltpolitische Situation grundlegend: Der Grieche nimmt innerhalb kurzer Zeit (334 – 330 v. Chr.) Kleinasien, Syrien, Ägypten und das gesamte medo-persische Herrschaftsgebiet ein.

---

139 Überarbeitet nach: J. Dwight Pentecost, »Daniel«, in: John F. Walvoord und Roy B. Zuck (Hrsg.), *Das Alte Testament erklärt und ausgelegt*, Neuhausen-Stuttgart: Hänssler, 2000, 3. Auflage, Bd. 3, S. 437ff.

140 A. d. V.: Obwohl bei Pentecost 485 v. Chr. als erstes Jahr seiner Regentschaft angegeben wird, erscheint hier das Jahr 486 v. Chr., da offensichtlich nichts dagegenspricht, dass Xerxes unmittelbar nach dem Tod seines Vaters den Thron bestieg. Vgl. auch John H. Walton, a. a. O., S. 72.

(4) Und sobald er aufgestanden ist, wird sein Reich zertrümmert und nach den vier Winden des Himmels hin zerteilt werden. Aber nicht für seine Nachkommen wird es sein und nicht entsprechend der Macht, mit der er geherrscht hat; denn sein Reich wird zerstört und anderen zuteilwerden, unter Ausschluss von jenen.

Ebenso plötzlich, wie Alexander der Große mächtig wurde, stirbt er im Alter von 33 Jahren (323 v. Chr.). Versuche, das Gesamtreich zu erhalten, scheitern. Kinder und andere Blutsverwandte Alexanders überleben den Streit nicht. Schließlich wird das Reich unter seinen Generälen aufgeteilt. Nördlich von Palästina regiert Seleukus (Syrien, Mesopotamien), südlich davon Ptolemäus (Ägypten).

(5) Und der König des Südens, und zwar einer von seinen Obersten, wird stark werden. Und einer wird stark werden über ihn hinaus und wird herrschen; seine Herrschaft wird eine große Herrschaft sein.

Ptolemäus I. Soter kann seine Herrschaft am schnellsten konsolidieren. Seleukus I. Nikator muss sich zunächst Angriffen eines anderen ehemaligen Generals Alexanders erwehren, herrscht schließlich (ab 312 v. Chr.) aber über Babylonien, Medien und Syrien. Er begründet eine Seleukiden-Dynastie (305 v. Chr.). Das Reich von Seleukus I. war somit weit größer als das Herrschaftsgebiet von Ptolemäus I. Soter im Süden.

(6) Und nach Verlauf von Jahren werden sie sich verbünden; und die Tochter des Königs des Südens wird zum König des Nordens kommen, um einen Ausgleich zu bewirken. Aber sie wird die Kraft des Armes nicht behalten, und er wird nicht bestehen noch sein Arm; und sie wird hingegeben werden, sie und die sie eingeführt haben und der sie gezeugt und der sie in jenen Zeiten unterstützt hat.

In den nachfolgenden Generationen herrscht zwischen Ptolemäus II. (284 – 246 v. Chr.) sowie den Seleukiden Antiochus I. (280 – 262 v. Chr.) und Antiochus II. (262 – 246 v. Chr.) zunächst erbitterte Feindschaft, die durch ein Bündnis beendet und in der Hochzeit Antiochus' II. mit Berenice, der Tochter Ptolemäus' II., besiegelt wird. Laodice (die Frau, von der sich Antiochus II. zugunsten von Berenice hat scheiden lassen) lässt die Letztgenannte, deren Sohn und Antiochus II. töten. Sie inthronisiert ihren eigenen Sohn, Seleukus II. Kallinikus.

(7) Doch einer von den Schösslingen ihrer Wurzeln wird an seiner[138] statt aufstehen; und er wird gegen die Heeresmacht kommen und wird in die Festungen des Königs des Nordens eindringen und mit ihnen nach Gutdünken verfahren und wird siegen.

Berenices Bruder, Ptolemäus III. Euergetes, der seinem Vater auf den Thron gefolgt ist, führt einen Rachefeldzug gegen Seleukus II. und fügt diesem eine demütigende Niederlage zu (245 v. Chr.). Außerdem tötet er Laodice.

(8) Und auch wird er ihre Götter samt ihren gegossenen Bildern, samt ihren kostbaren Geräten, Silber und Gold, nach Ägypten in die Gefangenschaft führen; und er wird jahrelang standhalten vor dem König des Nordens.

Ptolemäus III. kehrt mit großer Beute nach Ägypten zurück, u. a. mit den einst von Kambyses II. geraubten Götterbildern ägyptischer Pharaonen.

(9) Und dieser wird in das Reich des Königs des Südens kommen, aber in sein Land zurückkehren.

Seleukus II. kann Nordsyrien teilweise zurückerobern, scheitert aber bei dem Versuch, in Ägypten einzudringen, und wird wieder aus Palästina verdrängt.

(10) Aber seine Söhne werden sich zum Krieg rüsten und eine Menge großer Heere zusammenbringen; und einer wird kommen und überschwemmen und überfluten; und er wird wiederkommen, und sie werden Krieg führen bis zu seiner Festung.

Seleukus III. erbt den Thron seines Vaters und regiert von 227 – 223 v. Chr. Nach seinem frühen Tod führt sein Bruder Antiochus III.[141] (223 – 187 v. Chr.) die Seleukiden-Dynastie weiter.
Beide Brüder versuchen, Syriens Ansehen durch militärische Eroberungen wiederherzustellen. Antiochus III. gelingt es in einem Feldzug, die Ägypter hinter die südlichen Grenzen Israels zurückzudrängen (in den Jahren 219 bis 217 v. Chr.).

---

138 A. d. V.: Dies bezieht sich auf den König des Südens (vgl. z. B. Fußnote in der Elb 2003). Das Gleiche gilt sinngemäß für V. 17.

141 A. d. V.: Er ist auch als »Antiochus der Große« bekannt.

(11) Und der König des Südens wird sich erbittern und wird ausziehen und mit ihm, dem König des Nordens, kämpfen; und dieser wird eine große Menge aufstellen, aber die Menge wird in seine Hand gegeben werden.

(12) Und wenn die Menge weggenommen wird, wird sein Herz sich erheben; und er wird Zehntausende niederwerfen, aber nicht zu Macht kommen.

(13) Und der König des Nordens wird wiederkommen und eine Menge aufstellen, größer als die frühere; und nach einigen Jahren wird er mit einem großen Heer und mit großer Ausrüstung kommen.

(14) Und in jenen Zeiten werden viele aufstehen gegen den König des Südens; und Gewalttätige deines Volkes werden sich erheben, um das Gesicht zu erfüllen, und werden zu Fall kommen.

In Ägypten herrscht inzwischen Ptolemäus IV. Philopator (221–204 v. Chr.). In der Schlacht von Raphia kann er an der Südgrenze Israels zunächst das weitere Vordringen Antiochus' III. verhindern.

Ptolemäus IV. begnügt sich nach diesem Sieg, der Antiochus III. große Verluste zufügte, mit einem Waffenstillstand. Antiochus III. wendet sich zunächst anderen Brennpunkten seines großen Reiches zu.

Nach dem Tod Ptolemäus' IV. und dem Amtsantritt seines sechsjährigen Sohnes Ptolemäus V. Epiphanes marschiert Antiochus III. erneut gegen Ägypten auf. Inzwischen hat er seine Armee eindrucksvoll mit Kriegselefanten aus Indien aufgerüstet.

Philipp V. von Mazedonien verbündet sich mit Antiochus III. gegen Ägypten. Ebenso kämpfen viele Juden aufseiten Antiochus' III., weil sie sich vielleicht von diesem Herrscher Unabhängigkeit von Ägypten (und auch von Syrien) erhoffen.

(15) Und der König des Nordens wird kommen und einen Wall aufwerfen und eine befestigte Stadt einnehmen; und die Streitkräfte des Südens werden nicht standhalten, sogar sein auserlesenes Volk wird keine Kraft haben, um standzuhalten.
(16) Und der, der gegen ihn gekommen ist, wird nach seinem Gutdünken handeln, und niemand wird vor ihm bestehen; und er wird im Land der Zierde stehen, und Vertilgung wird in seiner Hand sein.

(17) Und er wird sein Angesicht darauf richten, mit der Macht seines ganzen Reiches zu kommen, indem er einen Ausgleich im Sinn hat, und er wird ihn bewirken; und er wird ihm eine Tochter der Frauen geben, zu ihrem Verderben; und sie wird nicht bestehen und wird nichts für ihn sein.

(18) Und er wird sein Angesicht zu den Inseln hinwenden und viele einnehmen; aber ein Feldherr wird seinem Hohn ein Ende machen, dazu noch seinen Hohn ihm zurückgeben.

Der Feldherr Skopas, der im Dienst Ptolemäus' V. steht, wird bei Panias geschlagen und zieht sich in die befestigte Stadt Sidon zurück, die von Antiochus III. erobert wird.[142] Daraufhin drängt der Seleukidenkönig die Ägypter weit in den Süden zurück. Das Seleukidenreich etabliert sich ab 199 v. Chr. als Besatzungsmacht in Israel. Die Hellenisierung der Juden nimmt stark zu.

Antiochus III. versucht, Einfluss in Ägypten zu gewinnen, indem er seine Tochter, Kleopatra I., mit Ptolemäus V. Epiphanes verheiratet. Aber Kleopatra schlägt sich gegen ihren Vater auf die Seite der Ptolemäer, die in ihrer neuen Heimat herrschen, und wird bis zu ihrem Tod (176 v. Chr.) zum Rückgrat der ägyptischen Politik gegen die Seleukiden.

Nach der Festigung seiner Vormachtstellung in Israel wendet Antiochus III. seine Aufmerksamkeit Kleinasien (197 v. Chr.) und Griechenland (192 v. Chr.) zu. Pergamon und Rhodos rufen Rom zu Hilfe.

---

142 A. d. V.: Pentecost (a. a. O., S. 440) gibt 203 v. Chr. als Jahr der Eroberung an, was offensichtlich nicht den historischen Gegebenheiten entspricht, weil die Schlacht bei Panias 200 v. Chr. stattfand. Dies wird durch zahlreiche englischsprachige Internetseiten bestätigt. Der Text wurde demzufolge hier entsprechend angeglichen. Es ist allerdings auch möglich, dass Antiochus III. Sidon zweimal eroberte.

	Schließlich unterliegt Antiochus III. bei Magnesia den vereinten pergamesisch-römischen Truppen unter Führung des römischen Feldherrn Cornelius Scipio. Dem Seleukidenkönig werden im Frieden von Apameia gewaltige Tribute auferlegt.
(19) Und er wird sein Angesicht zu den Festungen seines Landes hinwenden und wird straucheln und fallen und nicht mehr gefunden werden.	Um die Tribute für Rom aufzubringen, muss Antiochus III. sogar die Tempel des eigenen Landes plündern. Bei einer solchen Aktion wird er von aufgebrachten Einwohnern der Elymais erschlagen (187 v. Chr.).

In den folgenden Versen zeichnen die biblischen Aussagen die weitere Abfolge geschichtlicher Geschehnisse im Voraus auf. Dabei gehen sie bis über jenes denkwürdige Ereignis am 16. Dezember 167 v. Chr. hinaus, bei dem Antiochus IV. den Tempel entweihte und vor dem Gebäude einen Zeus-Altar errichtete (vgl. Dan 11,30b-32). Diese Aussagen sind sehr konkret, indem sie die Ergebnisse von Feldzügen und politischen Ränkespielen aufzeigen, sodass ihr Eintreffen ohne Mühe überprüft werden kann. Sie können in der Fülle der tatsächlich geschehenen Details unmöglich als Produkt eines bloßen Zufalls verstanden werden. Auch haben syrische und ägyptische Feldherren sowie verstoßene Frauen und illoyale Töchter, die zu Mörderinnen wurden, sicher nicht so gehandelt, weil sie die zuvor geschriebenen Worte kannten und sich danach richteten.[143] Wenn dem so gewesen wäre, hätten sie die vom Bibeltext zuvor als erfolglos beschriebenen Bemühungen erst gar nicht unternommen. Ein bibelkritischer Autor schrieb:

---

143 Der im Buch Daniel ebenfalls vorkommende persische Herrscher Kyrus soll allerdings tatsächlich einmal eine ihn betreffende Zukunftsaussage aus dem Buch Jesaja gelesen haben und sehr erstaunt gewesen sein, in einem 150 Jahre alten Text seinen Namen und seine Handlungen vorab geschrieben zu finden, berichtet der jüdische Geschichtsschreiber Josephus (1. Jahrhundert n. Chr.). Vgl. Flavius Josephus, *Jüdische Altertümer*, 11. Buch, 1. Kapitel, S. 4, angeführt bei: Cleon Rogers (Hrsg.), *Erwägungen zur Verfasserschaft des Jesaja. Fundierte Theologische Abhandlungen*, Gießen: Wilhelm Schmitz Verlag, 1983, Bd. 1, S. 109.

»*Wenn dieses Kapitel tatsächlich den Ausspruch eines Propheten im Babylonischen Exil wiedergibt, fast 400 Jahre vor den Ereignissen aufgezeichnet (Geschehnisse, von denen viele vergleichsweise unbedeutend für die Weltgeschichte sind), die hier so geheimnisvoll und doch so sorgfältig geschildert werden, dann wäre dies die einzigartigste und verblüffendste Offenbarung der ganzen Schriften. ... Sie würde absolut allein stehen und alles Bekannte in den Schatten stellen, indem sie die Begrenztheit aller anderen Zukunftsvorhersagen, die je gemacht wurden, abschüttelt.*«[144]

Was kann gegen diesen eindrücklichen Beweis für die Fähigkeit und die Bereitschaft Gottes zur exakten Vorhersage der Zukunft noch eingewandt werden? Richtig, Kritiker halten sie einfach für eine nachträgliche Anfügung an das Buch des Propheten Daniel, die von einem unbekannten Zeitzeugen dieser Ereignisse nachgetragen wurde. Die Vorhersagen sind einfach zu gut, deswegen können sie nur Fälschungen sein, lautet häufig sinngemäß die Argumentation. Der wahre Schreiber des 11. Kapitels soll deshalb um das Jahr 167 v. Chr. gelebt haben. Er habe sich nur des berühmten Namen Daniels bedient.[145] Doch vieles, ja sogar sehr vieles spricht gegen diese Annahme:

(1) Historische Argumente

Das Buch Daniel steckt voller historischer Einzelheiten aus der Zeit des Babylonischen Exils, und auch die zukunftsweisenden Details über die behandelten Jahrhunderte sind so zahlreich, dass sie nicht aus der Feder eines Autors stammen können, der vierhundert Jahre später lebte und die damalige fast nur mündliche Überlieferung wiedergab. Allerdings hat man dem Buch Daniel einige historische Ungenauigkeiten unterstellen wollen, die dann natürlich sehr für eine spätere Abfassung sprechen würden.

---

144 F. W. Farrar, *The Book of Daniel*, S. 299, zitiert nach: John F. Walvoord, *Daniel: The Key to Prophetic Revelation*, Chicago: Moody Publishers, 1971, S. 253 (Übersetzung durch J. Endres).
145 Man nennt solche Autoren »Pseudepigraphen«; siehe dazu die grundsätzlichen Überlegungen von Eckhard Schnabel, »Der biblische Kanon und das Phänomen der Pseudonymität«, in: *Jahrbuch für evangelikale Theologie 3* (1989), S. 59-96.

Diese sind jedoch durch den Nachweis einer historischen Exaktheit, die selbst moderne Forscher verblüffte, widerlegt worden. So galt beispielsweise bis ins 19. Jahrhundert Nabonid als der letzte babylonische Herrscher. Der in Daniel 5 erwähnte König Belsazar war unbekannt, wobei die Angaben, die sich über ihn im Buch Daniel finden, somit als Irrtum eines späteren Verfassers interpretiert wurden. Dann jedoch ergaben Keilschriftfunde aus neubabylonischer Zeit, dass Belsazar sehr wohl existierte. Sie besagten, dass er zu der in Daniel 5 beschriebenen Zeit als König über Akkad (Babylonien) anstelle seines Vaters, der sich im Ausland aufhielt, regierte. Außerdem wurde über Belsazars Tod bei der Eroberung Babylons berichtet. Weil sein Vater nie offiziell zurückgetreten war, verlor sich das Wissen um Belsazar immer mehr. Ein Autor des 2. Jahrhunderts v. Chr. hätte mit den zu seiner Zeit vorhandenen Informationen nichts über Belsazar schreiben können. Sehr wohl aber der – wie wir nun wissen – sehr exakt berichtende Zeitzeuge Daniel.[146]

Das Buch kann auch deshalb nicht erst so spät entstanden sein, weil man Manuskript-Fragmente daraus in der Qumran-Höhle 4Q entdeckt hat, die auf 200 v. Chr. datiert werden. Das Original muss lange vorher geschrieben worden sein, wenn seine Akzeptanz und seine Verbreitung schon zuvor bis zu jener Essener-Gemeinschaft durchgedrungen war.

Schließlich ist das Buch Daniel ein unzweifelhafter Bestandteil des jüdischen Kanons.[147] Es ist nicht nachvollziehbar, wie die Ergänzung eines Autors darin hätte Anerkennung finden können. (Eigentlich wären mehrere Verfasser erforderlich gewesen, um die Exaktheit über die Jahrhunderte hinweg erklären zu können.) Für die jeweiligen Zeitgenossen muss ja offenkundig

---

[146] In Bezug auf den gesamten Abschnitt vgl. Gleason Archer, *Einleitung in das Alte Testament*, a. a. O., S. 284f., und Matthias Schwander, *Quellensammlung zur historischen Glaubwürdigkeit der Bibel*, Dillenburg: Christliche Verlagsgesellschaft, 1989, S. 27ff., bzw. Raymond Ph. Dougherty, *Nabonidus and Belshazzar*, New York: AMS Press, 1980.

[147] Kritiker argumentieren, Daniel sei eben erst spät zum jüdischen Kanon gezählt worden, was an seiner Zuordnung zu den »Schriften« statt zu den »Propheten« ablesbar sei. Diese Argumentation ist nicht haltbar, wie J. Dwight Pentecost (siehe Pentecost, »Daniel«, a. a. O., S. 382ff.) und Gleason Archer (siehe Archer, a. a. O., S. 280ff.) eindrücklich aufzeigen (ausführlich siehe dort).

gewesen sein, dass jemand seine Aufzeichnungen des eben Geschehenen als Zukunftsaussage ausgibt und dem berühmten Daniel »unterschiebt«. Das hätte ein Schriftstück eindeutig diskreditiert und von der Aufnahme in den »heiligen Kanon« ausgeschlossen.

»Daniels Vertrautheit mit den im Buch beschriebenen Personen und den historischen Ereignissen und Sitten, von denen das Buch berichtet, machen eine Entstehungszeit im sechsten Jahrhundert v. Chr. zur Voraussetzung.«[148]

(2) Linguistische (sprachliche) Argumente
Das Buch Daniel ist ein zweisprachiges Dokument (hebräisch und aramäisch) mit einigen Lehnwörtern aus der persischen und griechischen Sprache. Auch hier glaubte man, schließen zu können, dass die Sprache auf eine spätere Zeit als das 6. Jahrhundert hindeute. Und auch diese Argumente sind ausführlich betrachtet und sämtlich verworfen worden.[149] Man kann sich getrost der zusammenfassenden Einschätzung von Deffinbaugh anschließen:

»Jedes einzelne sprachliche Argument fällt unter einem prüfenden Blick in sich zusammen. Je mehr wir über die Sprache in Daniels Tagen in Erfahrung bringen, desto mehr fallen die kritischen Argumente auseinander.«[150]

(3) Exegetische Argumente
Kritiker haben es für merkwürdig gehalten, dass sich die präzisen Vorhersagen in Daniel 11 besonders auf Antiochus IV. konzentrieren und mit dessen Herrschaft scheinbar auch enden. Das lege eben den Schluss nahe, dass der Verfasser dieser Zeit

---

148 Pentecost, a. a. O., S. 383.
149 Siehe ausführlich bei Gleason Archer, a. a. O., S. 288ff.
150 Robert Deffinbaugh, *Daniel: Relating Prophecy to Piety*, Biblical Studies Press, 1995, S. 9 (Übersetzung durch J. Endres); A. d. V.: abgerufen am 21. 08. 2012 unter: http://bible.org/seriespage/daring-believe-daniel. Diese Internetadresse gilt auch bei der nachfolgenden Bezugnahme auf diese Quelle.

angehört habe. Diese Schwerpunktsetzung ist tatsächlich bemerkenswert und geschieht, wie die sorgfältige Exegese zeigt, aus gutem Grund. Die Tempel-Entweihung und der Judenhass von Antiochus IV. stellen für die ersten Leser des Buches Daniel, die wie er Juden waren, einen für lange Zeit einmaligen Tiefpunkt in ihrer Geschichte und gleichzeitig ein Muster für spätere Judenverfolgungen dar. Im Lichte des Neuen Testaments (insbesondere von Mt 24 und Mk 13) gehen die Vorhersagen, die in Daniel 11,40ff. Antiochus IV. betreffen, in eine Beschreibung des (noch immer) zukünftigen Antichristen über. Die auffällige prophetische Akzentuierung lässt sich also sehr gut mit dem Anliegen Daniels begründen, den Angehörigen seines Volkes die Augen über ihre Zukunft zu öffnen.

Zudem trifft es keinesfalls zu, dass das Buch Daniel mit seinen Vorhersagen nur bis zum Jahr 164 v. Chr., dem Ende der Herrschaft von Antiochus IV., reicht.[151] In den Kapiteln 2, 7 und 8 hatte Daniel bereits sehr eindrücklich geschildert, dass dem babylonischen Weltreich das medo-persische, dann das griechische und schließlich das römische Weltreich folgen würden.[152] Insbesondere in Kapitel 8 wird deutlich, dass mit dem zweiten und dritten Reich das Medo-persische Reich und das Griechische Reich gemeint sind. Der zweihörnige Widder, dessen zweites Horn das erste überschattet, ist eine zutreffende Beschreibung der Vorherrschaft im Reich, welche die Perser unter Kyrus über die Meder gewannen. Griechenland wird zunächst als Ziegenbock beschrieben, der schnell große Macht gewinnt (die Eroberungszüge Alexanders des Großen innerhalb kurzer Zeit), dessen Reich dann aber in die vier Hörner zerfällt (die Aufteilung unter seine vier Generäle). All dem folgt bemerkenswerterweise noch ein viertes Weltreich, das römische. Aus dem Blickwinkel Palästinas wurde dieses Reich aber erst ab 63 v. Chr. bedeutsam, als Pompejus den Nahen Osten eroberte. Archer schreibt:

---

[151] In Bezug auf den gesamten Abschnitt vgl. Gleason Archer, a. a. O., S. 299ff.
[152] Daniel 2,31-45; 7,2-28; 8,3-14.20-25.

»*Angesichts der Lage im Jahre 165 v. Chr. hätte kein Mensch mit Gewissheit voraussagen können, dass die hellenistischen Monarchien des Nahen Ostens von der neuen Macht, die im Westen entstanden war, überwältigt würden. Kein Mensch der damaligen Zeit hätte ahnen können, dass jener italische Staat eine unbarmherzigere und größere Macht ausüben würde als alle anderen Reiche, die es bisher gegeben hatte.*«[153]

Die Vorhersagen des Buches Daniel gehen in Kapitel 9 sogar noch über das Jahr 63 v. Chr. hinaus, wie wir noch sehen werden, wenn wir uns auf die Vorhersagen über den Messias konzentrieren (s. u.).

(4) Literarische Argumente
Man würde erwarten, in einem Buch, das von unterschiedlichen Autoren aus verschiedenen Epochen verfasst wurde (so die Meinung von Skeptikern zum Buch Daniel), inhaltliche Brüche zu finden. Das Gegenteil trifft für dieses Buch zu. Vordergründig teilt es sich zwar tatsächlich in einen persönlich-historischen Teil (Kap. 1 – 6) und einen prophetischen Teil (Kap. 7 – 12), aber beide Teile weisen deutliche inhaltliche Parallelen auf.[154] Bereits Kapitel 2 enthält die prophetische Gesamtsicht, die im zweiten Teil – wie oben gezeigt – näher ausgeführt wird. Selbst die Zweisprachigkeit des ursprünglichen Textes (Kap. 1,1 – 2,4a und Kap. 8,1 – 12,13 hebräisch, 2,4b – 7,28 aramäisch) lässt das Buch nicht etwa in lose Fragmente zerfallen, sondern ist eine weitere inhaltliche Klammer, wie u. a. Daniel B. Wallace eindrücklich mit seiner Gliederung aufgezeigt hat: »[Die] Gliederung argumentiert implizit für die literarische Einheit des Buches und legt nahe, dass es nur einen Autor hat.«[155]

---

153 Gleason Archer, a. a. O., S. 306.
154 Siehe z. B. die tabellarische Übersicht bei Robert Deffinbaugh, a. a. O., S. 11., und andere Parallelen, die J. Dwight Pentecost aufführt in: »Daniel«, a. a. O., S. 382f.
155 Daniel B. Wallace, »Outline of Daniel«, S. 2 (abgerufen am 21. 08. 2012 unter: http://bible.org/article/outline-daniel [Übersetzung durch J. Endres]); vgl. Pentecost, a. a. O., S. 382ff.

(5) Neutestamentliche Argumente

Das Zeugnis der übrigen Bibelautoren für das Buch Daniel fällt eindeutig aus. Dabei geht es nicht nur darum, dass Daniel von seinem Zeitgenossen Hesekiel ausdrücklich als Prophet bezeichnet und hervorgehoben wird.[156] Vielmehr findet sich auch jedes Kapitel des Buches im Neuen Testament wieder, entweder als Zitat oder zumindest in einer entsprechenden Anspielung. Alle neutestamentlichen Autoren beziehen sich an mindestens einer Stelle auf Daniel.[157] Bedeutsam ist aber vor allem die Aussage von Jesus Christus selbst, die wir in seiner Ölbergrede finden (Mt 24,15): »Wenn ihr nun den ›Gräuel der Verwüstung‹, von dem durch Daniel, den Propheten, geredet ist, stehen seht an heiligem Ort …«[158] Von diesem »Gräuel der Verwüstung«[159] ist im Buch Daniel in drei verschiedenen Kapiteln und gerade auch in dem so umstrittenen Kapitel 11 die Rede.[160] Jesus Christus hat somit ausdrücklich bestätigt, dass niemand anders als der im 6. Jahrhundert verstorbene Daniel der Autor des gleichnamigen Buches war.

4.3 Beispiel: Geschichte Israels

In der Bibel werden die Lebensläufe einiger Menschen recht ausführlich wiedergegeben. Der erste, dessen Leben in vielen Details geschildert wird, ist Abraham im ersten Buch Mose. Nach unseren bisherigen Überlegungen zur Bedeutsamkeit von Zukunftsaussagen in der Bibel kann es nicht verwundern, dass die Zukunftsaussagen Gottes im Leben Abrahams eine besondere Rolle spielten. Mehr noch: Sie prägten sein ganzes Leben, obgleich er die Erfüllung der positiven Verheißungen höchstens

---

156 Hesekiel 14,12-20; 28,1-3; vgl. dazu den Aufsatz von Daniel B. Wallace, »Who is Ezekiel's Daniel?« (abgerufen am 21.08.2012 unter: http://bible.org/article/who-ezekiels-daniel).
157 Vgl. Robert Deffinbaugh, a. a. O., S. 12.
158 A. d. V.: Anführungszeichen im Text hinzugefügt.
159 Er wird auch als »Scheusal der Verwüstung« bezeichnet (A. d. V.: vgl. die NeÜ in der angegebenen Stelle).
160 Daniel 9,27, 11,31, 12,11.

ansatzweise erleben durfte. Schon in dieser ersten umfassenderen Biografie der Bibel wird also deutlich, was dann noch einmal im Neuen Testament ausdrücklich unterstrichen wird: Glauben bedeutet, den Zukunftsaussagen Gottes mitunter gegen alle menschliche Erwartung Vertrauen zu schenken (vgl. u. a. Röm 4,18.20-21 und Gal 3,7.18). So wurde Abraham zum Vater aller Glaubenden (Röm 4,11.16). Es sind diejenigen, die Gott in dem Vertrauen nahen, dass er sie zu seiner Zeit belohnen wird (Hebr 11,6), und die mit Augen des Glaubens eine noch nicht sichtbare, aber bereits angekündigte Zukunft wahrnehmen (Joh 8,56; Hebr 11,10).

Die Zukunftsaussagen Gottes an Abraham, die in diesem Fall Verheißungen betreffen, sind jedoch nicht nur deshalb bedeutsam, weil dieser sie glaubend annahm. Vielmehr ist ihr Inhalt so umfassend und weitreichend, dass er nicht nur die Lebensgeschichte Abrahams, sondern (wie man ohne Übertreibung feststellen kann) auch die Weltgeschichte bis in unsere Gegenwart hinein prägte und sogar darüber hinausreicht. Ihr Inhalt bezieht sich auf das Volk Israel, den leiblichen Nachkommen Abrahams und, wie wir unter Punkt 4.4 sehen werden, auf Jesus Christus, den besonderen »Nachkommen« Abrahams. Führen wir uns diese Prophezeiungen deshalb einmal vor Augen:

»Und der HERR sprach zu Abram[161]*: Geh ... in das Land, das ich dir zeigen werde! Und ich will dich zu einer großen Nation machen, und ich will dich segnen, und ich will deinen Namen groß machen, und du sollst ein Segen sein! Und ich will segnen, die dich segnen, und wer dir flucht, den werde ich verfluchen; und in dir sollen gesegnet werden alle Geschlechter der Erde« (1Mo 12,1-3; RELB).*

»Denn das ganze Land, das du siehst, dir will ich es geben und deiner Nachkommenschaft bis in Ewigkeit« (1Mo 13,15; vgl. auch 1Mo 15,7.18-21).

---

[161] A. d. V.: Abraham hieß ursprünglich »Abram«. In 1. Mose 17,4-5 wird dann von der Namensänderung berichtet.

Die Bibel berichtet, wie sich diese Verheißung auf erstaunliche Art und Weise über einen Zeitraum von vielen Jahrhunderten erfüllte: Dem zunächst kinderlosen Ehepaar Abraham und Sara wurde schließlich ein Sohn, Isaak, geboren, der wiederum der Vater Jakobs wurde. Aus dessen Ehen mit Lea und Rahel gingen zwölf Söhne hervor, die ihrerseits Kinder zeugten. Diese Sippe von nicht einmal hundert Nomaden siedelte nach Ägypten über und wuchs dort zu einem Volk heran (vgl. Apg 7,14-17). Zwar war damit ein Teil der Verheißung (die Mehrung der Nachkommenschaft zu einem Volk) erfüllt, der andere Teil, ein eigenes Siedlungsgebiet, schien für das inzwischen versklavte Volk jedoch weiter entfernt denn je. Nach über vierhundert Jahren schließlich führte Gott durch seine wunderwirkende Macht die einstigen Nomaden und späteren Sklaven in ebenjenes Gebiet, von dem er Abraham gegenüber gesprochen hatte. Mit dem Exodus aus Ägypten und dem Einzug in das Gelobte Land erfüllte sich Gottes Prophezeiung: Erstmals besaß eine zahlreiche Nachkommenschaft Abrahams mit dem Land Kanaan ein eigenes Siedlungsgebiet.

Wir wollen auf Abrahams Verheißung und ihre Erfüllung wiederum die angeführten Prüfkriterien anwenden: Wurde die Verheißung tatsächlich vor den Ereignissen gemacht? War sie konkret? Weicht sie von dem ab, was als wahrscheinlich gelten kann? Hat sie die Realität zugunsten ihrer Erfüllung beeinflusst? Und ist sie wirklich eingetroffen?

Die Erfüllung der Verheißung, die an Abraham erging, musste mit ihrem konkreten Inhalt nach den Regeln der Wahrscheinlichkeitsrechnung angesichts der Unbeständigkeit der damaligen Zeit zweifellos als ziemlich unwahrscheinlich gelten. Sie besagte u. a., dass Abrahams Nachkommenschaft ein ganzes Volk werden und ein Land besitzen würde, dessen geografische Grenzen genau angegeben werden (1Mo 15,18-21). Aber geschah diese Verheißung tatsächlich vor den Ereignissen? Gibt die Bibel selbst nicht Mose als denjenigen wieder, der diese Worte aufgezeichnet hat? Könnte dieser Mose angesichts der Ereignisse seiner Tage Gott diese Worte nicht in den Mund gelegt haben, um seine Stellung und das Zusammengehörigkeitsgefühl des von ihm geführten Volkes zu stärken? Abgesehen davon, dass diese Position letztlich die ganze Bibel und ihren Wahrheitsgehalt infrage stellt, sei hier Folgendes gesagt: Wenn es sich um eine in der Zeit Moses im Nachhinein als Verheißung deklarierte Aussage handeln würde, wäre damit nicht erklärt, warum diese Verheißung auch noch viel spätere Erfüllungen hatte, die weder Mose noch sonst jemand hätten vorausahnen können. Doch dazu später.

Fragen wir zunächst weiter, ob es sich um eine tatsächliche Erfüllung handelte. Es geht also darum, ob es den biblisch berichteten Exodus eines Sklavenvolkes aus Ägypten wirklich gegeben hat und ob dieses Volk tatsächlich aus den Nachfahren Abrahams bestand. Natürlich werden diese beiden Tatsachen bestritten. Gegen den Exodus werden gewöhnlich zwei Argumente angeführt: Erstens gäbe es in ägyptischen Aufzeichnungen keine Hinweise auf einen solchen Exodus eines semitischen Volkes, und zweitens sei der biblische Bericht von der Durchquerung des Meeres aus naturwissenschaftlicher Sicht schlichtweg unmöglich; das Ganze sei also eine legendenhafte jüdische Mythengeschichte.[162] Während das zweite Argument letztlich übernatürliches Handeln eines göttlichen Wesens einfach per se ausschließt und damit dem Gottsuchenden prinzipiell nicht weiterhelfen kann, soll das erste Argument etwas beleuchtet werden. Ja, es trifft zu: Die außerbiblischen Berichte über den Exodus aus griechischer und römischer Zeit sind zu zweifelhaft und natürlich erst viel später entstanden, sodass sie nicht als schlagkräftiges Argument für die Historizität des Exodus angeführt werden können. Jedoch finden sich in alt-ägyptischen Quellen zahlreiche Hinweise auf semitische »Asiaten«, die das Nildelta bevölkerten und Fronarbeiten zu leisten hatten. Im Papyrus Anastasi VI, den man auf etwa 1200 v. Chr. datiert, wird sogar die Aufnahme von in Not geratenen edomitischen

---

[162] Vgl. dazu und in Bezug auf das Folgende z. B.
http://de.wikipedia.org/wiki/Auszug_aus_Ägypten (abgerufen am 21. 08. 2012).

Beduinen ins Ägyptische Reich und ihre Ansiedlung in jener Gegend erwähnt, von der auch die ganz ähnliche Josephgeschichte (1Mo 37–50) berichtet.[163] Der bis heute geschätzte Ägyptologe Alan H. Gardiner hielt den Exodus aufgrund seines Quellenstudiums für eine Tatsache,[164] und auch James K. Hoffmeier kommt nach dem Studium der archäologischen Hinweise zu dem Schluss, dass der biblische Bericht vertrauenswürdig ist.[165] Jedenfalls steht die Schlussfolgerung, ein Ereignis habe nicht stattgefunden, weil direkte Zeitzeugenberichte aus der Antike (etwa 1500 Jahre vor Christi Geburt!) fehlen, nur auf sehr schwachen Füßen.[166] Immerhin begann die eigentliche Geschichte Israels erst nach diesem Ereignis, und kein Zeitzeuge hätte erahnen können, welchen weitreichenden Einfluss sie auf Ägypten und die Weltgeschichte nehmen würde. Außerdem handelt es sich nach Darstellung der Bibel um eine für die Ägypter unrühmliche Begebenheit, hinsichtlich derer sie sicher wenig motiviert waren, sie für spätere Zeiten festzuhalten.

Hat schließlich diese Zukunftsaussage die späteren Ereignisse derart beeinflusst, dass ihr Eintreffen als logische Konsequenz der »Prophetie« gelten muss? Ganz sicher hat die wahrgenommene Bedeutsamkeit der Worte Gottes an Abraham dessen Nachfahren beeinflusst. Sie waren sich nach dem biblischen Bericht bis ins Neue Testament hinein bewusst, Nachkommen ebenjenes Abrahams zu sein, dem die Zusagen Gottes galten (vgl. z. B. 1Mo 26,3;

---

163 Quelle: http://www.scribd.com/doc/49197129/Papyrus-Anastasi-VI-lines-51-61 (abgerufen am 21. 08. 2012).
164 Alan H. Gardiner, *The Geography of the Exodus: An Answer to Professor Naville and Others*, in: *The Journal of Egyptian Archaeology*, 1924, S. 87ff.
165 Vgl. James K. Hoffmeier, *The Evangelical Contribution to Understanding the (Early) History of Ancient Israel in Recent Scholarship*, Bulletin for Biblical Research 7, 1997, S. 77-90; abgerufen am 21. 08. 2012 unter:
http://www.ibr-bbr.org/files/bbr/BBR_1997_06_Hoffmeier_EarlyIsrael.pdf. Vgl. auch C. De Wit in: *The Date and Route of The Exodus*, London: The Tyndale Press, 1960. Eine Kurzfassung wurde abgerufen am 21. 08. 2012 unter:
http://www.biblicalstudies.org.uk/article_exodus_de-wit.html.
166 A. d. V.: Ergänzend sei hier angemerkt, dass es nach der »revidierten Chronologie«, die auf Dr. Donovan Amos Courville (1901–1996) und andere Gelehrte zurückgeht und die mit dem innerbiblischen Zeitrahmen in Einklang steht, sehr wohl *indirekte* außerbiblische Indizien für den Exodus gibt (Bericht über das Ertrinken des Pharao und seines Heeres usw.). Vgl. dazu W. J. J. Glashouwer (Hrsg.), *So entstand Israel*, Neuhausen-Stuttgart: Hänssler, 1982, S. 68-71.

1Mo 28,13; Jos 14,9; Joh 8,39). So hat das prophetische Wort zweifellos in erheblichem Maße dazu beigetragen, dass das Empfinden einer Volkszugehörigkeit entstand und tradiert wurde. Die Geschichte dieses Volkes wurde an entscheidender Stelle jedoch nicht durch Juden gestaltet, die selbstbewusst ans Werk gingen. Zumindest vordergründig[167] wurde sie vielmehr durch ihre Nachbarvölker und die damaligen Weltmächte bestimmt, die weder an diese Verheißungen glaubten noch daran interessiert waren.

Wenden wir uns also der weiteren Geschichte Israels zu. Dabei wollen wir untersuchen, wie sich die an Abraham gerichteten Worte sowie weitere Zukunftsaussagen in Bezug auf das Volk Israel, die wegen ihrer Fülle hier nur angedeutet werden können, in der Folgezeit erfüllten. Schon gegenüber Abraham hatte das Wort Gottes zukünftigen Widerstand gegenüber dem entstehenden Volk Israel angedeutet (»Wer dir flucht …«). Dieser Widerstand zeigte sich gegenüber Israel in einer besonderen Weise, die für die Völkergeschichte einzigartig ist. Er war nicht einfach das Resultat üblicher Feindseligkeiten unter den Völkern, sondern stellte eine Strafe dar, die Gott für den Fall des Ungehorsams gegenüber seinen Geboten angekündigt hatte. Gott hatte den Israeliten angedroht, sie dann wieder aus dem verheißenen Land zu vertreiben (vgl. z. B. 5Mo 28,63; 1Kö 9,7; 2Chr 7,20; Jer 9,15). Genau das traf ein, als zunächst im 8. Jahrhundert v. Chr. die Assyrer das Nordreich besetzten und seine Bewohner gefangen nahmen. Im Jahr 586 v. Chr. wurde dann auch die Hauptstadt des Südreiches, Jerusalem, von den Heeren Nebukadnezars erobert, die viele Bewohner aus dem Land verschleppten. Die Zerstreuung des ehemals vereinten Volkes unter viele andere Völker (5Mo 4,27; 1Kö 9,7; Neh 1,8; Am 9,9; Sach 7,14) war, wie von Gott angekündigt, geschichtliche Realität geworden. Auch in seinem weiteren Geschick erfüllten sich in der Geschichte Israels viele Einzelheiten der göttlichen Vorher-

---

[167] Mit »vordergründig« ist hier das gemeint, was aus menschlicher Sicht als Folge menschlichen Wirkens und Strebens entsteht. Das alles geschieht natürlich vor dem letztlich alles bestimmenden Plan der göttlichen Souveränität.

sagen. Die Spur der Israeliten würde sich nicht im Völkermeer verlieren wie die der meisten anderen antiken Nationen: Nein, das von Gott erwählte Volk würde als von allen verachtete, aber nicht auszurottende Gemeinschaft die Jahrhunderte überdauern. Tatsächlich hat man fast zu allen Zeiten und beinahe in allen Gegenden heimatferne Juden angetroffen. In den Ländern ihres künftigen Exils würden sie nach verschiedenen Voraussagen der Bibel (vgl. z. B. 5Mo 28,37; 2Chr 7,20; Jer 29,18; Hes 5,12.15) selten geduldete und viel häufiger missachtete sowie verfolgte Zeitgenossen sein. Die Geschichte bis in unsere Zeit hat die Wahrheit dieser Vorhersage bestätigt.

Die Bosheit, die Schmach, der Spott und der Hass (all das, wofür das Wort *Antisemitismus* geprägt wurde) sind beispiellos und beinhalten eine beständige geschichtliche Tatsache, die über alle Jahrhunderte das jüdische Volk von allen anderen Völkern absonderte. Keine Geschichtsschreibung einer anderen ethnischen oder nationalen Gruppierung enthält irgendetwas, das auch nur annähernd dem Albtraum der Erniedrigung, Benachteiligung und Vernichtung sowie des Terrors gleichkommt, der die Juden fortwährend verfolgte. Was sie dabei in denjenigen Ländern erlitten haben, die zum Schauplatz ihrer prophezeiten Heimatlosigkeit wurden, übertrifft alles Sonstige. Wider alle Vernunft und ungeachtet des schrecklichen Höhepunktes des Holocausts unter Hitler lebt der Antisemitismus in unserer Zeit immer noch, wobei er sogar weltweit eher wieder zunimmt. Das ist weder mit Zufall noch mit dem Wesen dieses Volkes oder demjenigen der anderen Völker und auch nicht mit sonstigen Verschwörungstheorien bzw. historischen Entwicklungen zu erklären. Das alles geschieht unter Zulassung Gottes, der das alles im Voraus bis in viele Details beschreiben ließ.

Doch wo bleibt die eingangs besprochene Verheißung, die der Nachkommenschaft galt und die besagte, dass sie dieses Land »auf ewig« besitzen würde (1Mo 13,15; UELB)? Nichts deutete im Jahre 586 v. Chr. darauf hin, dass dieses Land einmal wieder von Juden bewohnt und von einem Juden regiert werden würde. Aber Gott hatte seine Zusage keineswegs vergessen, vielmehr hatte er bei der Ankündigung der Strafe (der Zerstreuung des Volkes) bereits verkündigen lassen:

> »... so wird der HERR, dein Gott, deine Gefangenschaft wenden und sich deiner erbarmen; und er wird dich wieder sammeln aus allen Völkern, wohin der HERR, dein Gott, dich zerstreut hat. Wenn deine Vertriebenen am Ende des Himmels wären, so wird der HERR, dein Gott, dich von dort sammeln und dich von dort holen; und der HERR, dein Gott, wird dich in das Land bringen, das deine Väter besessen haben, und du wirst es besitzen; und er wird dir Gutes tun und dich mehren über deine Väter hinaus« (5Mo 30,3-5).[168]

Gott würde die Angehörigen seines Volkes also wieder ins Land zurückbringen, und damit würde sich auch die Verheißung an Abraham ein weiteres Mal erfüllen, der zufolge seine Nachkommen Bewohner und Besitzer des verheißenen Landes sein sollten. Diese Rückführung ist vielleicht noch erstaunlicher als die Zerstreuung und Verfolgung, die dem Volk Israel widerfuhr. Würde ein versklavtes Volk jemals in Freiheit gesetzt und es ihm erlaubt werden, in sein Ursprungsland zurückzukehren? Würde es nicht über die Jahrhunderte in seiner neuen Umgebung assimiliert werden und seine geschichtlichen Wurzeln ganz verlieren? Nach dem biblischem Bericht erging es den Angehörigen des Volkes Israel erstaunlicherweise nicht so; sie wurden sogar ausdrücklich aufgefordert, wieder in ihr Land zurückzukehren (vgl. Esr 1,1ff.). Der Perserkönig Kyrus verfolgte eine Politik der Milde gegenüber den besiegten und deportierten Völkern, wozu die Erlaubnis zur Rückkehr in deren Ursprungsgebiete gehörte. Diese historisch außergewöhnliche Entscheidung ist auch aus säkularen Quellen eindeutig zu belegen[169] und wird in der Bibel (2Chr 36,22) auf das Wirken Gottes zurückgeführt. 538 v. Chr. kehrte demnach ein kleiner Teil des Volkes nach Palästina zurück – gemäß der biblischen Vorhersage

---

168 Vgl. auch z. B. Jeremia 29,14; 30,10-11; Hesekiel 11,17.
169 Vgl. D. Guthrie und J. A. Motyer (Hrsg.), *Kommentar zur Bibel*, Wuppertal. R. Brockhaus Verlag, 1998, 4. Auflage, Bd. 1, S. 474f.

(Jer 29,10; Sach 1,12) rund 70 Jahre nach einer ersten Deportation im Jahre 605 v. Chr.[170] Und so lebten erstaunlicherweise wieder Juden im Land Israel. Doch bis in die Zeit der Evangelien hinein wird deutlich, dass diese wundersam wiedergesammelten Juden zwar das Land bewohnten, es aber nicht beherrschten. Vielmehr standen sie unter dem wechselnden Einfluss der Weltmächte, von denen bereits unter Punkt 4.2 die Rede war. Gab es damals also doch keine Erfüllung der abrahamitischen Verheißung? Im umfassenden Wortsinn nicht! Man spricht deshalb besser von einer Teil-Erfüllung, die man im Übrigen bei vielen Zukunftsaussagen der Bibel findet, wenn es sich um weit entfernte Zeitpunkte handelt.[171] Gott gibt den Menschen mit diesen vorab stattfindenden partiellen Erfüllungen eine Art Vorgeschmack auf die angekündigten Ereignisse, deren Zustandekommen uns ohne diese Vorboten noch unwahrscheinlicher erscheinen würde.

Im Jahre 70 n. Chr., wiederum von biblischen Aussagen zuvor angekündigt (siehe z. B. Mk 13,2; Lk 19,44), wurden Jerusalem und sein Tempel ein weiteres Mal zerstört. Die Armee des römischen Generals Titus vertrieb die Einwohner scheinbar endgültig in alle Himmelsrichtungen des Römischen Reiches. Niemand, der mit den biblischen Aussagen zur Zukunft Israels nicht vertraut war, hätte in den darauffolgenden 1800 Jahren wohl einen Gedanken an eine mögliche Zukunft Israels in Palästina verschwendet. Nachkommen Abrahams fanden sich überall in der Welt, jedoch kaum in Palästina. Die »Wiedergeburt des Staates Israel«, wie sie heute genannt wird, deutete sich erst knapp 1900 Jahre nach den Ereignissen des ersten nachchristlichen Jahrhunderts an. Die Entwicklungen mündeten schließlich am 14. Mai 1948 in die Proklamation des unabhängigen Staates Israel durch David Ben-Gurion. Plötzlich war das Realität geworden,

---

170 Exakt 70 Jahre liegen zwischen der Zerstörung des Tempels im Jahre 586 v. Chr. und seiner Einweihung nach dem Wiederaufbau im Jahre 515 v. Chr. A. d. V.: Demnach gibt es in Zusammenhang mit der Deportation und Rückführung der Juden zwei Zeitspannen zu je 70 Jahren.

171 Ein Beispiel für eine durch die Bibel selbst legitimierte Exegese hinsichtlich der partiellen Erfüllung einer alttestamentlichen Prophetie findet sich in der Pfingstpredigt von Petrus (siehe Apg 2,14-21).

was der jüdische Politiker und Schriftsteller Theodor Herzl 1897 als zionistische Vision formuliert hatte: eine Heimat für das jüdische Volk in Palästina. Herzls Vision muss vor rund 120 Jahren seinen Zeitgenossen zunächst wie eine Utopie vorgekommen sein, konnte sich aber auf eine knapp 4000 Jahre alte biblische Zusage an den Patriarchen Abraham stützen. Obwohl es in der seitherigen Geschichte des modernen Staates Israel viele Probleme gegeben hat, ist es an sich schon ein Wunder, dass dieser Staat überhaupt existiert.

Die Historikerin Angelika Timm zeichnet die kuriosen und oftmals widersprüchlichen politischen Aktivitäten, die letztlich zur Gründung der Staates Israel führten, nach und zeigt auf, wie seine Existenz bis zuletzt – und eigentlich fortwährend – am »seidenen Faden« hing:

> »*Die Gründung des Staates Israel wurzelt gleichermaßen in der europäischen Geschichte wie im nahöstlichen Geschehen des 20. Jahrhunderts. Die zionistische Vision jüdischer Intellektueller, ein Gemeinwesen in Palästina als dem ›Land der Väter‹ zu schaffen, war eine Antwort auf die sich Ende des 19. Jahrhunderts abzeichnenden Herausforderungen und Infragestellungen, insbesondere auf Antisemitismus und Assimilationstrends. Zentrale Anliegen waren der Erhalt des Judentums, die Zusammenführung der Juden in einer eigenen ›Heimstätte‹ und die Neubestimmung jüdischer Identität in der modernen Gesellschaft.*
> *Als ›Vater des politischen Zionismus‹ gilt Theodor Herzl, der Initiator und erste Präsident der 1897 in Basel gegründeten Zionistischen Weltorganisation (ZWO). Das Baseler Programm – bis 1948 Leitlinie zionistischen Wirkens – verkündete als zentrales Ziel die ›Schaffung einer öffentlich-rechtlich gesicherten Heimstätte in Palästina ...‹ Zunächst schien Herzls Vision in weiter Ferne zu liegen. Der osmanische Sultan Abdul Hamid II. lehnte das zionistische Projekt ab; auch die europäischen Großmächte hielten sich zurück. Im Umfeld des Ersten Weltkriegs erhöhte sich der Stellenwert Palästinas. Großbritannien, dessen Truppen im Dezember 1917 Jerusalem besetzt hatten, stärkte – neben Frankreich – seine dominie-*

rende Rolle im Nahen Osten. Zur Absicherung ihrer strategischen und wirtschaftlichen Interessen hatten die Briten noch vor Kriegsende Geheimgespräche mit teilweise widersprüchlichem Inhalt über das weitere Schicksal Palästinas geführt. So vereinbarten sie mit Frankreich die Aufteilung des Osmanischen Reiches (Sykes-Picot-Abkommen von 1916). Parallel dazu versprachen sie dem Scherifen von Hedschas und Mekka die Gründung eines arabischen Großreichs (Hussein-MacMahon-Briefwechsel von 1915/16). Der zionistischen Bewegung schließlich sicherte Außenminister Arthur James Balfour 1917 in einem an den Präsidenten der Englischen Zionistischen Föderation, James de Rothschild, adressierten Brief die Unterstützung seiner Regierung für ›die Schaffung einer nationalen Heimstätte in Palästina für das jüdische Volk‹ zu.

Die Balfour-Erklärung fand Eingang in den Friedensvertrag der Siegermächte mit der Türkei; am 25. April 1920 wurde Großbritannien auf der Konferenz von San Remo mit der Verwaltung Palästinas beauftragt. Der Völkerbund bestätigte am 24. Juli 1922 das britische Mandat …

Mehrere Einwanderungswellen ließen seit Ende des 19. Jahrhunderts den jüdischen Bevölkerungsanteil in Palästina von fünf Prozent (1882) auf … 30,6 Prozent (1945) anwachsen. Die Neueinwanderer verstanden sich als Chaluzim (Pioniere). Sie schufen jüdische Selbstverwaltungsorgane, einen eigenen Wirtschaftssektor sowie politische Parteien und Organisationen …

Bereits früh gerieten die zionistisch motivierten Einwanderer in Konflikt mit der arabisch-palästinensischen Nationalbewegung. Deren Vertreter hatten zunächst die Befreiung vom osmanischen Joch gefordert. Nach 1920 klagten sie die ihnen von den Briten versprochene nationale Selbstbestimmung und Eigenstaatlichkeit ein. Arabische Unruhen bzw. Aufstände in den Jahren 1920, 1921, 1929 und 1936 bis 1939 richteten sich zunächst gegen die zionistischen Siedler, zunehmend jedoch auch gegen die britischen Mandatsbehörden. Aus Furcht vor der weiteren Eskalation der nationalen Widersprüche beschränkte Großbritannien ab 1939 – trotz Kenntnis der antisemitischen Verfolgungen in Deutschland – die Einwanderung von Juden nach Palästina auf ein Minimum. Nach Kriegseintritt der

USA unterstützten im Mai 1942 Delegierte zionistischer Organisationen aus den Vereinigten Staaten, Europa und Palästina sowie Exekutivmitglieder der Jewish Agency die Ziele der Anti-Hitler-Koalition. Das von ihnen verabschiedete ›Biltmore-Programm‹, das die ›Öffnung der Tore Palästinas‹ und die Errichtung eines jüdischen Staates nach Kriegsende forderte, gilt als wichtiger Meilenstein auf dem Weg zur Eigenstaatlichkeit ...
Die weltpolitische Konstellation nach dem Zweiten Weltkrieg und insbesondere das Trauma der Schoah hatten weitgehende Auswirkungen auf Palästina. Angesichts der Ermordung eines Drittels der jüdischen Weltbevölkerung in deutschen Vernichtungslagern und der Zerstörung Hunderter jüdischer Gemeinden verloren Bedenken gegen das zionistische Experiment an Bedeutung.
In Palästina spitzten sich die Widersprüche zu. Sowohl die zionistische als auch die arabische Nationalbewegung forderten vehement die Beendigung der britischen Herrschaft. Zugleich suchten sie, die einander diametral entgegengesetzten nationalen Ziele durchzusetzen. Militante Auseinandersetzungen zwischen Juden und Arabern, aber auch Überfälle auf Einrichtungen der Mandatsbehörden waren an der Tagesordnung. Die britische Regierung sah sich nicht mehr in der Lage, das Mandat aufrechtzuerhalten, und bat die Vereinten Nationen um Vermittlung.
Vom 28. April bis 15. Mai 1947 befasste sich eine außerordentliche UN-Vollversammlung mit dem Palästinaproblem. Der von ihr eingesetzte Sonderausschuss (UNSCOP) schlug nach eingehender Prüfung einstimmig vor, das britische Mandat zu beenden. Während sieben Vertreter für die Teilung Palästinas stimmten, sprachen sich die restlichen vier für einen arabisch-jüdischen Föderativstaat aus.
Am 29. November 1947 votierte die II. UN-Vollversammlung mit 33 Für- und 13 Gegenstimmen bei zehn Enthaltungen für die Resolution 181 (II). Diese forderte, das Mandat Großbritanniens zum nächstmöglichen Zeitpunkt zu beenden und Palästina zu teilen. In dem circa 25 000 Quadratkilometer umfassenden Territorium mit einer Bevölkerung von 1,3 Millionen Arabern und 608 000 Juden sollten ein arabisch-palästinensischer und ein jüdischer Staat entstehen. Jerusalem – von zentraler Bedeutung für Juden, Christen

und Muslime – war als neutrale Enklave gedacht. Das dreigeteilte Palästina sollte zu einer Wirtschaftsunion zusammengefasst werden. Von Bedeutung für die Weichenstellung im Nahen Osten war die Positionierung der UdSSR. Außenminister Gromyko hatte sich auf der Vollversammlung im Mai 1947 zunächst für einen binationalen arabisch-jüdischen Bundesstaat eingesetzt; sollte diese Option nicht realisierbar sei, betrachte er die Teilung Palästinas als unumgänglich. Angesichts des millionenfachen Judenmords, so Gromyko vor der UNO, sei eine Verweigerung des Rechts des jüdischen Volkes auf einen eigenen Staat nicht zu rechtfertigen.

Die 1945 gegründete Arabische Liga bzw. ihre sechs UN-Mitgliedsstaaten lehnten den Teilungsbeschluss vehement ab. Für den Fall seiner Verwirklichung kündigten sie an, militärische Maßnahmen zu ergreifen und eine ›Arabische Befreiungsarmee‹ aufzustellen. Bereits unmittelbar nach dem UN-Beschluss kam es zu erbitterten Gefechten zwischen arabischen und jüdischen Militäreinheiten …

Angesichts der zunehmenden militärischen Auseinandersetzungen zogen die USA im März 1948 ihre Zustimmung zum Teilungsbeschluss vorübergehend zurück. Sie schlugen vor, Palästina unter UN-Treuhandschaft zu stellen. Nachdem die Offerte sowohl von jüdischer als auch arabischer Seite sowie von zahlreichen UN-Mitgliedern abgelehnt worden war, unterstützte die US-Administration erneut die Gründung des jüdischen Staates.

Das britische Mandat über Palästina endete am 14. Mai 1948. Am Nachmittag desselben Tages proklamierte David Ben-Gurion im Stadtmuseum von Tel Aviv den Staat Israel. Dieser wurde nur wenige Stunden später von den USA und der Sowjetunion diplomatisch anerkannt. Wie bereits den UN-Beschluss vom 29. November 1947 begrüßte die jüdische Bevölkerung Palästinas auch die Ausrufung des jüdischen Staates enthusiastisch, beinhalteten beide Geschehnisse doch die völkerrechtliche Absicherung eines lang erstrebten Ziels. In mehreren arabischen Hauptstädten dagegen fanden Protestdemonstrationen statt …

Die Aussichten auf eine friedliche Entwicklung waren gering. Die arabischen Staaten und das Hohe Arabische Komitee, die oberste Repräsentanz der palästinensischen Nationalbewegung, betrachteten

den Teilungsplan als Kriegsgrund. Auch die britische Regierung, die sich 1947 bei der Abstimmung über die Zukunft Palästinas in der UNO der Stimme enthalten hatte, zeigte sich an der Umsetzung der Resolution 181 (II) wenig interessiert. Zwei Monate vor Beendigung des Mandats schloss sie einen Bündnisvertrag mit König Abdallah von Transjordanien, mit dem der arabischen Intervention in Palästina Rückendeckung gegeben wurde.
In der Nacht vom 14. zum 15. Mai 1948 marschierten die Armeen Ägyptens, Transjordaniens, Syriens, des Irak und des Libanon in Palästina ein, um die Proklamation des jüdischen Staates rückgängig zu machen. Nicht zuletzt dank umfangreicher Waffenlieferungen aus der Tschechoslowakei sowie finanzieller Unterstützung aus den USA und anderen Ländern endete der erste Nahostkrieg im Januar 1949 mit dem militärischen Sieg Israels ...
In das kollektive Gedächtnis der Palästinenser gingen die Geschehnisse von 1948/49 als Nakba (Katastrophe) ein.«[172]

Die Rückkehr Israels in das verheißene Land, die Wiederherstellung der Eigenstaatlichkeit einer Nation ca. 2500 Jahre nach der ersten Wegführung der Juden ist absolut bemerkenswert – ein beeindruckendes Ereignis, wofür es in der Geschichte keine Parallele gibt. Angesichts dieser augenfälligen Erfüllungen erübrigt sich wohl eine ausführliche Überprüfung anhand der folgenden Kriterien: Anachronismus?[173] Zufall? Selbsterfüllende Prophezeiung?[174] Nein!

Die Geschichte Israels ist damit immer noch nicht abgeschlossen, denn noch ist das Volk in seiner Mehrheit nicht wirklich zu seinem Gott zurückgekehrt. Für viele weitergehende biblische Ankündigungen über Israels Zukunft steht die volle Erfüllung

---

[172] Entnommen einer Publikation der Bundeszentrale für politische Bildung zum 60. Jahrestag der Staatsgründung Israels, abgerufen am 21. 08. 2012 unter: http://www.bpb.de/internationales/asien/israel/44995/gruendung_des_staates_israel.

[173] Von gr. *anachronismos* (svw. »Verwechslung der Zeiten«). Dass die Abfassung des Alten Testaments lange vor den geschilderten Ereignissen des 20. Jahrhunderts lag, wird wohl niemand bezweifeln.

[174] Selbstverständlich war der Zionismus durch die biblische Prophetie zumindest beeinflusst, aber die damalige weltpolitische Konfliktsituation kannte genügend Bündnispartner und Feinde Israels, die an der Erfüllung biblischer Aussagen zutiefst uninteressiert waren.

deshalb weiterhin noch aus. Die unwahrscheinliche Erfüllung der uralten Verheißung an Abraham ist jedoch ein starkes Argument, auch anderen Zukunftsaussagen der Bibel uneingeschränkt zu vertrauen.

> *»Mit gleicher Präzision werden sich auch diejenigen Prophezeiungen erfüllen, die jetzt noch ausstehen, von denen das größte Ereignis aller Zeiten die Wiederkunft Jesu sein wird (z. B. Mt 24).«*[175]

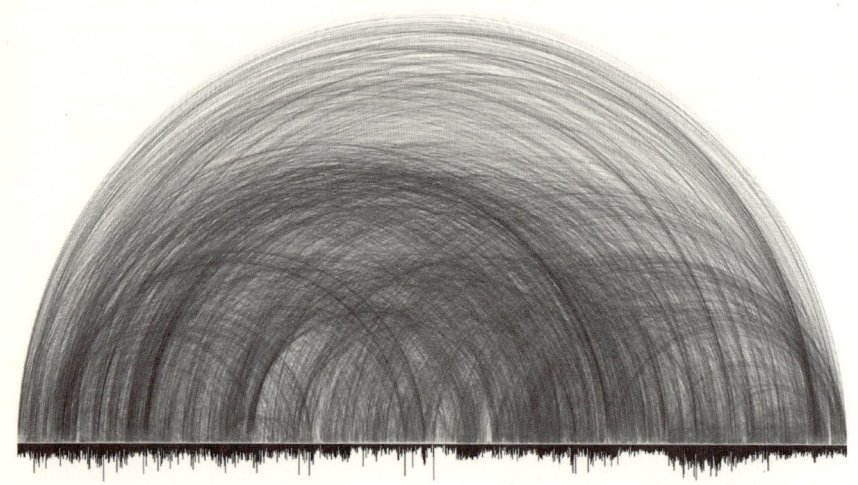

Bei obiger Abbildung handelt es sich um eine Veranschaulichung der Konsistenz der Heiligen Schrift. Jeder graue Balken an der Basis der Grafik repräsentiert eines der 1189 Kapitel, wobei die Länge durch die Zahl der darin enthaltenen Verse bestimmt wird. Die regenbogenartigen Halbkreise darüber stellen Referenzen innerhalb des Textes dar. Insgesamt gibt es in der Bibel **63 779 solcher Querverweise**, *berichten Chris Harrison von der Carnegie Mellon University und der Hamburger Pastor Christoph Römhild.*

Grafik: © T-online-Nachrichten, 2010

---

[175] W. Gitt, *So steht's geschrieben*, a. a. O., S. 195.

4.4 Beispiel: Jesus Christus

Bislang wurden beispielhaft einige Zukunftsaussagen der Bibel angeführt und ihre historisch belegte Erfüllung aufgezeigt. Die Mehrzahl der biblischen Ankündigungen bezieht sich jedoch auf ihr generelles Hauptthema, das eben nicht das Schicksal einzelner Individuen, nicht die weltpolitische Entwicklung, nicht Israel, sondern eine Person ist: Jesus Christus.

Von den ersten Blättern der Bibel an wird im gesamten Alten Testament auf Jesus Christus, den einst Kommenden, hingewiesen (vgl. Lk 24,27.44; Joh 5,39; Apg 3,24; 10,43; 26,22), mal in offenen oder versteckten Andeutungen, häufig genug jedoch auch in eindeutigen Aussagesätzen. Wie schon unter Punkt 3 festgestellt, haben auch diese Hinweise auf die Zukunft, auf die Zeit und die Person Jesu Christi verschiedene Funktionen: Sie bewirken den Glauben, sie erfordern Glauben, und sie stärken den Glauben. Sie fokussieren die Aufmerksamkeit (nämlich auf Jesus Christus), trösten und erfreuen den Gläubigen (vgl. z. B. Lk 2,25-26) und stellen einen Vertrauensbeweis Gottes dar (vgl. Lk 10,24; siehe auch das »Geheimnis des Christus«: Eph 3,4; Kol 4,3; vgl. Röm 16,25). Diese Verheißungen auf Christus (= Messias) beginnen bereits unmittelbar nach dem Zeitpunkt, da Menschen das erste Mal gesündigt hatten. In 1. Mose 3,15 heißt es:

»Und ich will Feindschaft setzen zwischen dir und der Frau, zwischen deinem Samen und ihrem Samen: Er wird dir den Kopf zertreten, und du wirst ihn in die Ferse stechen« (Schlachter 2000).

Zukunftsaussagen über den Messias selbst und über die Auswirkungen seines Tuns setzen sich fort bis ins letzte Buch des Alten Testaments, den Propheten Maleachi. Bevor wir einige davon etwas genauer ansehen, sollen drei bedeutsame Aspekte der Vorankündigungen auf Jesus Christus thesenhaft vorangestellt werden:

1. Die Vielzahl der konkreten Hinweise im AT zeichnet eine Biografie Jesu vor, die sich nicht alle zufällig in einem einzigen Menschen erfüllen konnten. Wenn es doch eine solche historische Person gegeben hat, weist sich damit der EINE, der von Gott Gesandte, unzweifelhaft aus.
2. Die Art der Vorankündigungen auf den Messias der Juden entspricht bisweilen so gar nicht dem traditionellen jüdischen Denken und Erwarten. Dadurch wird überaus deutlich, dass diese Botschaften nicht jüdischem Wunschdenken entspringen, sondern göttlichen Ursprungs sind. Folgerichtig mochten viele der Juden Jesus Christus nicht als den Messias anerkennen. Das taten sie nicht, weil er den Vorankündigungen nicht vollständig entsprochen hätte, sondern weil sie entschieden hatten, einen Teil der empfangenen und in Jesus Christus erfüllten Botschaften nicht zu akzeptieren, und zwar solche, die ein Bild ihres Messias zeichneten, das ihnen missfiel.[176]
3. Die Art der Vorankündigungen mutet bisweilen so paradox an, dass für niemanden ersichtlich war, wie sie überhaupt in Zeit und Raum erfüllt werden konnten. Der Bericht der vier Evangelien vereint diese zunächst so wenig eingängigen Vorankündigungen zu einem verblüffend harmonischen Gesamtbild. Eine Lösung, zu deren Entwicklung die besten Theologenschulen, wohl Jahrhunderte benötigt hätten, wenn sie überhaupt dazu imstande gewesen wären.

1. Die Biografie des Messias ist im Alten Testament in vielen Details vorgezeichnet

Dass Jesus Christus auf der Erde gelebt hat, ist eine geschichtliche Tatsache. Dies dürfte 2000 Jahre nach seinem Leben für die meisten Menschen zweifelsfrei feststehen, denn es gibt dafür ausreichende Belege auch außerhalb der biblischen Bericht-

---

[176] Zu den Menschen, die aufgrund der eigenen (unbiblischen) Anschauung an der wahren Messianität Jesu zweifelten, zählten vorübergehend wohl auch die sogenannten »Emmausjünger«, von denen einer Kleopas hieß. Ihnen erklärte Jesus Christus dann aus dem gesamten Alten Testament, »von Mose und von allen Propheten anfangend« alles, was ihn betraf (Lk 24,27).

erstattung über ihn.[177] In seinem Leben erfüllten sich jahrhundertealte Vorhersagen.

Die Vorhersagen betreffen u. a. seine Vorankündigung durch das öffentliche Wirken eines Vorläufers, seine übernatürliche Zeugung, seinen Geburtsort, seine genaue Abstammung, sein Exil-Dasein als Kind, sein Aufwachsen in niedrigen Verhältnissen, das Datum seines öffentlichen Auftretens,[178] einzelne seiner Wundertaten, die Reaktionen auf sein öffentliches Wirken, seinen Verrat durch einen nahen Freund, seine Todesart durch Kreuzigung sowie Einzelheiten bei dieser Kreuzigung, seine Grablegung und schließlich seine Auferstehung.[179] Natürlich muss für diese über 300 Prophezeiungen[180] jeweils einzeln nachgewiesen werden, dass sie im Kontext des Messias stehen und nicht im Nachhinein als Ankündigung auf den Messias umgedeutet wurden. Bei den allermeisten Beispielen ist das jedoch ohne Weiteres möglich oder zumindest sehr plausibel.

Dass es einen großen zeitlichen Abstand zwischen den alttestamentlichen Voraussagen und deren Erfüllung gibt, steht angesichts einer vorliegenden kompletten Übersetzung des gesamten Alten Testaments, der Septuaginta, mindestens 200 Jahre vor Christi Geburt außer Zweifel. Die Einzelheiten sind derart umfangreich, dass die Gesamtheit ihrer Erfüllung, selbst wenn man die eine oder andere Aussage nicht auf den Messias beziehen will, kein Zufall sein kann. Es bleibt die Frage, ob die Kenntnis des alten Bibeltextes die Menschen so beeinflusst hat, dass genau jenes vorab Aufgezeichnete geschah.

Wurde ein in Bethlehem Geborener in seinem Denken durch die alten Texte so beeinflusst, dass er seinen Lebenslauf ent-

---

177 Vgl. z. B. R. Liebi, *Der verheißene Erlöser*, Bielefeld: CLV, 2007, veränderte Neuauflage, S. 21ff., und J. McDowell, *Die Bibel im Test*, a. a. O., S. 131ff.
178 Dieser Zeitpunkt wird in Daniel 9 sehr genau festgelegt, wie u. a. R. Liebi aufzeigt. Gerade deshalb herrschte zur Zeit Jesu eine historisch und biblisch belegte Naherwartung des Messias vor.
179 Es existieren zahlreiche Listen solcher alttestamentlichen Prophezeiungen und ihrer Erfüllungen, sodass hier auf eine detaillierte Auflistung verzichtet werden kann. Vgl. z. B. diverse Studienbibeln und natürlich R. Liebi, *Der verheißene Erlöser*, a. a. O., S. 15ff., sowie J. McDowell, *Die Bibel im Test*, a. a. O., S. 210ff.
180 R. Liebi spricht von über 330 Prophezeiungen (*Der verheißene Erlöser*, a. a. O., S. 8), J. McDowell von mehreren Hundert Hinweisen (*Die Bibel im Test*, a. a. O., S. 210).

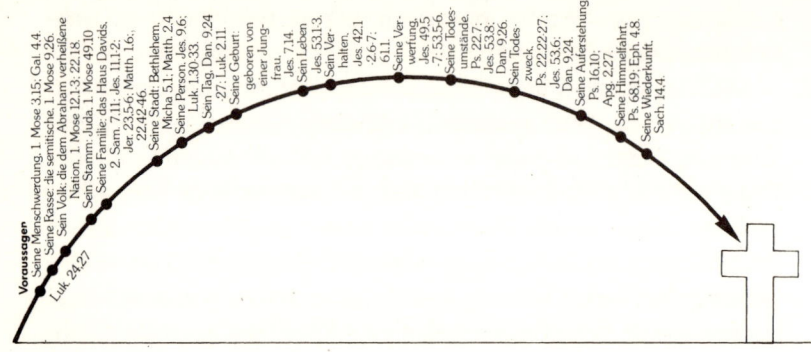

Die Vorhersagen betreffen die übernatürliche Zeugung Jesu, seinen Geburtsort, seine genaue Abstammung, sein Leiden sowie Sterben usw.

Grafik: © Eberhard Platte

sprechend den biblischen Aussagen gestaltete? Konnte er somit dafür sorgen, dass sie auf ihn zutrafen? Das ist absurd, denn Menschen können mit den besten Absichten nicht den Zeitpunkt ihrer Geburt, ihre Abstammung und die Zusammenhänge ihres Todes frei bestimmen. Zudem hat Jesus Christus seine Legitimität durch die übernatürlichen Eingriffe, seine Heilungswunder und andere göttlich beglaubigte Zeichen bewiesen.

Aber wie können wir die Echtheit der Erfüllung überprüfen, wenn doch die Berichte hauptsächlich von seinen Anhängern verfasst und überliefert wurden und wir deshalb nicht von ihrer Neutralität ausgehen dürfen? Haben die Evangelisten alles so formuliert, dass es als Erfüllung der alten Prophezeiungen gelten kann? Handelt es sich gar nicht um erfüllte Prophetie, sondern um Wunschdenken? Gegen solche Annahmen spricht die Tatsache, dass die Berichte der Augenzeugen Matthäus, Petrus[181] und Johannes alle noch im 1. Jahrhundert niedergeschrieben wurden, wie wir inzwischen aufgrund einer ausgezeichneten

---

[181] Der offensichtlich seinem jungen Freund und Schreiber Markus Bericht erstattete; vgl. diverse Einleitungsartikel zum Markusevangelium wie: Donald Guthrie und J. Alec Motyer (Hrsg.), *Kommentar zur Bibel*, a. a. O., Bd. 3, S. 54ff., oder John F. Walvoord und Roy B. Zuck (Hrsg.), *Das Neue Testament erklärt und ausgelegt*, Neuhausen-Stuttgart: Hänssler, 1992, Bd. 4, S. 109ff.

Quellenlage feststellen können.[182] Davor wurden sie mündlich überliefert. Es gab, wie der Apostel Paulus zutreffend feststellte,[183] genügend andere Augenzeugen, die dem Bericht hätten widersprechen können oder imstande gewesen wären, auf Abweichungen zwischen mündlicher und niedergeschriebener Form hinzuweisen. Außerdem wären die ersten Christen in diesem Fall einer argen Selbsttäuschung erlegen, die ihnen in den ersten drei Jahrhunderten oftmals ein schlimmes Martyrium eingebracht hat.[184]

Außerdem haben wir in den vier Evangelien Berichte von Menschen unterschiedlichster Prägung und Herkunft, die mit unterschiedlicher Perspektive berichten und doch einen erstaunlich übereinstimmenden Bericht liefern.[185] Sollte es allen Ernstes vier in wesentlichen Punkten fiktive Werke von vier verschiedenen Autoren geben, die nicht am selben Ort und nicht zur gleichen Zeit geschrieben wurden und dennoch übereinstimmen? Hier liegt wohl doch der Schluss näher, dass unter der Regie Gottes die vorangekündigten Ereignisse tatsächlich stattfanden und wahrheitsgemäß aufgezeichnet wurden.

Bevor wir zum zweiten Aspekt der alttestamentlichen Vorhersagen kommen, soll an dieser Stelle noch erwähnt werden, dass auch die Zukunftsaussagen des Neuen Testaments Jesus Christus zum Mittelpunkt haben, und zwar in doppelter Hinsicht: Er ist derjenige, der sie offenbart (vgl. Offb 1,1), und er ist ihr hauptsächliches Thema. Insbesondere Kapitel 5 in der Offenbarung, dem letzten Buch der Bibel, verdeutlicht, dass die Pläne und Absichten Gottes (mit den Menschen, mit dem Weltall und natürlich auch mit Israel) Jesus Christus zum Zentrum haben.

---

182 Vgl. F. F. Bruce, *Das Neue Testament: glaubwürdig, wahr, verlässlich*, Lahr: Verlag der Liebenzeller Mission, 1997.
183 Siehe Apostelgeschichte 26,26.
184 Siehe Offenbarung 2,8-10 sowie einschlägige Literatur zur Kirchengeschichte (A. d. V.: vgl. z. B. E. H. Broadbent, *2000 Jahre Gemeinde Jesu*, Dillenburg: Christliche Verlagsgesellschaft, 2012, 7. Auflage [früher im gleichen Verlag erschienen unter dem Titel *Gemeinde Jesu in Knechtsgestalt*]).
185 Vgl. Eta Linnemann, *Gibt es ein synoptisches Problem?*, Nürnberg: VTR, 1998.

2. Die Vorankündigungen über den Messias erfüllten nicht jüdische Erwartungen

Wenn in der tradierten Literaturgeschichte eines Volkes von einem kommenden Erlöser die Rede ist, wird er naturgemäß als alles überragender Held dargestellt. Vielleicht wird er durch Schwierigkeiten gehen müssen, aber zum Schluss werden diese nur noch mehr dazu beitragen, dass er triumphiert. Auf den ersten Blick scheinen die biblischen Vorhersagen über den kommenden Messias diesen menschlichen Erwartungen zu entsprechen. So heißt es z. B.:

»Dich Juda, dich werden deine Brüder preisen; deine Hand wird auf dem Nacken deiner Feinde sein, vor dir werden sich niederbeugen die Söhne deines Vaters. Juda ist ein junger Löwe; vom Raub, mein Sohn, bist du emporgestiegen. Er duckt sich, er legt sich nieder wie ein Löwe und wie eine Löwin; wer will ihn aufreizen? Nicht weichen wird das Zepter von Juda, noch der Herrscherstab zwischen seinen Füßen weg, bis Schilo kommt, und ihm werden die Völker gehorchen« (1Mo 49,8-10).

»Ich sehe ihn, aber nicht jetzt, ich schaue ihn, aber nicht nahe; ein Stern tritt hervor aus Jakob, und ein Zepter erhebt sich aus Israel und zerschlägt die Seiten Moabs und zerschmettert alle Söhne des Getümmels« (4Mo 24,17).

»Der HERR sprach zu meinem Herrn: Setze dich zu meiner Rechten, bis ich deine Feinde hinlege als Schemel für deine Füße! Den Stab deiner Macht wird der HERR aus Zion senden; herrsche inmitten deiner Feinde!« (Ps 110,1-2).

»Die Mehrung der Herrschaft und der Frieden werden kein Ende haben auf dem Thron Davids und über sein Königreich, um es zu befestigen und zu stützen durch Gericht und durch Gerechtigkeit, von nun an bis in Ewigkeit. Der Eifer des HERRN der Heerscharen wird dies tun« (Jes 9,6).

Derartige Bibelverse sprechen davon, dass ein König in Israel auftreten würde, unter dessen Regentschaft die Nation zu großem Wohlstand kommen und eine einzigartige Stellung unter den Völkern einnehmen würde. Vor der Macht des Messias würden alle Feinde Israels kapitulieren müssen, und schließlich würden alle Menschen im Schatten des Wohlergehens Israels gesegnet werden:

> *»So spricht der HERR der Heerscharen: In jenen Tagen, da werden zehn Männer aus allerlei Sprachen der Nationen ergreifen, ja, ergreifen werden sie den Rockzipfel eines jüdischen Mannes und sagen: ›Wir wollen mit euch gehen, denn wir haben gehört, dass Gott mit euch ist‹« (Sach 8,23).*[186]

Mitunter stellt der unmittelbare Kontext solcher Verse jedoch zwei Voraussetzungen heraus, die das Volk Israel in der Euphorie über derart gute Aussichten offenbar nicht genügend gewürdigt hatte. Erstens würde der ruhmreichen Herrschaft des Messias die Zeit seiner ungeheuer schweren Leiden vorausgehen, und zweitens würde sich die Einstellung der Angehörigen des Volkes zu ihrem Gott grundlegend ändern müssen, bevor er seine Herrschaft über sie würde antreten können.[187]

Dass der Messias zunächst würde leiden müssen, macht neben vielen anderen Stellen der Psalm 22 deutlich. Der Beschreibung des Messianischen Reiches ab Vers 22b geht eine detaillierte Vorhersage über die Todesleiden des Messias, wie sie sich in Jesus Christus erfüllten,[188] voraus. Einen ähnlichen Übergang finden wir nicht zuletzt in Jesaja 53 zwischen Vers 10a und 10b. Jedes Mal lesen die Juden erfreut von der ewigen Regentschaft

---

[186] In diesem Sinne hatte bereits Abraham die Messiasverheißung als Zusage gehört, die seinem Nachkommen galt (1Mo 22,18). Man beachte den Wechsel vom Plural in Vers 17 zum Singular im nachfolgenden Vers (vgl. Gal 3,16).
[187] Man lese beispielsweise in Sacharja 8 die vorangehenden Verse 16 und 17. Im Neuen Testament fasste der Vorläufer Jesu Christi diese Botschaften der Propheten mit seinen Worten in Matthäus 3,8-9 zusammen.
[188] Natürlich gehören deshalb einige der ersten 21 Verse dieses Psalms auf die unter der vorgehenden Überschrift angesprochenen Listen mit alttestamentlichen Versen, die sich in der Biografie Jesu erfüllten.

des Messias, der von Jerusalem aus letztlich über die ganze Welt herrschen wird. Doch zuvor würde er die »Errettung« bewirken müssen. Hier dachten die prinzipiell an den Worten Gottes festhaltenden Juden vornehmlich an ihre Errettung aus der Hand ihrer zahlreichen Feinde, unter die sie zerstreut waren. Dass diese Errettung zuallererst wegen ihrer Schuld und aufgrund der Sünden aller Menschen nötig sein würde, hatten sie wohl weniger verinnerlicht, obwohl die heiligen Schriften dies eindeutig sagten (Jes 53,5-6.10). Diese Leiden würden Erniedrigung, Spott und Verachtung einschließen (z. B. Ps 22,7-9; Ps 102,9) und es mit sich bringen, dass der leidende Messias das Urteil Gottes tragen musste (Jes 53,10) – mithin etwas, das keineswegs in das Messiasbild zu passen schien. So konnte Jesus Christus den verwirrten Jüngern aus den Schriften eindeutig nachweisen, dass im AT ausführlich von seinen Leiden, die der »Herrlichkeit« vorangehen würden, die Rede war (vgl. Lk 24,26).

Wenn jemand gewillt war, den Gedanken an den leidenden, verachteten und sogar von Gott verlassenen Messias zu akzeptieren, so hoffte er doch zumindest darauf, dass die Leidenszeit kurz sein beziehungsweise unmittelbar in die triumphale Regentschaft des Messias übergehen würde. Petrus schreibt, dass die Propheten des Alten Testaments darüber nachsannen und danach forschten, auf welche Zeitpunkte oder -umstände die Zukunftsaussagen über die Leiden, »die auf Christus kommen sollten«, und die »Herrlichkeiten danach« wohl hindeuteten (1Petr 1,10-11). Heute wissen wir, dass diese Übergangszeit im Kalender der biblischen Vorhersagen – die Epoche zwischen der Leidenszeit Christi auf dieser Erde und seiner triumphalen Wiederkehr – bisher fast zweitausend Jahre umfasst.

Das hätten sich die meisten der Juden, die auf ihren Messias warteten, nicht träumen lassen. Und doch unterstreicht diese inzwischen historische Tatsache die Bedeutsamkeit der oben genannten Voraussetzung für den Beginn der Regierungszeit des Messias.

»Dein Volk wird voller Willigkeit sein am Tag deiner Macht«, heißt es in dem bereits zitierten messianischen Psalm 110 (V. 3).

Der Bericht der Evangelien zeigt, wie diese Voraussetzung beim ersten Auftreten Jesu im damaligen Israel bei der Mehrzahl der Bewohner des Landes nicht vorlag. Zwar suchten sie während seines Erdenlebens nach dem Messias (vgl. Mt 11,2-3; Mk 12,35; Joh 4,25.29), aber nicht nach einem solchen Messias, wie er ihnen angekündigt war und dann tatsächlich unter ihnen auftrat. Die Botschaft von einem Messias am Kreuz war, wiederum wie vorhergesagt (Jes 8,14f.), »den Juden ein Ärgernis« geworden.[189] Sie erkannten nicht, dass Jesus Christus der Gesandte Gottes war (vgl. Sach 2,15; 6,15). Besser gesagt, sie wollten dies nicht anerkennen. Er kam zu den Seinen, aber die Seinen nahmen ihn nicht an (Joh 1,11). Einzelne Personen, gerade auch aus nichtjüdischen Völkern,[190] würden sehr wohl bereit sein, sich der Beweislast der alttestamentlichen Schriften zu beugen (vgl. Apg 9,22; 18,28). Die stolze und weitverbreitete Ablehnung des vorangekündigten Messias jedoch bleibt ein weiteres Indiz dafür, dass es sich bei den Vorhersagen auf den Messias keineswegs um gerne tradierte Mythengeschichten handelt.

3. Jesus Christus musste den Vorankündigungen gemäß ein normaler Mensch und gleichzeitig Gott selbst sein

In der ersten Ankündigung eines Erlösers, die oben bereits zitiert wurde, wird dieser Sieger über Satan als Nachkomme Evas bezeichnet (1Mo 3,15). Interessanterweise wird Christus[191] nicht als Nachkomme des Mannes (Adams) oder des ersten Menschenpaares bezeichnet, sondern die Verheißung gilt besonders der Frau.[192] Eine Frau würde jenen Erlöser gebären, der die Menschheit retten sollte. Damit ist er eindeutig als Mensch ausgewiesen. Diese Richtung der Vorhersagen setzt sich in weiten Teilen des Alten Testaments fort. Er würde ein leiblicher Nachkomme Abrahams sein (1Mo 22,18), aus dem Stamm Juda hervorgehen

---

189 So die Worte ihres Landsmannes Paulus (1Kor 1,23; RELB und Schlachter 2000).
190 Auf diese Tatsache hatte Jesus Christus in seinem Wirken verschiedentlich hingewiesen; siehe z. B. Matthäus 12,42.
191 Christus ist nach dem Neuen Testament derjenige, der Satan besiegt hat; vgl. Kolosser 2,15.
192 Vielleicht ist dies ein erster Hinweis auf das Wunder von Marias Jungfrauengeburt.

(1Mo 49,10; 1Chr 5,2) und ein Nachkomme Davids sein (Ps 132,11; Jer 23,5). Wie Mose würde er ein menschliches Sprachrohr Gottes sein (5Mo 18,18). Im Propheten Jesaja wird er wiederholt als »mein Knecht« bezeichnet.[193] Als solcher würde er abhängig sein von der Kraft Gottes, die ihn befähigte, das aufgetragene Werk auszurichten (Jes 11,2-3). Von Gott würde ihm große Einsicht gegeben werden (52,13; vgl. 50,5), und er würde entschlossen sein, Gott dem Herrn durch alle Leiden hindurch zu gehorchen (50,5-7).

Auf wen würde diese Beschreibung zutreffen? Sicher würde er ein ganz Besonderer sein. Einer, der eine enge Beziehung zu Gott pflegt und ihn erfreut, wie es kein anderer vor ihm getan hat. Aber er würde zweifelsohne ein Mensch sein, wie ein Mensch das Leid empfinden und wie ein Mensch von Gott abhängig sein.

Doch durch die Vorhersagen zieht sich eine zweite Linie. Angedeutet wird sie erneut schon bei Abraham. Dieser war auf dem Berg Morija, der später der Tempelberg werden sollte,[194] bereit, seinen Sohn nicht zu verschonen[195] (1Mo 22,12.16; vgl. Schlachter 2000), musste ihn aber nicht opfern, weil Gott selbst das Opfer stellte. Später heißt es von Gott dem Vater im Neuen Testament: Er verschonte seinen Sohn nicht (Röm 8,32). In Gestalt seines Sohnes gab Gott sich selbst (Gal 1,4; 2,20; Eph 5,2).

Gibt es dazu eindeutige Vorankündigungen im Alten Testament? Zunächst einmal wird deutlich, dass die verordneten Tieropfer das Problem der Schuld des Menschen vor Gott nur rituell, aber nicht tatsächlich lösen konnten. Diese Opfer deckten Sünden zu, konnten sie aber nicht wegnehmen (Hebr 10,4). Sie mussten ständig wiederholt werden und waren dazu bestimmt, dass der Mensch seine Sünde nicht vergisst, wie das Neue Testament später erklärt (Hebr 10,1-3). David wurde das schmerzlich

---

193 Es trifft zu, dass in einigen Passagen die Bezeichnung »mein Knecht« für Israel gebraucht wird, z. B. in Jesaja 41,8-9. Der Kontext verdeutlicht jedoch, dass es sich an etlichen anderen Stellen um Beschreibungen des Messias handelt, siehe z. B. Jesaja 42,1-4 und 49,6.
194 Vgl. 2. Chronik 3,1.
195 Die Septuaginta übersetzt an dieser Stelle mit demselben Wort, das Paulus in Römer 8,32 benutzt; vgl. Allen P. Ross, »1. Mose«, in: John F. Walvoord und Roy B. Zuck (Hrsg.), *Das Alte Testament erklärt und ausgelegt*, Neuhausen-Stuttgart: Hänssler, 2000, 3. Auflage, Bd. 1, S. 67.

bewusst, als er selbst in besonderer Weise vor Gott und Menschen schuldig geworden war (Ps 51,18). Tierische Opfer lösten das Problem also nicht. So blieb nur der in vielen Stellen (s. o.) angekündigte einzigartige Mensch, der noch geboren werden sollte, übrig. Doch selbst Mose, der sich einmal Gott anstelle des sündigenden Volkes anbot, wird nicht akzeptiert (2Mo 32,32ff.)! So lässt Gott durch den Propheten Jesaja ausrufen:

> »Warum bin ich gekommen, und kein Mensch war da? ... Ist meine Hand etwa zu kurz zur Erlösung? Oder ist in mir keine Kraft, um zu erretten?« (Jes 50,2).

Tatsächlich: Muss der Sieg über die Sünde ausbleiben, weil alle Menschen versagen? Nein, will uns der Prophet sagen, Gott selbst kann erlösen! Er hat die Macht dazu. Einige Kapitel später finden wir nochmals den Ausruf: »Und der HERR ... sah, dass kein Mann da war; und er staunte, dass kein Vermittler eintrat. Da half ihm sein Arm ...« (59,15b-16), und: »Denn ... das Jahr meiner Erlösung war gekommen. Und ich blickte umher, und da war kein Helfer ... Da hat mein Arm mir geholfen« (Jes 63,4-5). Hier wird eine andere Beschreibung gewählt und nicht die Formulierung »mein Knecht« gebraucht: Der Arm gehört zu Gott selbst, und so gewinnen wir den Eindruck, dass er von sich selbst redet. Tatsächlich stellt sich Gott im gleichen biblischen Buch auch so vor: »Ich bin ... dein Erretter« (Jes 43,3; vgl. V. 11). Man könnte vermuten, solche Verse[196] wären nur indirekt zu verstehen, Gott würde eben dadurch zum Retter werden, dass er einen Menschen als Retter sendet. Dagegen spricht u. a. Psalm 40,7-9. Dort redet jemand (übrigens in einem Zusammenhang, der sehr den Worten des oben erwähnten 22. Psalms ähnelt) zu Gott über die Wertlosigkeit der Tieropfer und kündigt als Lösung des Dilemmas sein eigenes Kommen an, das in der Buchrolle (d. h. dem Alten Testament) vorausgesagt ist. An diesen Worten verwundert die

---

[196] Z. B. auch Hosea 13,4: »Du kennst keinen Gott außer mir, und da ist kein Retter als nur ich.«

Kühnheit der Formulierung. Welcher Mensch würde dergleichen vor Gott aussprechen können? Letztlich kann es sich nur um ein Gespräch zwischen den Personen der Gottheit selbst handeln.[197] Dann wäre es aber wiederum Gott selbst, der kommen würde. Er kündigt sein eigenes Kommen an! Diese Schlussfolgerung wird in Hosea 1,7 bestätigt:

»Aber über das Haus Juda werde ich mich erbarmen und sie retten durch den HERRN, ihren Gott.«

Hier spricht Gott über den Retter, den er senden wird, und dieser ist niemand anders als der Herr selbst, ihr Gott. In Sacharja 2,12-13 spricht der Gesandte, von dem sie erkennen würden, dass er von Gott selbst kommt, und er nennt sich selbst »HERR der Heerscharen« (ein geläufiger Name Gottes im Alten Testament[198]):

»Denn so spricht der HERR der Heerscharen, nachdem die Herrlichkeit mich ausgesandt hat … Ja siehe, ich werde meine Hand über sie[199] schwingen, und sie sollen ihren Knechten zur Beute werden. Und ihr werdet erkennen, dass der HERR der Heerscharen mich gesandt hat« (RELB).

Gott ist der Sendende, und Gott ist zugleich der Gesandte (vgl. auch Jes 48,12-16). Beide Texte, auch wenn sie im Präsens formuliert sind, sprechen von dem zukünftig erscheinenden Messias. Er wird somit als Gott selbst angekündigt.

In einigen Vorankündigungen treten sogar beide Linien der Beschreibung des Messias in einem Zusammenhang auf – er ist Mensch, und er ist Gott selbst:

---

197 Im Alten Testament wird das Geheimnis, das die Theologie später mit dem Wort *Trinität* (Dreieinheit) wiederzugeben versuchte, im Unterschied zum Neuen Testament zwar nicht explizit ausgesprochen, doch neben dieser Stelle mancherorts angedeutet (vgl. z. B. Psalm 45,6-7 [A. d. V.: in Verbindung mit Hebr 1,8-9]; Sprüche 8,22-31). Weitere Beispiele finden sich bei A. Fruchtenbaum, »Die Dreieinigkeit im Alten Testament«, *Gemeindegründung* (Zeitschrift), Nr. 52, 4/97, S. 14-18.
198 A. d. V.: Insbesondere in den Büchern der drei nachexilischen Propheten Haggai, Sacharja und Maleachi ist dieser Gottesname relativ häufig zu finden.
199 A. d. V.: Damit sind die Heidenvölker gemeint, die Israel bisher unterdrückt haben.

»*Die Jungfrau wird schwanger werden und einen Sohn gebären*[200] *und wird seinen Namen Immanuel*[201] *nennen*« *(Jes 7,14).*

»*Und du, Bethlehem-Ephrata, ... aus dir wird mir hervorkommen, der Herrscher über Israel sein soll;*[202] *und seine Ursprünge sind von der Urzeit, von den Tagen der Ewigkeit her*[203]« *(Mi 5,1).*

»*Denn ein Kind ist uns geboren,*[204] *ein Sohn uns gegeben, und die Herrschaft ruht auf seiner Schulter. Und man nennt seinen Namen: Wunderbarer, Berater, starker Gott, Vater der Ewigkeit, Friedefürst*[205]« *(Jes 9,5).*

Gleichzeitig Mensch und Gott zu sein – wie ist dieser scheinbare Widerspruch hinsichtlich der Vorankündigungen auf Jesus Christus zu lösen? Die Evangelisten beschreiben ihn, indem sie einfach wiedergeben, wie Jesus Christus war, lebte und wirkte.

Sie beschreiben einen Menschen. Ohne biologischen Vater, aber geboren und aufgewachsen als Mensch. Nicht nur eine göttliche Gestalt in einer äußeren menschlichen Hülle, sondern eine Person mit Gefühlen, Bedürfnissen, Einschränkungen und Abhängigkeiten, wie sie jeder Mensch hat. Der einzige Unterschied zu anderen Menschen schien seine absolute und einzigartige Integrität zu sein. Er kannte Erschöpfung sowie Müdigkeit (Joh 4,6) und war auf Schlaf (Mk 4,38), Nahrung (Mt 4,2) und Trinken (Joh 19,28) angewiesen. Er kannte Gefühle der Trauer (Joh 11,35), der Sehnsucht (Lk 22,15) sowie der inneren Not (Lk 22,44), empfand Schmerzen und kannte körperliche Schwachheit (Mt 27,32). Er wurde versucht (Mt 4,1) und gedemütigt (Joh 18,22-23) und musste seine Kraft im Gebet von Gott erbeten, auf den er ganz angewiesen war (u. a. Lk 11,1; Mk 1,35). Schließlich war er ver-

---

200 Also einen Menschen.
201 D. h. »Gott unter uns« bzw. »Gott mit uns«. Dieser Name verdeutlicht, dass es sich um Gott selbst handelt.
202 Es geht um den Geburtsort eines Menschen.
203 Es geht um Gott, den Ewigseienden.
204 D. h. ein Mensch.
205 Die in diesem Vers genannten Titel weisen allesamt auf die Göttlichkeit Jesu hin.

wundbar und konnte den Tod erleiden (Lk 23,33.46). Das ist allzu offensichtlich eine Erfüllung der »menschlichen Linie« in den alten Vorhersagen auf Jesus Christus.

Alle vier Evangelisten betonen aber zudem, dass dieser Jesus, mit dem sie drei Jahre aufs Engste zusammengelebt hatten (vgl. 1Jo 1,1-3; siehe auch 2Petr 1,16ff.), der Sohn Gottes und damit Gott selbst war (vgl. Mt 16,16; Mk 1,1; Lk 1,35; Joh 20,31). Er bewies Eigenschaften, die nur Gott hat: Er war allwissend (Mk 2,8; Joh 1,48; 2,25; 4,39), konnte die Zukunft voraussagen (Mt 16,21; 17,22; 20,17-19) und konnte Sünden vergeben (Mk 2,9-11; vgl. V. 7). Er machte Tote lebendig (Joh 11,25.43-44) und wirkte viele übernatürliche Wunder. So beherrschte er u. a. den Wind (Mk 4,39-41) und änderte situativ die Gesetze von Auftrieb und Wasserverdrängung (Mt 14,25-31). Außerdem wurde seine Göttlichkeit durch eine vernehmbare außerirdische Stimme bezeugt (Mt 3,17; 17,5; Joh 12,28). Darüber hinaus wurde er als Gott angebetet (Mt 2,8-11; 14,33; 28,9.17; Joh 9,32.38). Er bezeugte auch selbst immer wieder, dass er Gott sei, und diese eindeutigen Aussagen verstanden selbst seine Feinde (vgl. Lk 22,70-71; Joh 10,30.33; siehe auch Joh 8,58-59).

Die jüdischen Theologen waren imstande, die Textstelle in Micha 5,1 richtig zu interpretieren, und konnten den dort angekündigten Geburtsort des Messias benennen (Mt 2,4-6 und Joh 7,42). Und obwohl dieser alttestamentliche Vers gleichzeitig von der Göttlichkeit des dort Angekündigten sprach (s. o.), waren sie offenbar nie auf den Gedanken gekommen, dass er Gott und Mensch zugleich sein müsse. Ihnen war der menschliche Jesus entweder zu niedrig (vgl. ihren Spott am Kreuz [Lk 23,35]), oder sie dachten zu hoch vom Menschen, indem sie es für möglich hielten, dass ein bloßer Mensch die von Jesus Christus am Kreuz ausgeführte Rettungstat vollbringen könnte. Bis heute können die jüdischen Rabbiner diesen scheinbaren Widerspruch in den Schriften des Alten Testaments nicht auflösen. Auch in den Irrungen und Wirrungen der Kirchengeschichte kam es immer wieder zu falschen Lehren, die entweder die vollkommene Menschlichkeit oder die vollkommene Göttlichkeit Jesu Christi infrage stellten.

Einige wenige Zeitzeugen Jesu konnten das Dilemma lösen – aber nicht, weil sie etwa so gebildet bzw. belesen gewesen wären oder eine so große Fantasie besessen hätten. (Auch sie waren, wie der nichts beschönigende Bericht in den Evangelien verdeutlicht, gefangen im jüdischen Denken, wobei man sie keineswegs als naive Leichtgläubige sehen darf [vgl. Joh 20,24-25].) Ihre Überzeugung wuchs vielmehr mit dem, was sie mit ihren Augen, Händen und Ohren wahrnahmen. Sie erlebten eine Erfüllung der Vorhersagen, die sie sich selbst in ihren kühnsten Vorstellungen nicht hätten ausdenken können. Umso eindrücklicher und überzeugender ist ihr Bericht, der uns überliefert ist.

Bibliografische Angaben

Archer, Gleason L., *Einleitung in das Alte Testament*, Bad Liebenzell: Verlag der Liebenzeller Mission, 1989, Bd. 2.

Bergmann, Gerhard, *Alarm um die Bibel*, Gladbeck: Schriftenmissions-Verlag, 1974, 5. Auflage.

Boa, Kenneth, *Bible Companion Handbook*, Manuskript abgerufen am 21. 08. 2012 unter: http://bible.org/series/bible-companion-handbook.

Clarke, Adam, *Clarke's Commentary OT*, Volume 4, Isaiah – Malachi, Books for the Ages, AGES Software, Version 2.0, Albany, OR, USA, 1996/97; abgerufen am 21. 08. 2012 unter: http://www.paradisepbc.org/Articles/Commentaries/Clarkes Commentary4.Pdf.

Dougherty, Raymond Philip, *Nabonidus and Belshazzar. A study of the closing events of the neo-Babylonian empire*, New York: AMS Press, 1980, Nachdruck der Ausgabe von 1929 (New Haven: Yale University Press).

Dyer, Charles H., »Hesekiel«, in: Walvoord, John F., und Zuck, Roy B. (Hrsg.), *Das Alte Testament erklärt und ausgelegt*, Neuhausen-Stuttgart: Hänssler, 2000, 3. Auflage, Bd. 3.

Fruchtenbaum, Arnold, »Die Dreieinigkeit im Alten Testament«, *Gemeindegründung* (Zeitschrift), Nr. 52, 4/1997, S. 14-18.

Gitt, Werner, *So steht's geschrieben*, Bielefeld: CLV, 2011, 8., überarbeitete Auflage.

Guthrie, Donald, und Motyer, J. Alec (Hrsg.), *Kommentar zur Bibel*, Wuppertal: R. Brockhaus Verlag, 1998, 4. Auflage, Bd. 1-3.

Gooding, David, *Die Bibel – Mythos oder Wahrheit?*, Bielefeld, CLV, 4. Auflage 2012. (Eine frühere Ausgabe des Buches erschien 1993 bei der Christlichen Verlagsgesellschaft Dillenburg.)

Josephus, Flavius, *Jüdische Altertümer*, Wiesbaden: Fourier Verlag, 1985, 6. Auflage, 11. Buch.

Keathley III, J. Hampton, »Studies in Revelation. Christ's Victory Over the Forces of Darkness«, Biblical Studies Press, 1997, abgerufen am 21. 08. 2012 unter:
http://www.scribd.com/doc/13722489/Revelation-J-Hampton-Keathley-III.

Liebi, Roger, *Der verheißene Erlöser*, Bielefeld: CLV, 2007, veränderte Neuauflage.

Liebi, Roger, *Erfüllte Prophetie*, Berneck: Schwengeler-Verlag, 1987, 3. Auflage.

McDowell, Josh, *Die Bibel im Test. Tatsachen und Argumente für die Wahrheit der Bibel*, Bielefeld: CLV, 2002, 9. Auflage.

Pentecost, J. Dwight, *Bibel und Zukunft*, Dillenburg: Christliche Verlagsgesellschaft, 1993.

Pentecost, J. Dwight, »Daniel«, in: Walvoord, John F., und Zuck, Roy B. (Hrsg.), *Das Alte Testament erklärt und ausgelegt*, Neuhausen-Stuttgart: Hänssler, 2000, 3. Auflage, Bd. 3.

Ross, Allen P., »1. Mose«, in: Walvoord, John F., und Zuck, Roy B. (Hrsg.), *Das Alte Testament erklärt und ausgelegt*, Neuhausen-Stuttgart: Hänssler, 2000, 3. Auflage, Bd. 1.

Schnabel, Eckhard J., »Der biblische Kanon und das Phänomen der Pseudonymität«, in: *Jahrbuch für evangelikale Theologie 3* (1989), S. 59-96.

Schwander, Matthias, *Quellensammlung zur historischen Glaubwürdigkeit der Bibel. Daten, Fakten, Argumente*, Dillenburg: Christliche Verlagsgesellschaft, 1989.

Wallace, Daniel B., »Outline of Daniel«, Biblical Studies Press, 1997, abgerufen am 21. 08. 2012 unter:
http://bible.org/article/outline-daniel.

Wallace, Daniel B., »Who is Ezekiel's Daniel?«, Biblical Studies Press, 1997, abgerufen am 21. 08. 2012 unter:
http://bible.org/article/who-ezekiels-daniel.

Walton, John H., *Chronologische Tabellen zum Alten Testament*, Marburg: Verlag der Francke-Buchhandlung, 1984, 2. Auflage.

Walvoord, John F., *Daniel: The Key to Prophetic Revelation*, Chicago: Moody Press, 1971.

Die Bibel fasziniert mich …
weil sie mir den Weg zu Jesus zeigt

Aufklärung in der aktuellen Diskussion um seinen Sühnetod
Wolfgang Nestvogel

Die Bibel ist ein praktisches Buch. Sie verfolgt einen klar benannten Hauptzweck. Ihre Schreiber haben das in markanten Definitionen auf den Punkt gebracht:

Johannes formuliert in Kapitel 20,31 zunächst das Ziel seines *Evangeliums*, die programmatische Zusammenfassung gilt aber auch für das Selbstverständnis der *gesamten Bibel*: »Diese [Berichte über Jesus und seine Wunder] … sind geschrieben, **damit** ihr glaubt, dass Jesus der Christus ist, der Sohn Gottes, und **damit** ihr durch den Glauben das Leben habt in seinem Namen« (Luther 1984; Hervorhebung hinzugefügt).

In die gleiche Richtung weist Paulus, wenn er in seinem letzten Brief Timotheus daran erinnert, dass die heiligen Schriften die Kraft und Kompetenz haben, einen Menschen zum Glauben an Jesus und damit zum ewigen Heil zu führen: »… die heiligen Schriften … [sind] imstande … dich weise zu machen zur Errettung durch den Glauben, der in Christus Jesus ist« (2Tim 3,15).

Schon zuvor hatte Paulus im Römerbrief betont, dass lebendiger christlicher Glaube durch jene Wahrheit generiert[206] wird, die wir nur in der Bibel finden: »So kommt der Glaube aus der Predigt, das Predigen aber durch das Wort Christi« (Röm 10,17; Luther 1984).

Bereits im Alten Testament wird die Leben spendende Wirkung von Gottes Wort herausgestellt: »Es ist nicht ein leeres Wort für euch, sondern es ist euer Leben« (5Mo 32,47).

---

206 D. h. geweckt, hervorgebracht.

Wofür auch immer wir die Bibel darüber hinaus noch brauchen, schon dieser eine, einzige Zweck würde sie unverzichtbar machen, weil sie lebensnotwendig ist: Sie garantiert und dokumentiert die verlässliche Information darüber, wie der Mensch vor seinem Schöpfer bestehen und seiner anderenfalls unausweichlichen Verurteilung entkommen kann. Was die Wasserflasche für den Verdurstenden, der Rettungsschirm für den Fallschirmspringer, die Schwimmweste für den Schiffbrüchigen, die Herz-Lungen-Maschine für den Intensivpatienten ist – das ist die Bibel für jeden sterblichen Menschen. Exklusiv bewahrt sie den Schlüssel zum Überleben. Prägnanter und eindringlicher kann man praktische Notwendigkeit nicht formulieren.

Eindeutige Information

Zu diesem Zweck legt die Bibel größten Wert auf Eindeutigkeit. Sie beschränkt sich nicht auf schillernde Bilder, die der Interpretation des jeweiligen Lesers ausgeliefert wären. In diesem Fall könnte sie nur eine schillernde Botschaft vermitteln, deren Konturen verschwimmen und widersprüchliche Deutungen provozieren müssten. Nein, die Bibel legt den Leser fest. Sie zieht klare Linien, sie stellt These und Antithese scharf gegenüber. Der postmoderne Zeitgenosse – ermüdet und frustriert von der angeblichen Unmöglichkeit, mit Sprache Verbindliches auszusagen –, horcht überrascht auf: Das klingt nach Wahrheit und damit nach erfrischendem Streit. Denn Wahrheit provoziert, zumal diese …

Nicht umsonst hat Paulus die Kernbotschaft der Bibel als einen »Skandal«[207] bezeichnet (1Kor 1,23). Und selbst innerhalb der evangelikalen Reihen ist in den letzten Jahren ein eigentümlicher Streit über diesen Kern des Evangeliums entstanden. Wenigstens *hier* hatte man in früheren Zeiten geglaubt, sich noch einig zu sein, anders als bei Themen wie Taufe, Gemeindeverständnis

---

207 A. d. V.: Vgl. die NeÜ in der angegebenen Stelle.

oder Endzeitfragen. Da waren die Auffassungsunterschiede normal. Aber beim Evangelium selbst, das besagt, dass Jesus Christus stellvertretend für unsere Schuld die Strafe erduldet hat? Diese Bastion evangelikaler Gemeinsamkeit schien unerschütterlich. Heute ist vieles anders. Umso schlimmer, dass einige aufrichtige Christen das immer noch nicht bemerkt haben. Deshalb leisten sie keinen Widerstand und gehen nicht auf die Barrikaden, um das Evangelium zu verteidigen. Was können wir tun?

Zunächst müssen wir uns selbst dessen vergewissern, was die Substanz, die zentrale Wahrheit des Evangeliums ausmacht.

1. Die Skandalgeschichte der Erlösung

Die Botschaft vom gekreuzigten Jesus Christus hat von Beginn an Ärger, Widerspruch und Spott ausgelöst (1Kor 1,23). Sobald jemand versteht, was das für unser Menschenbild bedeutet, wird er kaum gelassen bleiben. Er stößt hier auf einen Doppelskandal, den man nur entschlossen verwerfen oder bedingungslos akzeptieren kann.

a) Der Moral-Skandal

Der biblische Rettungsweg setzt beim Menschen einen moralischen Totalschaden voraus. Damit steht und fällt das ganze Konzept. Der von Gott Angesprochene ist nicht nur hilfsbedürftig oder fehlerhaft, sondern im Kern verdorben. Er hat nicht nur einzelne Gebote missachtet, sondern sein Herz ist feindlich gegen seinen Schöpfer gerichtet (Röm 5,8.10; Kol 1,21). Die Regel gilt ohne Ausnahme.

Am Kreuz führt Gott mir diese Diagnose dramatisch vor Augen: »Es ist moralisch so schlimm um dich bestellt, dass dieses Opfer nötig war, deine Schuld zu begleichen.« Schonungslos hält mir das Kreuz den Spiegel vor (Röm 3,19.23). Und illusionslos verweisen sowohl Jesus als auch Paulus ihre Hörer auf die Konsequenz, dass der Weg der Schuld in ewige Trennung von Gott mündet und in den Tod, die Verdammnis sowie die Hölle führt (Mt 7,13-14; Lk 13,22-28; Joh 3,36; Röm 6,23 u. a.).

Das ist der Moral-Skandal des Kreuzes. Es zeigt die hässliche Fratze meiner Schuld. Dort nimmt Jesus meinen Platz ein, wie es schon im Alten Testament angekündigt war: »Die Strafe lag auf ihm, damit wir Frieden hätten ...« (Jes 53,5; Schlachter 2000). Nur so kann Gottes gerechter und heiliger Zorn, unter dem der natürliche Mensch lebt (Röm 1,18; Joh 3,36), getilgt und abgewendet werden.

Der Liederdichter Philipp Friedrich Hiller (1699 – 1769) hat angesichts dieser Wahrheit über Gottes Erbarmen gejubelt:

Ich hatte nichts als Zorn verdienet
und soll bei Gott in Gnaden sein.
Gott hat mich mit sich selbst versühnet
und macht durch's Blut des Sohns mich rein.
Wo kam dies her, warum geschicht's?
Erbarmung ist's und weiter nichts.[208]

In dem Moment, wo ein Mensch der Diagnose Gottes zustimmen kann, wird der Moral-Skandal zur heilsamen und erschreckenden Selbsterkenntnis. Statt Beleidigung empfindet der Überführte Begnadigung und Erleichterung. Aber das ist nicht die Option des natürlichen Menschen, sondern Folge einer von Gottes Wahrheit bewirkten Veränderung seines Herzens. *Diese Macht hat nur die Bibel, darum fasziniert sie mich. Sie öffnet mir den Blick in mein Herz und treibt mich so in die Arme des Retters. Sie zeigt mir den Weg zu Jesus Christus, mehr noch: Sie führt mich zu ihm.*

Nietzsches Widerspruch

Der Philosoph Friedrich Nietzsche hat dagegen mit entwaffnender Ehrlichkeit ausgesprochen, was der als »Sünder« bewertete Mensch im Normalfall empfindet – als derjenige, der ohne Bibel

---

[208] *Evangelisches Kirchengesangbuch (EKG)*, Lied 277, 2. Strophe.

lebt und gegen sie eingestellt ist. Und warum er sich mit Haut und Haaren gegen die Botschaft des Kreuzes wehrt.

In seinem berühmten Werk *Also sprach Zarathustra* lässt Nietzsche einen Mörder Gottes auftreten, der den unerträglichen Gott beseitigen soll. Solange dieser Gott lebt, werde der Mensch immer damit rechnen müssen, von ihm überführt und entlarvt zu werden. Wenn ich aber den Beweis meiner Verworfenheit nicht in alle Zukunft ertragen will, bleibt nur die Möglichkeit, Gott zu »beseitigen«. »Dieser Gott«, schreibt Nietzsche »kroch in meine schmutzigsten Winkel. Dieser Neugierige, Über-Zudringliche, Über-Mitleidige musste sterben. Er sah immer mich. An einem solchen Zeugen wollte ich Rache haben – oder selbst nicht mehr leben. Der Gott, der Alles sah, auch den Menschen: dieser Gott musste sterben! Der Mensch erträgt es nicht, dass solch ein Zeuge lebt.«[209]

Hier beschreibt Nietzsche mit brutaler Klarheit den Moral-Skandal des Kreuzes. Der Mensch erträgt es nicht, in solcher Weise als Schuldiger überführt – und zugleich darauf hingewiesen zu werden, dass er von einer Rettungsaktion abhängig ist, zu der er selbst nichts beitragen kann.

Diese Rettungsaktion ist das zweite Skandalon, gegen das sich menschliches Vorstellungsvermögen und Empfinden seit jeher gewehrt haben. Warum sollte, um Hillers Formulierung zu gebrauchen, das »Blut des Sohns« nötig sein, um uns mit Gott zu versöhnen?

b) Der Gottes-Skandal

Was ist das für ein Gott, der die Kreuzigung nicht nur zulässt, sondern offenbar aktiv in seine Pläne einbezieht? Und das so weitsichtig, dass er sie sogar durch die Propheten im AT ankündigen lässt (vgl. Ps 22; Jes 53; Sach 12,10).

---

[209] Friedrich Nietzsche, *Also sprach Zarathustra* (Erstveröffentlichung der einzelnen Teile in den Jahren 1883–1885), Leipzig, 2000, S. 278. A. d. V.: Da es sich um ein Zitat handelt, ist die Großschreibung von »alles« beibehalten worden. Der geringfügig geänderte Wortlaut ist außerdem auf einschlägigen Internetseiten abrufbar.

Der katholische Theologe und Psychologe Eugen Drewermann spricht mit seinem Einwand vielen aus dem Herzen: »Der Gedanke, dass Gott einen Menschen soll töten müssen, um sich mit der Welt zu versöhnen, macht mir Gott nicht vertrauenswürdig, sondern lässt ihn blutrünstig, barbarisch und roh erscheinen!«[210]

Ähnlich hat es der evangelische Theologe Jochen Vollmer formuliert:

> »*Was ist das für eine Vergebung, die mir für meine Sündenschuld zuteilwird, wenn nur der Opfertod eines Sündlosen mich vor dem Zorn des vergebenden Gottes rettet, wenn Gott mir nur dadurch vergeben kann, dass er einen Sündlosen für mich zur Sünde macht? ... Der väterliche und mütterliche Gott Jesu vergibt grundlos und bedingungslos, ohne Blut, ohne Sühne und ohne Gewalt. Die Sühnopfertheologie dagegen ist Ausdruck einer patriarchalen und ›abstrakten Omnipotenztheologie‹*[211] *(M. Welker).*«[212]

Nach J. Vollmer dokumentiert das Sühneverständnis des Kreuzes also eher ein psychologisches Problem gewisser Theologen. Weil diese in ihrem Denken weiterhin patriarchalisch verdorben seien, bräuchten sie die Vorstellung von Schuld und Strafe, um ihre Allmachtswünsche pflegen zu können ...

Der Gottes-Skandal verdichtet sich in der Doppelfrage, warum Schuld *nur durch Strafe* gesühnt werden kann und warum diese Strafe *ausschließlich im Kreuzestod* Jesu Christi stellvertretend getragen werden kann. Auch derjenige, der sich den eigen-

---

210 Abgerufen am 21. 08. 2012 unter: http://www.iguw.de/texte/siegert.txt. Vgl. auch die folgenden Aussagen von E. Drewermann:
»Gott bedarf nicht des Opfers eines Unschuldigen, um die Menschheit mit sich zu versöhnen. (...) Es geht nicht darum, in einer kultischen Opfermagie die eigenen Sünden dem ›Lamm Gottes‹ aufzuladen ...«, in: *Das Markusevangelium. Bilder von Erlösung* (Bd. II: Mk 9,14-16,20), Freiburg: Walter, 1988, S. 129-147 (siehe S. 142 und 143).
»Diese Opfer- und Sühnetheologie war Jesus völlig fremd. (...) Er sah in seinem Tod überhaupt keinen Sinn. Er wollte nicht sterben.«, in: *Worum es eigentlich geht. Protokoll einer Verurteilung*, München: Kösel, 1992, 3. Auflage, S. 445f.
211 D. h. Allmachtstheologie.
212 J. Vollmer, zitiert bei: Theo Sorg, »Warum war der Tod Jesu eigentlich notwendig?«, in: *Licht und Leben*, 5/1999.

mächtigen Verwerfungen der Drewermanns und Vollmers nicht anschließt, kommt zumindest um die Frage nicht herum: Warum musste Jesus kommen, um nach seiner eigenen Aussage »sein Leben zu geben als Lösegeld für viele« (Mk 10,45)? Warum muss dieses Lösegeld bis zum letzten Heller gezahlt werden? Warum vergibt Gott nicht »grundlos und bedingungslos, ohne Blut, ohne Sühne …«[213]?

Die Bibel fasziniert mich, weil sie darauf eine Antwort gibt. Die Antwort, wie sie uns von Gott selbst durch sein in der Bibel geoffenbartes Wort enthüllt wird, lautet: Der lebendige Gott ist so heilig und so vollkommen, dass er Schuld nicht stehen lassen kann. Der persönliche Gott, dem wir unser Leben verdanken, ist völlig rein, sodass neben ihm und in seiner Gegenwart keine Form des Bösen und der Schuld bestehen kann. Würde Gott Sünde ungesühnt auf sich beruhen lassen, wäre er nicht der, welcher er ist, weil sie seinem Wesen zutiefst widerspricht.

Sünde richtet sich immer gegen Gott persönlich!
Denn Sünde umfasst mehr als einzelne falsche Taten oder Gebotsverstöße. In ihrem Wesen ist Sünde eine Haltung unseres Herzens. **Wir *sind* nicht Sünder, weil wir einzelne Sünden *tun*. Sondern wir *tun* einzelne Sünden, weil wir Sünder *sind*.**

Nachdem die Israeliten durch die Verbindung mit heidnischen Ehefrauen gegen Gottes Gebot verstoßen hatten, erkannten sie die tiefere Dimension ihres Ungehorsams: »Wir haben unserem Gott die Treue gebrochen …« (Esr 10,2; Schlachter 2000). In Psalm 51,6 bekennt David: »Gegen dich, gegen dich allein habe ich gesündigt, und ich habe getan, was böse ist in deinen Augen …« Auch im Gleichnis vom verlorenen Sohn lässt Jesus den Heimkehrer zugeben: »Ich habe gesündigt gegen den Himmel und vor dir« (Lk 15,18).

Sünde richtet sich in ihrem Wesen gegen Gott selbst! Darum ist die Klärung der Schuldfrage nicht nur ein Anliegen des in sei-

---
213 Siehe obiges Zitat von J. Vollmer.

nem Gewissen aufgeschreckten Menschen, sondern auch eine Notwendigkeit, die sich aus der Heiligkeit Gottes ergibt und um Gottes willen erfolgen muss. John Piper hat davor gewarnt, diese gottzentrierte Perspektive aus dem Blick zu verlieren: »Es bedurfte des unendlich teuren Todes des Sohnes Gottes, um die Entehrung wiedergutzumachen, mit der mein Stolz die Ehre Gottes beschmutzt hat. Darum handelt es sich um eine furchtbare Verfälschung des Kreuzes, wenn zeitgenössische Propheten des Selbstwertgefühls behaupten: Das Kreuz ist vor allem ein Zeuge für meinen unendlichen Wert, weil Gott bereit war, einen so hohen Preis zu zahlen, um mich in sein Reich zu bekommen. Die biblische Perspektive dagegen besagt: Das Kreuz ist ein Zeuge für den unendlichen Wert der Ehre Gottes und ferner ein Zeuge dafür, wie riesengroß die Sünde meines Stolzes ist. Es sollte uns schockieren, dass wir Gottes Ehre so sehr mit Füßen getreten haben, dass nicht weniger als der Tod seines Sohnes nötig war, um diese Ehre zu verteidigen. So ist das Kreuz ein Zeuge für den unendlich großen Wert Gottes und für das unendlich große Ausmaß meiner Sünde.«[214]

Aber Gott ist hinsichtlich unserer Schuld nicht nur der Hauptbetroffene, sondern auch der einzige Retter. Der Mensch unter der Sünde steht ihrer Eigendynamik hilflos gegenüber und kann sie nicht selbst bewältigen. Nur Gott hat die Macht, die Sünde und ihr Zerstörungswerk zu überwinden. Aus Liebe zu seiner Menschheit setzt Gott diese Macht ein, um eine verlorene Welt mit ihrem Schöpfer zu versöhnen. Dazu beschreitet er einen Weg, der durch keinen anderen zu ersetzen war und den die Bibel deshalb als alternativlos ausweist (Mt 26,39).

Gottes Weg – und zwei programmatische Sätze
Der Weg, den Gott zu unserer Rettung geht, wird von Paulus in 2. Korinther 5,19 mit zwei programmatischen Sätzen zusammengefasst:

---

[214] *The Supremacy of God in Preaching,* Grand Rapids: Baker Books, 2000, S. 32 (Übersetzung durch W. Nestvogel).

Satz 1 berichtet den Versöhnungsakt selbst (19a):

»*Gott [war] in Christus ... die Welt mit sich selbst versöhnend, ihnen ihre Übertretungen nicht zurechnend ...*«

Gott lastet unsere Sünde stellvertretend seinem Sohn Jesus an. Weil einer für alle stirbt (V. 14), rechnet Gott uns unsere Sünden nicht zu (V. 19). Dieser Stellvertreter freilich erfährt die Last der Strafe mit voller Wucht. Der sündlose Jesus nimmt unsere Schuld auf sich und wird »für uns zur Sünde gemacht« (V. 21; vgl. Gal 3,13). Nur der Sohn Gottes konnte sein Leben stellvertretend für uns als Opfer hingeben, da es nicht durch eigene Schuld belastet und verwirkt war (V. 21). So wird das Sühnopfer Jesu am Kreuz die Grundlage der Versöhnung zwischen dem heiligen Gott und verlorenen Sündern.

In Christus, seinem eigenen Sohn, gibt Gott sich selbst, springt selbst in die Bresche, um den Schaden zu heilen. Das heißt: Dieser heilige Gott liebt uns so sehr, dass er bereit ist, persönlich den Höchstpreis zu zahlen! Deshalb kann Paulus schreiben: »Gott versöhnte [aktiv!] ... die Welt mit sich selbst« (V. 19; Zürcher). Er ist also nicht nur Objekt, sondern zugleich Subjekt der Versöhnung. Er ist nicht nur der zu Versöhnende, sondern zugleich der Versöhner. Darum fordert Gott nicht aus der Distanz ein ihm zu bringendes Menschenopfer – sondern er gibt sich selbst in der Person seines geliebten Sohnes. Dieser trägt als Mittler der Versöhnung zu unseren Gunsten die Strafe der Sünde und wird zum Sühnopfer.

Nur auf diesem Weg als Versöhner und zu Versöhnender kann Gott sowohl den Anspruch seiner Liebe als auch seiner Heiligkeit aufrechterhalten und einlösen. Nur so wird sein heiliger Zorn, unter dem jeder Sünder lebt (Joh 3,36; Röm 1,18; 2,5.8; vgl. 5,9-10), in Gnade umgewandelt.[215]

---

[215] Während des Menschen Feindschaft gegen Gott die Folge seiner Sünde ist, folgt Gottes Zorn gegenüber dem unerlösten Sünder als notwendige Konsequenz aus seiner Heiligkeit. Deshalb ist Jesu Sühnopfer, mit dem er dem Anspruch des Vaters Genugtuung leistet (*satisfactio*), unerlässliche Voraussetzung der Versöhnung. – So auch John Pipers Erläuterung zu 2. Korinther 5,19: »Genau in diesem Zustand [d. h. der Feindschaft] gab Gott Christus, der unsere Sünden, die Gottes Zorn anfachen, auf sich nahm. So konnte Gott uns gnädig sein. Als Erstes beseitigte Gott das Hindernis, das ihn unversöhnlich machte: die Gott entwürdigende Schuld unserer Sünde. ›Gott war in Christus und hat die Welt mit sich selbst versöhnt und ihnen ihre Übertretungen nicht zugerechnet‹ (2. Korinther 5,19).« In: *Die Passion Jesu Christi*, Bielefeld: CLV, 2004, S. 60-61.

Ein Herrscher in der Zwickmühle
Eine alte Geschichte, die über einen Fürsten erzählt wird, soll diese spannungsvolle Verbindung von Liebe und Gerechtigkeit illustrieren. In seinem Fürstentum war ein schwerer Diebstahl begangen worden, der nach dem geltenden Gesetz mit einer stattlichen Anzahl von Peitschenhieben bestraft werden musste. Man suchte den Dieb und ermittelte letztendlich die alte Mutter des Fürsten als Täterin. Das brachte den Fürsten in größte Bedrängnis.

Ließ er die Mutter straffrei ausgehen, machte ihn das unglaubwürdig. Ließ er aber die Bestrafung seiner Mutter zu, würde diese es nicht überleben.

Der Fürst sann die ganze Nacht darüber nach, wie er dem Dilemma entkommen könnte. Schließlich bekam er den rettenden Einfall: Er selbst würde sich, stellvertretend für seine alte Mutter, die Peitschenhiebe zufügen lassen.

So geschah es dann. Dadurch wurde den Untertanen des Fürsten klar, dass die Gesetze des Landes ernst zu nehmen sind und gerecht angewendet werden. Seine Mutter aber lernte neu, dass sie sich auf die Liebe und Barmherzigkeit ihres Sohnes verlassen konnte. Damit war sowohl dem Anspruch der Liebe als auch der Gerechtigkeit Genüge getan.

Hätte Gott in seiner Heiligkeit nur Recht und Gesetz gelten lassen, dann hätte er uns vernichten müssen. Aber Gottes Weisheit fand einen Weg, bei dem er sowohl seine Heiligkeit als auch seine Liebe zu uns in gleicher Weise wahren konnte. Allerdings kann das Beispiel des Fürsten nicht mehr sein als eine schwache Andeutung. Denn der reale Preis, den Gott bezahlt hat, war ungleich höher, als sich auspeitschen zu lassen. Er gab sich selbst in seinem Sohn.

Satz 2 zeigt, wie aus Gottes Versöhnungstat die Versöhnungsbotschaft erwächst (19b-20):
> *»... und er hat in uns das Wort der Versöhnung niedergelegt. So sind wir nun Gesandte für Christus, als ob Gott durch uns ermahnte; wir bitten an Christi statt: Lasst euch versöhnen mit Gott!«*

Damit das objektive Versöhnungsgeschehen (das durch Kreuz und Auferstehung Jesu vollbrachte Heilswerk) den einzelnen Menschen persönlich erreicht, belässt es Gott nicht beim Versöhnungsakt selbst. Vielmehr sorgt er dafür, dass die ein für alle Mal abgeschlossene Rettungstat den Menschen aller Zeiten bekannt gemacht wird. Das geschieht nicht *nur* als sachliche Information, sondern *auch* als dringende, herzliche Einladung, darauf nun mein ganzes Leben zu bauen, d. h. persönlich an Jesus zu glauben.

Keine Versöhnung ohne Bekehrung
Was durch Christus geschehen und mit seiner Auferweckung endgültig beglaubigt worden ist, lässt Gott jetzt in der Welt ausrufen, d. h. als »Wort der Versöhnung« niederlegen (19c[216]). Damit offenbart er das ansonsten dunkle und brutale Kreuzesgeschehen als frohe Nachricht (Evangelium). Diese muss weltweit ausgebreitet werden.

Allerdings entlässt die Dynamik des souveränen Versöhnungshandelns Gottes den Menschen nicht aus seiner Verantwortung. Deshalb gibt Paulus sich als Botschafter zu erkennen, der seine Leser auf der Grundlage des Kreuzesgeschehens auffordert und einlädt: »Wir bitten an Christi statt: Lasst euch versöhnen mit Gott!« (2Kor 5,20).

Der Mensch muss die *damals* am Kreuz geschehene Versöhnung in Christus heute für sich in Anspruch nehmen. Er lässt sich versöhnen, indem er Jesus Christus im Glauben als seinen Versöhner ergreift und so persönlich Anteil an ihm bekommt, zu ihm gehört.

Dieser Glaube an Jesus schließt ein, dass der Mensch dem doppelten Skandal recht gibt. Er akzeptiert Gottes verdientes Verdammungsurteil über seine Schuld und gesteht die eigene Versöhnungsbedürftigkeit ein (Moral-Skandal). Er lobt Gottes Barmherzigkeit dafür, dass dieser in Jesus Christus die gerechte

---

[216] A. d. V.: Luther 1984 übersetzt hier: »... hat unter uns aufgerichtet das Wort von der Versöhnung«.

Strafe selbst getragen und durch die blutige Hingabe seines Lebens meine Schuld gesühnt hat (Gottes-Skandal).

Wir können uns nicht selbst mit Gott versöhnen, sondern nur durch Gott versöhnen *lassen* (vgl. Röm 5,10-11). Wir können uns nicht selbst freisprechen, sondern nur um Begnadigung bitten. Insofern kann Paulus das Geschehen der »Versöhnung« auch mit dem Begriff der »Rechtfertigung« (im Sinne von Gerechtsprechung, Freispruch; vgl. Röm 1,17; 3,26) ausdrücken.[217] Sich versöhnen zu lassen, bedeutet, Gottes unverdienten Freispruch um Christi willen (weil er die Strafe trug) zu erbitten. Gott *versöhnt* den Sünder, indem er ihn (um Christi willen) *rechtfertigt*, d. h. für gerecht erklärt.

Die Bibel fasziniert mich, denn sie kommuniziert diese lebensrettende Wahrheit so klar, dass seitdem in allen Jahrhunderten Menschen den Weg zu Jesus Christus und dadurch zur Versöhnung mit Gott gefunden haben. Was Paul Gerhardt im 17. Jahrhundert besingt, Friedrich Hiller und Konrad Ludwig Allendorf im 18. Jahrhundert begreifen und Philipp Spitta im 19. Jahrhundert in Worte kleidet, das ist derselbe christliche Glaube, den wir heute verkündigen – die Skandalgeschichte der Erlösung:

Nun, was du, Herr, erduldet, ist alles meine Last;
ich hab es selbst verschuldet, was du getragen hast.
Schau her, hier steh ich Armer, der Zorn verdienet hat.
Gib mir, oh mein Erbarmer, den Anblick deiner Gnad'.[218]

Jesus ist kommen, ein Opfer für Sünden,
Sünden der ganzen Welt träget dies Lamm.
Sündern die ew'ge Erlösung zu finden,
stirbt es aus Liebe am blutigen Stamm.
Abgrund der Liebe, wer kann dich ergründen?
Jesus ist kommen, ein Opfer für Sünden.[219]

---

[217] Beachte den inneren Zusammenhang von Rechtfertigung und Versöhnung in Römer 5,1.9-11 und 2. Korinther 5,19-21.
[218] Paul Gerhardt, *O Haupt voll Blut und Wunden*, 4. Strophe, 1656 (EKG 63).
[219] Ludwig Allendorf, *Jesus ist kommen, Grund ewiger Freude*, 5. Strophe, 1736 (EKG 53).

Wo ist solch ein Herr zu finden, der, was Jesus tat, mir tut:
Mich erkauft von Tod und Sünden mit dem eignen teuren Blut.
Sollt' ich dem nicht angehören, der sein Leben für mich gab?
Sollt' ich ihm nicht Treue schwören, Treue bis in Tod und Grab?[220]

Ein zeitgenössisches Beispiel für die Verkündigung des Sühnetodes im Lied ist das in der englischsprachigen Welt weithin bekannte Lied »The Power of the Cross« von Keith Getty. Im Refrain wird das stellvertretende Strafleiden Christi beschrieben:

This, the pow'r of the cross:
Christ became sin for us;
took the blame, bore the wrath –
we stand forgiven at the cross.

Jesu Kreuz bricht den Tod,
sühnt die Schuld, die von Gott
uns getrennt, trägt den Zorn –
wir steh'n begnadigt an dem Kreuz.[221]

2. Die Ent-Skandalisierung des Christentums

Will man die Geschichte der Theologie und Verkündigung erzählen, lässt sie sich beschreiben als ein dauerndes Ringen mit dem doppelten Skandal des Evangeliums. Wenn man doch die biblische Botschaft von den anstößigen Aussagen über den verlorenen Menschen (Moral-Skandal) und den sich selbst aufopfernden Gott (Gottes-Skandal) »reinigen« könnte! Die Geschichte falscher Lehren erweist sich so als ein unermüdlicher Versuch der Ent-Skandalisierung des Christentums. Die Speerspitze solcher Angriffe reicht inzwischen in die Reihen der Evangelikalen hinein und ist uns näher, als wir mithin ahnen.

---

220 Philipp Spitta, *Bei dir, Jesu, will ich bleiben*, 3. Strophe, 1826 (EKG 279).
221 Übersetzung durch W. Nestvogel, 2010.

Der enge Rahmen dieses Aufsatzes erlaubt nur einige exemplarische Hinweise. Sie sollen aber stellvertretend für andere Fälle an typische Verharmlosungen, Verhinderungen und Verfälschungen des Evangeliums erinnern und so dem Leser helfen, vergleichbare Vorgänge in seinem Umfeld zu erkennen.

Noch bevor die Kreuzigung stattfand, haben Jesu eigene Leute versucht, diesen Vorgang zu verhindern. Petrus selbst wollte Jesus vor dem Tod am Kreuz bewahren: »Das widerfahre dir nur nicht« (Mt 16,22; Schlachter 2000 und Luther 1984 [vgl. den ganzen Abschnitt in V. 21-23]). Die Jünger hätten zu dem Zeitpunkt viel darum gegeben, den Skandal der Kreuzigung überhaupt verhindern zu können.

a) Verleugnung der Sühnebedeutung des Kreuzestodes

Bis heute setzen sich Vertreter der Bibelkritik dafür ein, die Sühnebedeutung des Todes Jesu aus der Verkündigung zu verbannen. Schon Rudolf Bultmann hatte mit seiner provokativen These behauptet: Die Aussage, »dass ein Mensch gewordenes Gotteswesen durch sein Blut die Sünden der Menschen sühnt«, sei »primitive Mythologie«. Diese könne nicht mehr hilfreich (existenzial) interpretiert werden, sondern müsse aus den Texten eliminiert (also entfernt) werden.[222]

Mit ähnlichem Duktus schreibt der Benediktinerpater Anselm Grün: »Gott, der den Tod seines Sohnes braucht, um uns vergeben zu können, wäre ein sadistischer Gott ... das Kreuz ist nicht die Bedingung, dass Gott uns vergibt.«[223]

Anselm Grün erfuhr auch in der evangelikalen Zeitschrift *Aufatmen* eine ausführliche Würdigung. Darin wird er mit folgender These zum Kreuz Jesu zitiert: »Der Kern der biblischen Botschaft ist: Gott vergibt uns die Schuld, weil er Gott ist, weil er barm-

---

[222] Rudolf Bultmann, *Neues Testament und Mythologie*, Hamburg, Reich, 1960, 4. Auflage, S. 20.
[223] A. Grün, *Erlösung. Ihre Bedeutung in unserem Leben*, Freiburg: Kreuz-Verlag, 2004, S. 65.67.

herzig und gnädig ist. Und nicht, weil Jesus am Kreuz gestorben ist.«[224]

Eine weitere Stimme in dieser Ablehnungsfront ist die sogenannte »Feministische Theologie«. Die Lehre von der Rechtfertigung des Sünders, heißt es dort, sei typisch männliche Theologie – bedingt durch den Ödipuskomplex. Repräsentativ für diese Ideologie ist ein Aufsatz mit dem Titel »Vom Kreuz mit dem Kreuze. Feministisch-kritische Blicke auf die Kreuzestheologie« (2006). Darin fordert die Autorin, »die Deutung des Kreuzestodes Jesu als von Gott gewollte Heilstat um der Erlösung von der Sünde willen [ist] abzulehnen«. Nur Jesu Leben und Auferstehung seien Heil bringend, nicht aber sein Tod.[225]

Aber nicht nur die Radikalposition des Feminismus, auch der amtierende Ratsvorsitzende der EKD, Präses Nikolaus Schneider, hat sich bereits 2009 in einem öffentlichen Statement von der Lehre distanziert, dass Jesus am Kreuz stellvertretend die Strafe der Menschen auf sich genommen habe. Gott brauche kein Sühneopfer, so Schneider, »denn es muss ja nicht sein Zorn durch unschuldiges Leiden besänftigt werden«[226]. Schneiders Formulierung schmuggelt dabei trickreich die unzutreffende Voraussetzung mit ein, wer den Sühnetod Jesu vertrete, gehe zugleich davon aus, dass ein quasi zornschnaubender Gott »besänftigt« werden müsse. Unsere Darstellung unter Punkt 1 dieses Artikels hat diese Gleichsetzung widerlegt. Es ist vielmehr Gott selbst, der im Opfertod des Sohnes die Welt mit sich versöhnt (2Kor 5,19) und damit die Chance eröffnet, dass Sünder umkehren und seinem gerechten Zorn entkommen können.

---

224 *Aufatmen*, 2/2000, S. 44.
225 Abgerufen am 21. 08. 2012 unter: http://www.offenekirche.ch/pdf/OKE_PDF_Strahm.pdf.
226 Vgl. Welt-online, 04. 04. 09, abgerufen am 21. 08. 2012 unter:
    http://www.welt.de/kultur/article3503665/Aber-warum-starb-denn-nun-Jesus.html.

b) Verzerrung des Kreuzestodes Jesu

Neben die offenkundige Leugnung des biblisch gelehrten Erlösungsweges tritt dessen Verzerrung.

Ein klassisches Beispiel solcher Verzerrung begegnet in der vermeintlich erforderlichen Ergänzung der Rettungstat Christi durch weitere Mittler-Instanzen. Hellmuth Frey hat dies treffend analysiert:

> »*Im Katholizismus nimmt Jesus eine andere Stellung ein als in der Bibel. Zwar steht er offiziell in der Mitte. Aber weil die Bedeutung seines Kreuzestodes nicht in der Tiefe erkannt [wird, weil] der Schluss aus der Einmaligkeit, Abgeschlossenheit und Allgenugsamkeit seines Erlösungswerkes nicht gezogen wird – wird er selbst durch Zwischeninstanzen in den Herzen der Menschen aus der Mitte gedrängt: durch die Kirche, die als causa secunda (zweite Ursache) sein Werk auf Erden fortführt, den Papst, der seine Person auf Erden vertritt, Maria, die ihn im Himmel umstimmt, Heilige, die als kleine Schutzgötter geduldet werden, ihre Verdienste und die Handlungen der Priester, die uns Beistand leisten. Seine Hoheit wie seine Liebe werden verdunkelt (Phil 2,9-11; Mt 11,28; Joh 10,28; Mt 28,20). (...) Man fasst [im katholischen Glauben] nicht, dass alle Zwischen- und Nebeninstanzen hinweggefegt sind, am Kreuz das Gericht über die Welt und ihr Wesen vollstreckt ist und wir im Glauben wiedergeboren sind ... Die katholische Einschaltung von Zwischeninstanzen und Aufbietung von Leistungen verachtet die vom Alten Testament geweissagte (Jer 31,31.34) und von Jesus dem Glauben an ihn zugesagte Ganzheit der Erlösung und Gottunmittelbarkeit der Erlösten (Joh 5,24).*«[227]

Auch das römisch-katholische Menschenbild bleibt weit hinter der biblischen Radikalität (des Moral-Skandals) zurück. Vielmehr mildert der Katholizismus den Zustand des Menschen als

---

[227] Hellmuth Frey, *Jesus allein oder Jesus und ... Die Annäherung der Konfessionen nach dem Zweiten Vatikanischen Konzil*, Bad Liebenzell: Verlag der Liebenzeller Mission, 1974, S. 88 und S. 87.

Sünder dahin gehend ab, dass ihm bescheinigt wird, er sei durch den Sündenfall zwar beschädigt, aber in seinem religiösen und moralischen Vermögen nicht völlig verdorben. Dazu heißt es im – kirchenamtlich autorisierten – *Katechismus der Katholischen Kirche* in Abschnitt 405:

»Obwohl ›einem jeden eigen‹, hat die Erbsünde bei keinem Nachkommen Adams den Charakter einer persönlichen Schuld. Der Mensch ermangelt der ursprünglichen Heiligkeit und Gerechtigkeit, aber **die menschliche Natur ist nicht durch und durch verdorben,**[228] *wohl aber in ihren natürlichen Kräften verletzt.«*[229]

Hier stehen wir vor einer Entradikalisierung und Verflachung der biblischen Sicht des Sünders. Seine Natur wird nicht als grundsätzlich verdorben, sondern nur »in ihren natürlichen Kräften verletzt« verstanden; die Bedeutung der Erbsünde (Sündenfall) wird relativiert und der gegen Gott gerichtete feindliche Charakter der Sünde verkannt. Ein klassischer Fall der Ent-Skandalisierung.

Schon im Mittelalter: Das Kreuz als Demonstration der Liebe
Bereits im Mittelalter entbrannte eine Debatte, deren Ausläufern wir bis heute in immer neuen Facetten begegnen. Petrus Abaelardus (1079–1142, geb. bei Nantes) propagierte die These, das Kreuz Jesu diene in erster Linie *nicht* der Versöhnung mit Gott, sondern als Demonstration der göttlichen Liebe.

Durch den Tod Jesu erfolge keine Genugtuungsleistung (Satisfaktion), um die Schuld des Menschen auszugleichen. Vielmehr diene sein Leiden und Sterben vor allem als der vollkommene Beweis der Liebe Gottes zum Menschen. Durch diesen Liebesbeweis wecke Gott im Menschen die Gegenliebe und bewege ihn

---

[228] Hervorhebung durch W. Nestvogel.
[229] *Katechismus der Katholischen Kirche*, München, 1993, S. 134. Siehe auch die Abschnitte 1730-1733 (S. 463f.), wo dem natürlichen Menschen zugestanden wird: »Durch den freien Willen kann jeder über sich selbst bestimmen« (1731); er habe »die Möglichkeit, zwischen Gut und Böse zu wählen, also entweder an Vollkommenheit zu wachsen oder zu versagen und zu sündigen« (1732).

so zur Abkehr von der Sünde der Lieblosigkeit. Bei Abaelardus hat das Kreuz also keine direkte Wirkung, sondern nur eine indirekte. Christus habe nicht leiden und sterben müssen, damit Gott die Sünde vergeben kann. Sein Kreuz diene vielmehr dem Ziel, dass wir in dieser Demonstration die Liebe Gottes erkennen und uns von ihr anstecken lassen.

Diese Behauptung enthält eine Teilwahrheit: In der Tat hat Jesus uns in seinem Leiden auch ein Vorbild hinterlassen (1Petr 2,21). Paulus kann sagen (Röm 5,8): »Gott ... erweist [zeigt] seine Liebe zu uns darin, dass Christus, da wir noch Sünder waren, für uns gestorben ist.«

Aber die Hauptbedeutung dieses Erweises liegt nicht in der *Demonstration* von Gottes Liebe, sondern in der *Aktion* von Gottes Liebe – nämlich der Tilgung unserer Schuld. Am Kreuz zeigt Gott uns nicht nur etwas über sich, vielmehr tut er konkret etwas für uns.

Genau diesen Punkt – dass Jesus am Kreuz etwas für uns bewirkt – hat um 1100 Anselm von Canterbury (1033–1109) in seiner berühmten Schrift *Cur deus homo* (*Warum wurde Gott Mensch?*) herausgearbeitet.

Am Kreuz passiert mehr!

Anselm verstand Sünde zu Recht als Angriff auf Gottes Ehre und Majestät, die um der Gottheit Gottes willen nicht ungesühnt bleiben dürfe und nur durch Genugtuung (Satisfaktion) bereinigt werden könne.

Gott ist damit nicht nur das *Subjekt* der Versöhnung (er versöhnt uns mit sich), sondern auch zugleich das *Objekt* der Versöhnung: Er muss selbst versöhnt werden; seiner Heiligkeit gegenüber muss die Genugtuung erfolgen. Gott ist sowohl der *liebende Versöhner* als auch der *heilige zu Versöhnende* (an dem deshalb Genugtuung zu leisten ist).

Dieser Gott ist nicht rachsüchtig, sodass er erst mühsam von seinem Sohn umgestimmt werden müsste. Vielmehr ist Golgatha, wie die Glaubensväter gelehrt haben, »eine Erfindung des Vaters«.

Allerdings hat Anselm diese biblische Erkenntnis mit Resten einer traditionellen katholischen Verdienst-Theologie verbunden. Am Kreuz erwerbe Jesus ein unendliches Verdienst (*meritum*), indem er sein unschuldiges Leben dem Vater darbringe. *Damit* leiste er eine stellvertretende Genugtuung (Ersatzleistung, Satisfaktion) für unsere Schuld. Jesus selbst hat dieses Verdienst ja nicht nötig, da er ohne Schuld ist. Deshalb könne er sein Verdienst denen zur Verfügung stellen, die sich im Glauben an ihn halten. Dadurch werde Gottes Forderung Genüge getan (Satisfaktion) und sein Zorn gestillt, sodass die Gläubigen mit Gott versöhnt werden.

Strafleiden ist mehr als Verdienst
Was bei Anselm gegenüber dem biblischen Befund noch fehlt, ist die Bedeutung des Kreuzes als »Strafleiden«. Nach neutestamentlichem Verständnis erwirbt Jesus am Kreuz nicht ein Verdienst (das er uns zur Verfügung stellt). Vielmehr erleidet er dort – stellvertretend für uns – eine gerechte Strafe und sühnt damit unsere Schuld. Gerade durch sein Strafleiden (*poena*) erwirkt er Genugtuung (*satisfactio*) für alle, die an ihn glauben (Joh 3,16).

Es war Luther und seinen Nachfolgern vorbehalten, diesen biblischen Zusammenhang von Strafe und Genugtuung wiederherzustellen! Unsere Versöhnung mit dem Vater wird nicht durch das Verdienst Christi ermöglicht, sondern durch sein Strafleiden, das er an unserer Stelle ertrug. Wer sich darauf im Glauben gründet und Jesus Christus als Retter anruft, der wird von Gott angenommen.

Darüber hinaus ruft Luther noch einen weiteren Aspekt in Erinnerung, den bereits die Alte Kirche betont hatte: Das Kreuzesgeschehen ist nicht nur Versöhnung mit Gott, sondern am Kreuz erfolgt zugleich der Kampf mit den bösen Mächten (Sünde, Tod und Teufel), von denen Christus uns mittels seines Opfertodes erlöst.

Zu diesen Grundfragen ist die Debatte über das Skandalon des Kreuzes immer wieder zurückgekehrt. Dabei begegnen wir in immer neuen Facetten der Tendenz, das Sühne- und Strafleiden, das Jesus stellvertretend für uns ertragen hat, zurückzudrängen, zu relativieren oder gar zu umgehen. Offensichtlich liegt darin der besondere Stein des Anstoßes.

Offensichtlich musste die Gemeinde Jesu in allen Jahrhunderten ihres Bestehens ihre evangelistische Botschaft gegen die Ent-Skandalisierung des Christentums verteidigen. Deshalb sollte uns die aktuelle Diskussion nicht verwundern. Erstaunlich ist nur, wie tief die Ausläufer dieser Tendenzen bereits in die evangelikalen Reihen hineinragen. Darum wird es in den Ausführungen zum folgenden Punkt gehen.

3. Die Entkernung des Evangeliums im Neo-Evangelikalismus

Dabei handelt es sich um einen schleichenden Prozess, der vertraute Inhalte schrittweise umformuliert und neu interpretiert, von den meisten unbemerkt. Dieser Wandel geschieht u. a. durch eine *verharmlosende Verkündigung*, eine *vermeintliche Verständigung* mit dem Katholizismus und *verheerende Verschiebungen* im Umfeld der Emerging-Church-Bewegung.

a) Verharmlosende Verkündigung

Variante 1: *Jesus wird nicht primär als Versöhner mit Gott gepredigt, sondern als Erfüller gefühlter menschlicher Bedürfnisse.*[230]

Dabei wird der theozentrische Ansatz (bei dem Gott und das Verhältnis zu IHM im Mittelpunkt stehen) aufgegeben und durch

---

[230] Konkrete Beispiele und eine ausführliche Erläuterung finden sich in meiner Untersuchung *Evangelisation in der Postmoderne*, Bielefeld: CLV, 2004, S. 81-112. In diesem Abschnitt wurden evangelistische Predigten untersucht, die Ulrich Parzany im Rahmen der ProChrist-Evangelisation 2003 gehalten hatte. Parzany selbst scheint nach Auskunft einiger Beobachter in den letzten Jahren wieder eine größere Klarheit in seiner Verkündigung gefunden zu haben. Ausdrücklich zu begrüßen ist in diesem Sinne auch seine mutige Stellungnahme gegen die Veränderung des Missionsverständnisses, wie sie im Rahmen der Emerging Church unter den Schlagworten »Transformation« und »missional« betrieben wird. Siehe dazu Parzanys apologetischen Artikel »Es geht um Tod und Leben« in: ideaSpektrum (Nr. 18/2012, S. 16-18).

den anthropozentrischen Zugang ersetzt: Der Mensch und seine Bedürfnisse bestimmen das vermeintlich evangelistische Bemühen. Sein Leben soll »gelingen«, seine Kräfte und Begabungen sollen zur Entfaltung kommen, seine Ängste und Unsicherheiten sollen in Mut und Sicherheit verwandelt werden. Zu diesem (!) Zweck sei es unerlässlich, seine Sünden bei Jesus abzuladen und IHN um das neue Leben zu bitten.

Es dürfte unstrittig sein, dass Jesus Christus sich auch im Hinblick auf die genannten Lebensfragen für zuständig erklärt hat. Dennoch wird damit das *eigentliche Anliegen*, das *Grundmotiv* der Evangelisation (2Kor 5,17-21) noch längst nicht erfasst! Viele »evangelistische« Predigten aber münden immer wieder in jenen begrenzten Horizont, der durch die gefühlten menschlichen Bedürfnisse markiert ist.

Variante 2: *Das Kreuz Jesu wird vor allem als Demonstration der göttlichen Liebe gepredigt und damit die mittelalterliche Verkürzung des Abaelardus wiederholt.*

Kennen wir nicht alle Predigtpassagen, die etwa wie die folgende lauten: »Am Kreuz beweist Jesus, wie sehr Gott uns liebt, wie wichtig wir ihm sind. Er nimmt sogar diese Qualen auf sich, für ihn ist kein Preis zu hoch. Und gerade dort vom Kreuz her ruft Jesus dir zu: ›Ich bin für dich da. Ich erwarte dich mit offenen Armen. Ich bete auch noch für die Feinde, die mich töten. Jetzt muss keiner mehr daran zweifeln, dass meine Liebe allen Hass und alle Gottesferne besiegt.‹«

Es wird werbend und warmherzig vom Kreuz gesprochen, ohne jedoch die Sache der Versöhnung zur Sprache zu bringen. Es wird nicht einmal gesagt, warum Jesus sterben musste – nämlich zur Sühne für unsere Sünden.[231]

---

[231] Ein praktisches Beispiel für diese spätscholastische Tendenz bot die Predigt beim ersten ProChrist-Abend des Jahres 2003 (Zitate nach U. Parzany, *Unglaublich. Reden vom Zweifeln und Staunen*, Holzgerlingen: Hänssler, 2003). Der Redner spricht immer wieder vom Kreuz, er gibt drei verschiedene Erklärungen des Kreuzes: »Dort am Kreuz erkennen Sie Gott: Er reicht uns die Hand« (S. 20). – Gott hänge am Kreuz, »um zu sagen: ›So sehr habe ich dich geliebt. Ich kenne deine Schmerzen‹« (S. 24). – »Das Kreuz ist wie ein Pluszeichen der Liebe Gottes vor unserem Leben. Der gekreuzigte Jesus überwindet die Kluft« (S. 25).

Das Kreuz ist hier jeweils als Demonstration von Gottes Liebe verstanden – das Kreuz zeigt etwas, sagt etwas, symbolisiert etwas.
Am Kreuz aber passiert mehr!

b) Vermeintliche Verständigung mit dem Katholizismus

Ein weiterer Schritt im schleichenden Prozess der Entkernung des Evangeliums ist die vermeintliche Verständigung der Evangelikalen mit Vertretern und Institutionen des Katholizismus. Dabei wird suggeriert, dass beide Seiten in der zentralen Frage weitgehende Übereinstimmung voraussetzen könnten: Man predige das gleiche Evangelium und den einen Jesus Christus. Unsere Hinweise unter Punkt 2b haben gezeigt, dass diese weitgehende Übereinstimmung bei nüchterner Betrachtung nicht besteht. Weder der Moral-Skandal (Menschenbild) noch der Gottes-Skandal (Es kommt *alles* [!] auf den Sühnetod des *einen* [!] an.) werden in der römisch-katholischen Verkündigung gewahrt.[232]

Dennoch werden führende Vertreter und bekannte Köpfe der evangelikalen Bewegung nicht müde, die katholische Kirche als Partner in der Evangelisation anzusprechen.[233] Jüngste Auswirkung dieses Reflexes ist die Veröffentlichung von Briefen an den Papst, die ihn anlässlich seines Deutschlandbesuchs im September 2011 begrüßten.[234] Zu den Briefschreibern gehören der Generalsekretär des CVJM, Roland Werner, die Leiterin des Instituts für Islamfragen der Evangelischen Allianz, Christine Schirrmacher, der Journalist Markus Spieker und der Evangelist Ulrich Parzany. Sie alle sprechen den höchsten Vertreter der römisch-katholischen Lehre als »Bruder in Rom« an. Damit setzen sie vor-

---

[232] Siehe den gründlichen Nachweis in der bereits zitierten Veröffentlichung von Hellmuth Frey (Fußnote 227). Eine kritische Analyse der katholischen Erlösungslehre aus der Sicht eines ehemaligen Katholiken bietet das Buch von James McCarthy, *Das Evangelium nach Rom*, Bielefeld: CLV, 2010, 2. Auflage.
[233] Vgl. *Evangelisation in der Postmoderne*, a. a. O., S. 62ff.
[234] Dominik Klenk (Hrsg.), *Lieber Bruder in Rom! Ein evangelischer Brief an den Papst*, München: Verlag Droemer/Knaur, 2011.

aus, dass man gemeinsam Jesus nachfolge, also dem einen Evangelium glaube.

Ulrich Parzany gesteht immerhin zu, dass »die Unterschiede in Lehre und kirchlichen Ordnungen beträchtlich seien«, dies stelle aber kein Hindernis für gemeinsame evangelistische Anstrengungen dar. Damit unterstellt Parzany eine grundsätzliche Einigkeit im Hinblick auf das Evangelium. Warum weigert er sich, zur Kenntnis zu nehmen, was Hellmuth Frey gesehen hat und jeder wache Leser sehen kann, der die Bibel und den Katholischen Katechismus nebeneinanderlegt? Parzany gibt zu, dass sein Denken eine Wandlung durchlaufen hat: »Ich hätte nicht gedacht, dass ich als evangelischer Christ einmal den Papst bitten würde, die Evangelisation in Europa stärker voranzutreiben.« Die Begründung folgt: »Aber nachdem die Gegner des Evangeliums keine konfessionellen Unterschiede machen, uns alle in einen Sack stecken und draufhauen, mag ich mich nicht mehr innerhalb der Christenheit durch Abgrenzung definieren.«

Bei allem Respekt, aber diese logischen Bocksprünge taugen nicht als theologische Begründung. Dass die Gegner des Evangeliums nicht mehr zwischen katholisch und evangelisch unterscheiden können, ist nichts Neues. Deshalb muss Parzany sich nicht deren Gleichmacherei anpassen. Dann müsste man auch gleich noch den Islam vereinnahmen, der ja von vielen der zitierten Kritiker ebenfalls in denselben »Sack« der vermeintlichen Fundamentalisten gesteckt wird. – Außerdem vertauscht Parzany Ursache und Wirkung, wenn er sich nicht »durch Abgrenzung definieren« möchte. Auch wir definieren unser Christsein nicht durch Abgrenzung, sondern durch die klaren Aussagen des Neuen Testaments. Gerade deshalb bleibt uns als Konsequenz nichts anderes übrig, als uns von der unbiblischen Erlösungslehre des Papstes abzugrenzen. Wer sich durch die Bibel definiert, muss sich vom Katholizismus abgrenzen. Wer sich durch Nicht-Abgrenzung vom Katholizismus definiert, muss mit dem biblischen Aussagen in Konflikt geraten. Lassen wir uns nicht täuschen!

Ein Mitarbeiter des Maleachi-Kreises hat auf den offenen Brief an den Papst seinerseits mit einem offenen Brief an Ulrich Parzany reagiert. Darin schreibt Johannes Pflaum:

Sehr geehrter, lieber Bruder Parzany,

nachdem Sie Ihre Wünsche dem Papst geschrieben haben, möchte ich Ihnen mitteilen, was mich beim Lesen Ihrer Zeilen bewegte.
Wie Sie wissen, ist der wichtigste Lehrunterschied des Katholizismus zur Bibel nicht die Irrlehre der Marienverehrung oder des Papsttums, sondern die Rechtfertigungsfrage. Die katholische Kirche hat nicht nur die reformatorisch-biblische Lehre der Rechtfertigung durch das Konzil von Trient unter den Fluch getan, was bis heute gilt. Sie füllt auch die Begriffe von »Glauben«, »Gnade«, »Jesus aufnehmen« mit einem anderen Inhalt als die Heilige Schrift. Wie können Sie angesichts dieser unüberbrückbaren Gegensätze einfach Ihre Abgrenzung fallen lassen?
Es verwundert mich außerdem, wie Sie den Papst mit »lieber Bruder Benedikt« anreden können. Darf ich Sie fragen, was für Sie der Bruderbegriff bedeutet? Kardinal Josef Ratzinger war vor seiner Ernennung zum Papst die katholische Glaubenskongregation unterstellt, die Institution innerhalb der Kirche, welche bis heute über den Lehrgrundsätzen und damit auch über der Ablehnung der biblischen Rechtfertigungslehre wacht. Wie kann eine Person, welche die Rechtfertigung allein durch den Glauben, allein aus Gnaden, allein durch Christus ablehnt, als Bruder bezeichnet werden? Wie Ihnen nicht unbekannt sein dürfte, benannten die Reformatoren den Papst deshalb mit einem anderen Titel.
Europa war auch zur Zeit der Reformation unter starkem Druck und durchlebte turbulente Zeiten. Die Islamisierung stand scheinbar unmittelbar vor der Tür. Und trotzdem ließ sich Luther dadurch keinen Sand in die Augen streuen, um gemeinsam mit dem Papst den christlichen Glauben zu verteidigen oder zu evangelisieren. Der äußere Druck auf ganz verschiedenen Ebenen verleitete ihn nicht dazu, seine aus der Bibel gewachsene Abgrenzung über Bord zu werfen oder in seiner reformatorischen Klarheit nachzulassen.

Ich möchte Sie daran erinnern, dass Ihr geistlicher Vater Wilhelm Busch die biblische Lehre der Heilsgewissheit als »die köstliche Perle evangelischen Glaubens« bezeichnete, eine Lehre, die im Zusammenhang mit der Rechtfertigung bis heute durch Rom verworfen wird. Mit Ihren Zeilen haben Sie diese Perle leichtfertig aus der Hand gegeben.

An Ihrem Motiv, das Evangelium zu fördern, möchte ich nicht zweifeln. Auch Ihren ernst gemeinten Aufruf an den EKD-Vorsitzenden Präses Nikolaus Schneider habe ich erfreut zur Kenntnis genommen. Trotzdem sind Ihre Zeilen an den Papst, wenn Sie dies auch nicht beabsichtigen, im letzten Grund ein Verrat der Reformation und, was noch gravierender ist, ein Verrat am Evangelium. Ich bitte Sie inständig, dies zu überdenken.

Es grüßt Sie
Ihr Johannes Pflaum[235]

Abschließend sei auf ein drittes Problemfeld hingewiesen, das in den letzten Jahren zunehmend an Bedeutung gewonnen hat.

c) Verheerende Verschiebungen im Zusammenhang mit der Emerging-Church-Bewegung

Zum Beispiel Brian D. McLaren
Brian D. McLaren gilt als einer der Vordenker der Emerging-Church-Bewegung. Sein Umgang mit der Frage des Sühnetodes zeigt sich z. B. in dem Buch *The story we find ourselves in*.[236]

Danach ist die biblische Lehre des stellvertretenden Sühneleidens Jesu keine verbindliche Lehre, sondern nur »eine mögliche Erklärung dafür, inwieweit Jesu Leben und Tod bei der Errettung der Menschheit eine Rolle spielen«[237].

---

235 Das Original liegt dem Verfasser vor.
236 Brian McLaren, *The story we find ourselves in*, San Francisco: Jossey-Bass, 2003.
237 A. a. O., S. 102; deutsch in: D. A. Carson, *Emerging Church. Abschied von der christlichen Lehre?*, Bielefeld: CLV, 2008, S. 233.

McLaren fragt, warum die Bestrafung eines Unschuldigen der Versöhnung mit Gott dienen könne. Dann legt er einem Protagonisten seines Buches, einem gewissen Kelly, folgende blasphemische Aussage in den Mund: »Das hört sich lediglich wie eine weitere Ungerechtigkeit in der kosmischen Gleichung an. Das hört sich wie göttlicher Kindesmissbrauch an, nicht wahr?«[238]

Diese Frage bleibt in McLarens Buch unbeantwortet, die biblischen Belege zum Sühnetod werden nicht gewürdigt. Am Ende dient das Kreuz nur noch als symbolischer Ausdruck der Verletzbarkeit Gottes und Mahnmal des Gewaltverzichts: »Das Kreuz ruft die Menschheit auf, den Versuch zu beenden, Gottes Reich mit Zwangsmaßnahmen und unter Gewaltanwendung einzuführen.«[239]

D. A. Carson hat in seiner besonnenen Analyse darauf hingewiesen, dass McLaren auch an anderen Stellen »immer wieder die Gelegenheit [nutze], um verbale Seitenhiebe gegen die Stellvertretung und andere in der Bibel gelehrte Aspekte auszuteilen«[240].

Rob Bell – zur Hölle mit der Hölle

Ein weiterer prominenter Vertreter aus dem Emerging-Church-Kontext, der in letzter Zeit besonderes Aufsehen erregte, ist Rob Bell. Er versucht, die biblische Lehre vom doppelten Ausgang (Himmel oder Hölle) als unchristlich zu diskreditieren. Die deutsche Übersetzung seines Buches *Love Wins* ist im evangelikalen Brunnen Verlag erschienen.[241] Bell war einer der Hauptredner beim »Willow Creek Jugendplus Kongress« (6. bis 8. Mai 2011) in Düsseldorf, der als »Meilenstein der Jugendszene« gefeiert wurde. Die jungen Menschen sollten ermutigt werden, »eine gute Botschaft in die Gesellschaft hineinzutragen«[242]. Was Bell unter guter Botschaft versteht, widerspricht der biblischen

---

238 A. a. O., S. 102; deutsch in: D. A. Carson, a. a. O., S. 233.
239 A. a. O., S. 106; deutsch in: D. A. Carson, a. a. O., S. 234.
240 D. A. Carson, a. a. O., S. 235.
241 Rob Bell, *Das letzte Wort hat die Liebe. Über Himmel und Hölle und das Schicksal jedes Menschen, der je gelebt hat*, Gießen: Brunnen, 2011.
242 Zitat aus: ideaSpektrum, 11. 05. 2011.

Lehre von der ewigen Verlorenheit: »Wir müssen nicht vor Gott gerettet werden«, behauptet Bell. »Hat Gott über Zehntausende[243] von Jahren Millionen Menschen erschaffen, die die Ewigkeit in Seelenqual verbringen werden? Kann Gott so etwas tun oder zumindest zulassen und weiterhin behaupten, ein Gott der Liebe zu sein? (...) Was für eine Art Gott ist das?«[244]

Bell verkündet einen anderen Heilsweg. Zwar erkläre Jesus, dass er allein rette, allerdings lege Jesus nicht fest, *wie* das geschehe. Und dann deutet Bell in einer vagen Formulierung an, Jesus könne womöglich auch auf den Wegen des Islam oder Buddhismus retten. In seiner typischen Art, sich weitgehend hinter Fragen zu verstecken, aber damit doch meinungsbildend zu wirken (ohne sich festzulegen), verhöhnt Bell die klassische christliche Position: »Sobald die Tür für Muslime und Hindus und Buddhisten und arme afroamerikanische Baptisten aus Cleveland offen steht, wird es vielen Christen sehr unbehaglich und sie sagen, Jesus spiele nun ja gar keine Rolle mehr. (...) Stimmt nicht!«[245] Dann folgen Gedanken, die wir seit Langem aus der liberalen Missionstheologie kennen, wonach auch in den Lehren der Religionen ein anonymer Christus zu finden sei. Bell propagiert eine mystische Variante: »Er[246] ist die heilige Kraft, die in jeder Dimension der Schöpfung gegenwärtig ist.«[247]

Im Werbevideo für dieses Buch hatte Bell den Zuschauer gefragt:

»*Sollte Mahatma Gandhi*[248] *wirklich in die Hölle kommen? (...) Werden Billionen und Aberbillionen von Menschen für immer in der Hölle leiden? (...) Was für ein Gott sollte das sein? Millionen von*

---

[243] A. d. V.: Anhand dieser Worte wird deutlich, dass R. Bell das biblische Konzept einer jungen Erde offenbar verwirft.
[244] Bell, a. a. O., S. 182 und S. 16-17.
[245] Bell, a. a. O., S. 157.
[246] A. d. A.: Gemeint ist Jesus Christus.
[247] Bell, a. a. O., S. 159.
[248] A. d. A.: Der bekanntlich Jesus als Retter von Sünde ausdrücklich ablehnte.

Menschen haben gelernt, das Zentrum des Evangeliums von Jesus bestehe darin, dass man in die Hölle kommt, wenn man nicht an Jesus glaubt. So entsteht zwangsläufig der Gedanke, dass Jesus uns vor Gott retten müsse. Aber was für ein Gott wäre das, vor dem man gerettet werden muss? Wie könnte dieser Gott jemals gut sein, wie könnte man ihm jemals vertrauen ... und wie könnte daraus jemals eine gute Nachricht werden?«

Wenn Bell recht hätte, dann hätte Luther bei seiner Suche nach dem gnädigen Gott schlicht die falsche Frage gestellt. Die Reformation – nur ein Irrtum?

Zerstört das Emerging-Church-Denken das Evangelium?

Je länger die Emerging-Church-Bewegung ihre z. T. widersprüchlichen und diffusen Konzepte propagiert, umso deutlicher tritt als eine der Gemeinsamkeiten die teils offensichtliche, teils verdeckte Infragestellung der klassischen biblischen Erlösungslehre hervor.

Dadurch gewinnen folgende Publikationen an Gewicht, die in den letzten Jahren starke Aufmerksamkeit fanden und deren innere Verbindung mit dem Anliegen der Emerging Church erst allmählich erkennbar wurde:

Da gibt es zunächst eine vermeintlich *harmlose Geschichte*, die ein Vater nach eigenen Angaben zunächst nur für seine eigenen Kinder geschrieben hat. Bei den anderen Publikationen handelt es sich um Veröffentlichungen einer *theologischen Schule*, die mit dem Anspruch auftritt, nach Jahrhunderten des Irrtums jetzt endlich das wahre Verständnis der Paulusbriefe entdeckt zu haben. Als Beispiel für diese Schule wird hier auf N. T. Wright, einen ihrer bekanntesten Protagonisten, hingewiesen.

William Paul Young: *Die Hütte*

Young lässt seine Gottesfigur zur Frage des göttlichen Gerichtes sagen: »Ich bin nicht so, wie du glaubst, Mackenzie. Ich brauche die Menschen nicht für ihre Sünden zu bestrafen. Die Sünde trägt ihre eigene Strafe in sich, sie verzehrt dich von innen heraus. Es ist nicht meine Absicht, jene zu bestrafen, die sündigen. Vielmehr ist es meine Freude, die Sünde zu heilen.«[249]

Demnach besteht nicht die Notwendigkeit eines Sühnetodes, da kein Zorn abgewendet und keine Strafe getragen werden muss – so als sei Jesaja 53,5 niemals geschrieben worden. Diese Überzeugung hat der Hütte-Autor in einem Radio-Interview ausdrücklich unterstrichen. Darin bestreitet er explizit, dass Jesu Kreuzestod Gottes gerechte Strafe für Sünder stellvertretend gesühnt habe. »Warum sollte der Vater seinen Sohn bestrafen?«, konstatiert Young, und auf Nachfrage, ob er denn nicht zustimmen würde, »dass das Kreuz ein Ort der Bestrafung für unsere Sünde ist«, erwidert er dezidiert: »Nein, ich würde nicht zustimmen, ich bin nicht für die stellvertretende Sühne … die reformatorische Sichtweise.«[250]

N. T. Wright – verstehen wir Paulus erst jetzt?

In seinem Buch *What Saint Paul Really Said*[251] knüpft Wright daran an, was man in der Forschung als die »Neue Paulus-Perspektive« bezeichnet. Demnach hätten die Reformatoren den Apostel Paulus völlig falsch verstanden, vor allem im Hinblick auf das Kernstück ihrer Theologie – die Rechtfertigungslehre. Darin gehe es, so Wright, im Kern nicht um die Frage, wie ein Sünder mit Gott versöhnt werden könne. So kläre der Galaterbrief nicht das Problem der Werkgerechtigkeit, sondern kläre vorrangig das Verhältnis zwischen Juden und Heiden.

Die Rechtfertigungslehre, wie sie vom wirklichen Apostel Paulus gelehrt wurde, habe äußerst wenig mit persönlicher und individueller Errettung von Sünde und Schuld zu tun. Es gehe vielmehr darum, dass auch die Heiden in der Bundesgemeinschaft mit Gott stehen könnten. Die Gemeinschaftsperspektive

---

[249] W. P. Young, *Die Hütte*, Berlin: Allegria/Ullstein, 2009, S. 136.
[250] Radio-Interview von Kendall Adams mit William P. Young, KAYP Radio. Abgerufen am 21.08.2012 unter: http://morebooksandthings.blogspot.com/2009/03/transcript-of-interview.html. – Ein Auszug des Interviews (einschließlich der Zitate) findet sich in der kritischen Untersuchung von Georg Walter, *Gott zum Anfassen? »Die Hütte« und die »Neue Spiritualität«*, Bielefeld: CLV, 2010, S. 36f.
[251] A. d. V.: Das Original erschien 1997 (Grand Rapids: Eerdmans). Die deutsche Fassung erschien unter dem Titel *Worum es Paulus wirklich ging*, Gießen: Brunnen, 2010.

sei ihm wichtiger als die Frage des persönlichen Heils, dessen Überbetonung in unserer Paulus-Auslegung durch einen falschen Individualismus gefördert worden sei.

Wenn aber die Reformatoren sich geirrt haben und die Frage von Glauben und Werken kein Problem darstellt, dann steht auch nichts Entscheidendes mehr zwischen »evangelisch« und »katholisch«. Genau diese ökumenische Konsequenzen strebt Wright an: Die neu verstandene Rechtfertigungslehre entferne das entscheidende Hindernis zwischen den Konfessionen. Vielmehr erweise sie sich sogar als Bindeglied, da sie »besagt, dass alle, die **an Jesus glauben**, an denselben Tisch gehören« (Gal 2). Deshalb sei »die Rechtfertigungslehre an sich ... die große ökumenische Lehre«[252]. Was »an Jesus glauben« inhaltlich bedeutet, bleibt bei Wright aber vage und unbestimmt.

Phil Johnson, ein langjähriger Mitarbeiter John MacArthurs, kommt in seiner kritischen Stellungnahme zu dem Ergebnis, dass Wright zentrale biblische Aussagen verfälscht: »In Wirklichkeit basiert die Neue Paulus-Perspektive nicht auf den Errungenschaften der protestantischen Reformation. Stattdessen wird mit ihr das Ziel verfolgt, die Reformation in ihren Grundfesten zu zerstören. Mit anderen Worten: Wrights Verständnis von der Rechtfertigung ist der Versuch, die Reformation umzukehren. Wir müssen uns solchen Bemühungen widersetzen. Es geht um Leben und Tod – ewiges Leben und ewigen Tod.«[253]

Es geht um alles

Was Johnson über N. T. Wright sagt, gilt für die anderen hier gezeigten Beispiele nicht minder: Es geht um alles oder nichts.

Kompromisse sind ausgeschlossen. Entweder wir geben das Evangelium auf – oder wir kämpfen dafür!

---

252 N. T. Wright, *What Saint Paul Really Said*, a. a. O., S. 158. Vgl. jeweils Phil Johnson, *Die »Alte Paulus-Perspektive«. Eine kritische Einführung zu What Saint Paul Really Said*, in: John MacArthur, *Es ist nicht alles Gold was glänzt*, Bielefeld: CLV, 2005, S. 71-90. Die Hervorhebung wurde hinzugefügt; die Zitate befinden sich auf S. 89.
253 Phil Johnson, a. a. O., in: John MacArthur, a. a. O., S. 90.

Verlassen können wir uns dabei einzig auf die Bibel! Sie allein führt uns zuverlässig zu Jesus Christus, dem Retter und Herrn.

Je näher die Einschläge kommen, je weiter die schleichende Veränderung des »skandalösen Evangeliums« in unsere Reihen vordringt, umso lauter müssen wir rufen, umso klarer denken, umso treuer predigen – vor allem: umso abhängiger beten.

Die theologische Auseinandersetzung bleibt uns nicht erspart. Sie ist aber niemals Selbstzweck, sondern steht immer im Dienst der Verkündigung von Jesus Christus.

Die Bibel ist ein praktisches Buch. Sie verfolgt einen klar benannten Hauptzweck: Sie zielt mitten ins Herz. Die Bibel dem Herzen. Und das Herz für Jesus.

Mit dieser Hingabe hat Friedrich von Bodelschwingh der Jüngere (1877 – 1946) das Wort vom Kreuz den ideologischen Bestreitungen *seiner* Zeit (1938!) entgegengesungen:

Nun gehören unsre Herzen ganz dem Mann von Golgatha,
der in bittern Todesschmerzen das Geheimnis Gottes sah,
das Geheimnis des Gerichtes über aller Menschen Schuld,
das Geheimnis neuen Lichtes aus des Vaters ew'ger Huld.

Nun in heil'gem Stilleschweigen stehen wir auf Golgatha.
Tief und tiefer wir uns neigen vor dem Wunder, das geschah,
als der Freie ward zum Knechte und der Größte ganz gering,
als für Sünder der Gerechte in des Todes Rachen ging.

Doch ob tausend Todesnächte liegen über Golgatha,
ob der Hölle Lügenmächte triumphieren fern und nah:
Dennoch dringt als Überwinder Christus durch des Sterbens Tor,
und die sonst des Todes Kinder, führt zum Leben Er empor.

Schweigen müssen nun die Feinde vor dem Sieg von Golgatha.
Die begnadigte Gemeinde sagt zu Christi Wegen: Ja!
Ja, wir danken Deinen Schmerzen; ja, wir preisen Deine Treu';
ja, wir dienen Dir von Herzen; ja, Du machst einst alles neu.[254]

---

254 Vgl. *Glaubenslieder 1*, Dillenburg: Christliche Verlagsgesellschaft, 10., überarbeitete Auflage 2006, Nr. 287.

Die Bibel fasziniert mich ...
weil sie mir täglich Kraft und Trost gibt

Das Wort Gottes als Lebenselixier
Johannes Pflaum

> »Fanden sich Worte von dir, dann habe ich sie gegessen, und deine Worte waren mir zur Wonne und zur Freude meines Herzens; denn dein Name ist über mir ausgerufen, HERR, Gott der Heerscharen« (Jeremia 15,16; RELB).

1997 gewann Jan Ullrich (als erster deutscher Radrennfahrer überhaupt) die Tour de France. Die Experten sprachen von einem großen Talent, das vermutlich in den nächsten Jahren die Tour de France und den Radrennsport insgesamt dominieren würde. Dann kam die Tour de France 1998. Nach einigen Tagen übernahm Jan Ullrich erwartungsgemäß das Gelbe Trikot des Gesamtführenden. Alles schien nach Plan zu laufen – bis zu der schwierigen 15. Etappe am 27. Juli. An diesem Tag herrschte ein kaltes und nasses Wetter bei der Tour.

Jan Ullrich hatte als Spitzenreiter den Rennverlauf und die anderen Mitfavoriten im Auge. Vor lauter Konzentration auf das Renngeschehen vergaß er, rechtzeitig während der Etappe seine Sportlernahrung zu sich zu nehmen. Diese Unachtsamkeit in Bezug auf seine Ernährung hatte gravierende Folgen. Als er an einer Steigung von seinem Kontrahenten Marco Pantani attackiert wurde, konnte Ullrich nichts mehr dagegensetzen. Durch die versäumte rechtzeitige Nahrungszufuhr erlitt er einen sogenannten »Hungerast«. Sein Körper war dadurch nicht mehr in der Lage, den Muskeln die notwendige Energie zuzuführen. Jan Ullrich kämpfte verbissen weiter. Er versuchte, das Letzte aus sich herauszuholen. Aber am Ende waren aller Wille und die damit verbundene Anstrengung – selbst bis an den Rand der Erschöpfung – umsonst. Durch die versäumte rechtzeitige Nahrungszufuhr konnte er nicht mehr dagegenhalten und verlor an diesem Tag nicht nur die Etappe, sondern die gesamte Tour de France.

Nun ist mir dieses tragische Erleben von Jan Ullrich zu einem wichtigen Beispiel für das Leben in der Nachfolge Jesu geworden. Wir leben heute in einer Zeit der christlichen Irrungen und der Verführung. Auch in Bezug auf die Bibelfrage und den persönlichen Umgang mit der Heiligen Schrift dringt immer mehr bibelkritisches und schwärmerisches Gedankengut in die Gemeinde Jesu ein. Die Behauptung, nur wir seien »die Bibeltreuen«, liegt uns fern, aber es ist unser Anliegen, dem Wort Gottes in all den Wirrungen treu zu sein. Und so beginnen wir, für die Wahrheit zu kämpfen und auf all die verkehrten Entwicklungen hinzuweisen. Das ist auch richtig und wichtig. Aber seien wir auf der Hut: In allen Kämpfen, die wir ausfechten, stehen wir in der Gefahr, den listigen Anläufen des Widersachers Gottes auf den Leim zu gehen und selbst innerlich dabei auszuhungern, sodass wir zu Fall kommen können.

Denken Sie noch einmal an Jan Ullrich. Er war so auf seinen Wettkampf fokussiert, dass er völlig darüber die eigene Ernährung versäumte und so am Ende mit einem »Hungerast« kraft- und saftlos den fahrerischen Attacken seiner Konkurrenten nichts mehr entgegenzusetzen hatte. Eine ganz ähnliche Gefahr droht uns auch inmitten aller geistlichen Kämpfe. Wenn es dem Teufel gelingt, uns so sehr auf den Kampf für die Wahrheit zu fokussieren und darin zu verwickeln, dass wir angesichts dessen versäumen, uns selbst mit dem Lebensbrot und dem frischen Wasser aus Gottes Wort zu ernähren, dann hat er trotz aller Kampfbereitschaft unsererseits leichtes Spiel. Und ich fürchte, dass wir, denen die göttliche Wahrheit nicht gleichgültig ist, zu einem großen Teil in dieser Gefahr stehen. Wir kämpfen für die Bibel, wir zeigen falsche Lehren und Entwicklungen auf, was auch unbedingt notwendig und wichtig ist. Aber möglicherweise versäumen wir vor lauter Eifer, selbst in und aus dem Wort Gottes zu leben, und können so durch unseren »Hungerast« im Grunde auch nichts mehr geistlich bewirken.

Können wir wirklich noch das oben stehende Bekenntnis von Jeremia nachsprechen? Oder ist dies für uns nur eine theologische Richtigkeit, eine verstandesmäßige Wahrheit? Sind möglicherweise deshalb unsere »Schwerter« so stumpf geworden, unsere ganzen Kämpfe so vergeblich, weil uns dieses persönliche Leben in und aus dem Wort verloren gegangen ist?

Mit Henoch haben wir einen Mann, der im vorsintflutlichen Abfall von Gott gegen den Strom schwamm. Er war ein einzigartiges Zeugnis für seinen Herrn. Als sein geistliches Kennzeichen lesen wir in 1. Mose 5,22: »Und Henoch wandelte mit Gott.« Darüber liest man so leicht hinweg. Das scheint uns ja allen klar. Aber haben wir genau aufgepasst, was dasteht? Es steht nicht da: Henoch lebte *für* Gott, sondern: Henoch wandelte oder lebte *mit* Gott! Und dies ist ein kleiner, aber feiner Unterschied!

Es ist wichtig, dass wir für den Herrn leben. Aber noch wichtiger ist, dass wir *mit ihm* leben, also in der engen Gemeinschaft mit ihm stehen. Es geht darum, dass wir aus der Gemeinschaft mit dem Herrn kommen und immer wieder in diese Gemeinschaft hineingehen. Und die Basis dafür ist die persönliche Stille, der persönliche Umgang mit dem Herrn über der aufgeschlagenen Bibel und im Gebet, d. h. die Begegnung mit unserem Herrn in seinem Wort. Es wird heute so viel für den Herrn gelebt, auch innerhalb der sogenannten bibeltreuen Bewegung. Man ist aktiv, man informiert sich und liest diese und jene Bücher, was auch nicht grundsätzlich verkehrt sein muss. Man bringt sich in die Gemeinde mit ein und kämpft an verschiedenen Fronten. Aber leben wir nur noch *für* den Herrn, oder leben wir wirklich *mit* dem Herrn? Können wir wirklich mit Jeremia bekennen, dass Gottes Wort, die Bibel, unsere Speise bzw. unser eigentliches **Lebenselixier** ist? Dass wir ohne die Bibel nicht auskommen können und von einem tiefen geistlichen Hunger geplagt werden, wenn die Stille zu kurz kommt? Wann war die Zeit über der aufgeschlagenen Bibel zum letzten Mal unsere Freude und Wonne, wie es Jeremia hier bekennt? Was bedeutet die Bibel für uns persönlich tatsächlich?

Ist die Bibel nur ein Baukasten?

Ist sie nur noch ein Baukasten, aus dem wir das Material nehmen, um unsere Bibelarbeiten und Predigten zusammenzubasteln? Damit Sie mich nicht falsch verstehen: Unsere Verkündigung soll sich allein an der Heiligen Schrift orientieren und nicht an irgendwelchen anderen Ideen. Von entscheidender Bedeutung sind nie die Rhetorik eines Verkündigers, seine glänzenden Beispiele oder die interessanten Geschichten, die er erzählt, sondern der biblische Gehalt der Verkündigung und ihre Übereinstimmung mit Gottes Wort. Aber trotzdem müssen wir uns die Frage stellen, ob die Bibel für uns nur noch eine Art Baukasten ist, den wir für unsere Verkündigung und Bibelarbeiten gebrauchen. Oder leben wir selbst in der Gemeinschaft mit dem Herrn aus der Quelle des Wortes Gottes?

In den letzten Jahren habe ich mehrmals die schmerzhafte Erfahrung gemacht, dass Glaubensgeschwister, mit denen man in einer Richtung unterwegs war und ein Anliegen teilte, plötzlich eine ganz andere Entwicklung nahmen. Sie warfen eines Tages geistliche Überzeugungen über Bord, die ihnen einmal viel bedeutet hatten. Nun stehen wir alle nur durch die Gnade und Bewahrung unseres Herrn in der Nachfolge. Keiner von uns kann behaupten, dass er selbst absolut standfest ist und auch in Zukunft, was immer auch kommen mag, seine geistlichen Überzeugungen sicher »in der Tasche hat«. Im Rückblick auf das eigene Leben wird einem selbst deutlich, wie es allein der Herr war und ist, der einem in seiner großen Gnade bei sich gehalten hat. Der einem durch seine gnädige Hand abfing und korrigierte, wenn man einen falschen Weg beschritten hatte oder in der Gefahr stand, dies zu tun. Diese Erkenntnis macht nicht gleichgültig, wie manche behaupten, sondern umso abhängiger von unserem Herrn und seiner Gnade.

Auf der anderen Seite hat mich aber auch manchmal bei einem plötzlichen geistlichen Kurswechsel die Frage beschäftigt, ob diese Personen wirklich selbst in der Bibel verwurzelt waren. Ich denke besonders an einen Fall. Ein Bruder verkündigte viele wichtige und richtige biblische Wahrheiten. Er wurde anderen Menschen dadurch zum Segen. Und trotzdem konnte ich manchmal den Eindruck einfach nicht loswerden, dass die Verkündigung nicht wirklich einer tiefen persönlichen Verwurzelung in Gottes Wort entsprungen war, sondern lediglich gewisse gute Lehrsysteme weitergegeben wurden, die man im Rahmen seines Umfeldes so übernommen hatte. Heute ist der Betreffende in einer ganz anderen Richtung unterwegs. Deshalb müssen wir uns die Frage immer wieder neu stellen: Ist die Bibel für uns nur noch ein Baukasten? Dann stehen wir trotz aller geistlichen Richtigkeiten genauso wie Jan Ullrich in der Gefahr, einen Hungerast mit verheerenden Folgen zu erleiden. Oder können wir dieses Bekenntnis des Jeremia von ganzem Herzen teilen?

Hiob, der Knecht Gottes, konnte am Ende seiner leidvollen Geschichte bekennen: »Vom Hörensagen hatte ich von dir gehört, jetzt aber hat mein Auge dich gesehen. Darum verwerfe ich mein Geschwätz und bereue in Staub und Asche« (Hi 42,5; RELB). Kennen wir den Herrn durch sein Wort und erkennen wir ihn immer mehr, oder ist die Bibel für uns nur noch ein Baukasten, aus dem wir Predigten, Bibelarbeiten, Lehrsysteme u. a. zusammenbasteln?

Lassen Sie mich noch eine weitere Anmerkung zu diesem persönlichen Umgang mit der Bibel anfügen. Gegen einen nützlichen punktuellen Einsatz moderner Kommunikationsmittel (wie z. B. eines Beamers) ist nichts einzuwenden. Aber in manchen Gemeinden wurde die Bibel buchstäblich »weggebeamt«. Man hat es ja gar nicht mehr nötig, sie in den Gottesdienst mitzubringen und darin nachzuschlagen, weil einem alles so schön grafisch aufbereitet wird. Und man merkt gar nicht, wie man von einem persönlichen Umgang mit der Heiligen Schrift immer weiter »weggebeamt« wird.

Die Bibel – nur ein Schmuckkästchen?

Nun möchte ich uns die nächste Frage stellen: Ist die Bibel für uns zu einem Schmuckkasten geworden? Geht es uns darum, mit unserer Erkenntnis und unserem Bibelwissen voreinander zu brillieren, Glaubensgeschwister und andere Menschen damit zu beeindrucken? Vielleicht sogar in Diskussionen und Auseinandersetzungen die Gegenseite mit dem eigenen Bibelwissen zu imponieren? Wie oft stehen wir doch auch in unseren Gemeinden in der Gefahr, vor anderen durch unsere Bibelkenntnis zu glänzen, sie damit beeindrucken zu wollen! Natürlich können wir dies immer sehr gut geistlich verpacken. Deshalb ist die Frage so wichtig, ob die Bibel für uns nur noch ein Schmuckkasten ist, um die eigene Bibeltreue herauszustellen und dadurch selbst groß herauszukommen. Oder sind wir selbst von dieser geistlichen Nahrung so abhängig wie Jeremia?

Die Bibel – ein Verbandskasten?

Gebrauchen wir die Bibel als einen Verbandskasten? In jedem Auto soll sich ja vorschriftsmäßig ein Verbandskasten befinden. Er ist über all die Jahre in der Regel ein treuer Begleiter, der aber nur sehr selten geöffnet und gebraucht wird. Möglicherweise bei einem Unfall oder bei einer kleinen Verletzung, die man unterwegs erleidet. Man kann sehr viel von Bibeltreue reden und die Bibel doch nur wie solch einen Verbandskasten gebrauchen. Sie begleitet einen ständig, ohne dass man aber wirklich hineinschaut, um darin zu leben und zu forschen. Nur wenn es einmal problematisch wird, beginnt man, die Bibel aufzuschlagen und nach geistlichen »Verbandsmaterialien« und »Trostsalben« zu suchen. Es steht außer Frage, dass Gottes Wort seine ganze Kraft besonders in notvollen Lagen entfaltet. Jeremia bekennt dies in dem zitierten Vers. Martin Luther sagte deshalb: »Die Anfechtung lehrt aufs Wort merken.«[255] Unser Herr kann auch notvolle Lebensführungen gebrauchen, um Menschen in die Gemeinschaft mit ihm und die intensive Beschäftigung mit seinem Wort zu bringen oder zurückzuholen. Gottes Wort ist das Einzige, was wirklich wahren Trost und Stärkung gibt. Aber wenn wir die Bibel nur notfallmäßig als Verbandskasten gebrauchen und ansonsten unsere Nachfolge aus eigener Kraft und nach eigenem Ermessen leben, ist dies zu wenig. Gottes Wort ist uns nicht als ein Verbandskasten gegeben, den man nur in Notfällen aufklappt und gebraucht, sondern als die lebensnotwendige Speise für die tägliche Nachfolge.

Die Bibel – ein Experimentierkasten?

Ist die Bibel für uns möglicherweise nur noch ein Experimentierkasten? Als Junge hatte ich einmal nur einen Wunsch zu Weihnachten. Ich wollte einen Elektro-Experimentierkasten, mit dem man selbst verschiedene Dinge ausprobieren und Experimente starten konnte. Meine Eltern haben mir diesen Wunsch damals sogar erfüllt, und ich war einige Tage nach Weihnachten nur noch mit meinem Experimentierkasten beschäftigt. Nun, was heißt das, die Bibel als Experimentierkasten? Man experimentiert in einer falschen Weise mit dem Wort Gottes. Man ist ständig nur noch auf der Suche nach angeblich neuen und höheren Erkenntnissen und Wahrheiten. Die Bibel wird dann zum Experimentierkasten, wenn man in erster Linie nicht mehr liest, was dasteht, sondern immer gleich nach einem verborgenen Sinn oder einer versteckten höheren Wahrheit im Text sucht. Natürlich haben wir in der Bibel auch Bilder und Gleichnisse, die uns etwas ganz Bestimmtes sagen möchten. Aber tragischerweise nehmen und lesen manche Gottes Wort nicht mehr so, wie es dasteht. Vielmehr suchen sie ständig nach verborgenen Bedeutungen und

---

255 A. d. V.: Diese Wendung geht auf jene Übersetzungsvariante in Jesaja 28,19 zurück, die in der alten Lutherbibel gebraucht wird (vgl. z. B. Luther 1912).

höheren Erkenntnissen zwischen den Zeilen. Wenn unser Herr dies so gewollt hätte, dann hätte er uns ein dickes Buch mit lauter unbeschriebenen Blättern gegeben. Da wäre dann genügend Platz, um zwischen den Zeilen zu lesen. Aber die Bibel ist von ihrer ersten bis zur letzten Seite beschrieben. Deshalb sollen wir Gottes Wort einfach so nehmen, wie es dasteht, und nicht laufend zwischen den Zeilen einen verborgenen Sinn oder eine angeblich höhere Erkenntnis suchen.

Dann hat beispielsweise eine Person in der Gemeinde eine angeblich atemberaubende neue Erkenntnis, die inhaltlich nicht einmal falsch sein muss, aber eben nichts mit dem zu tun hat, was im Text steht. Wir selbst fühlen uns dadurch natürlich herausgefordert, auch noch eine verborgene Wahrheit oder höhere Erkenntnis in der Schrift zu entdecken, die bisher noch niemand gesehen und erkannt hat. Und die Bibel wird zum Experimentierkasten umfunktioniert, mit dem wir selbst herumhantieren. Dadurch werden wir dann zunehmend blind für das, was wirklich dasteht bzw. ganz einfach und praktisch unser Leben betrifft. Stattdessen beginnen wir, in angeblich geistlich höheren Regionen zu schweben, die mit der praktischen täglichen Nachfolge nichts mehr zu tun haben. Ohne es wirklich zu merken, verhungern wir dabei innerlich. Lasst uns darauf achten, dass wir die Bibel nicht zu einem frommen Experimentierkasten umfunktionieren, sondern wirklich aus diesem Wort Gottes leben und es so nehmen, wie es dasteht.

Die Bibel – ein Munitionskasten?

Ist die Bibel für uns nur noch ein Munitionskasten? Wir gebrauchen Gottes Wort, um unsere Position zu verteidigen und nach außen zu schießen. Wir kämpfen damit an allen möglichen und manchmal auch unmöglichen Fronten. Wir kämpfen für richtige und gute Dinge. Aber wir leben nicht mehr selbst im Wort Gottes. Und ohne es zu merken, gehen wir innerlich in diesem Kampf zugrunde, kämpfen immer kraft- und saftloser, so wie Jan Ullrich bei der erwähnten Etappe wegen seines Kräftemangels nichts mehr entgegenzusetzen hatte. Lasst uns darauf achten, dass die Bibel für uns nicht nur noch ein Munitionskasten ist, sondern dass wir wirklich daraus leben. Es geht darum, dass die aufgeschlagene Bibel selbst uns immer wieder neu auf grüne Auen und zum stillen, frischen Wasser führt, wie es David in Psalm 23,2 betet.

Die Bibel – eine Schatzkiste!

Es ist das Schönste überhaupt, wenn die Bibel zu unserer Schatzkiste wird, so wie es der Beter in Psalm 119,162 bekennt: »Ich freue mich über dein Wort wie einer, der große Beute findet.« Und in Psalm 19,11 schreibt David in Bezug auf das Wort Gottes: »Sie[256], die köstlicher sind als Gold, ja viel gediegenes Gold, und süßer als Honig und Honigseim« (RELB).

In der göttlichen »Schatzkiste«, der Bibel, finden wir einfach alles. Sie lässt uns immer wieder neu über die Selbstoffenbarung des allmächtigen Gottes staunen. Sie zeigt uns Jesus, in dem alle Schätze der Weisheit verborgen sind und den wir niemals genug erkennen können. Das Wort Gottes ist diese unvergleichliche Nahrung, die uns allein sättigen kann und zugleich den Hunger auf mehr weckt. Es ist die Freude und Wonne eines jeden Gläubigen. David spricht in Psalm 19,8b-10 davon, wie Gottes Wort vollkommen ist und die Seele erquickt. »Das Zeugnis des HERRN ist zuverlässig und macht weise den Einfältigen. Die Vorschriften des HERRN sind richtig und erfreuen das Herz; das Gebot des HERRN ist lauter und erleuchtet die Augen ... Die Rechte des HERRN sind Wahrheit, sie sind gerecht allesamt.« Aus diesem Grund dichtete Martin Luther in seinem bekannten Reformationslied »Ein feste Burg ist unser Gott«: »Das Wort sie sollen lassen stahn[257] und kein'n Dank dazu haben.«

---

256 A. d. V.: Dies bezieht sich auf die in V. 10 erwähnten »Rechtsbestimmungen des HERRN« (RELB), die ein Synonym für das Wort Gottes sind.
257 D. h. stehen.

In Psalm 1 werden uns ebenfalls der Segen und die Auswirkungen gezeigt, die eine persönliche intensive Beschäftigung mit der Bibel nach sich zieht. Dort lesen wir von dem, der sich eingehend mit dem göttlichen Gesetz beschäftigt und sein Leben dadurch verändern lässt, in Vers 2-3: »... sondern seine Lust hat am Gesetz des HERRN und über sein Gesetz sinnt Tag und Nacht! Und er ist wie ein Baum, gepflanzt an Wasserbächen, der seine Frucht bringt zu seiner Zeit und dessen Blatt nicht verwelkt; und alles, was er tut, gelingt.« Man kann die ganze Wendung, in der die Formulierung »über sein Gesetz sinnt« vorkommt, auch so übersetzen: »... der seine Lust hat am Gesetz des HERRN und sein Gesetz Tag und Nacht wiederkäut«. Es geht um einen Menschen, der in seinen Gedanken sich immer wieder mit Gottes Wort beschäftigt.

An einem Herbsttag, als die Tage schon etwas kürzer wurden, ging ich mit meiner Frau abends noch etwas spazieren. Es war bereits dunkel. Da kamen wir im Licht einer Straßenlaterne an einer Kuhweide vorbei. Die Kühe hatten sich schon für die Nacht hingelegt, und eines der Tiere hob erschrocken seinen Kopf, als es uns bemerkte. Ein anderes Tier hatte sich ebenfalls schon bequem hingelegt, war aber noch wach und vor dem Einschlafen mit dem Wiederkäuen beschäftigt. Diese Kuh erinnerte mich an Psalm 1. Genauso sollte es mit uns sein. Dass wir Gottes Wort immer wieder innerlich bewegen, gleichsam wiederkäuen. Nicht nur in der Stillen Zeit über der aufgeschlagenen Bibel. Sondern auch tagsüber, wenn wir dazu Gelegenheit haben.

Nun brauchen wir auch Zeiten, um auszuspannen. Natürlich dürfen wir auch über andere Dinge nachdenken und uns darüber freuen. Aber stellen wir uns doch einmal die Frage, woran wir denken, wenn wir nichts denken. Sinnen wir nur über Gottes Wort nach, wenn wir mit Lehrfragen beschäftigt sind, eine Predigt bzw. Andacht vorbereiten oder vielleicht über andere Glaubensgeschwister nachdenken, die uns Kopfzerbrechen machen? Oder ist es unser Lebenselixier, das Wort Gottes selbst, das uns berührt und innerlich beschäftigt? In unserer schnelllebigen Zeit müssen wir uns immer wieder neu fragen, ob wir Menschen sind, die dem Beter in Psalm 1 gleichen. Die über Gottes Wort nachdenken, die ihre Lebenskraft daraus beziehen und dadurch verändert werden.

Mehr Zeit über der aufgeschlagenen Bibel mit dem Herrn

»... sondern seine Lust hat am Gesetz des HERRN«, sagt der Psalmist. Wir leben heute in einer Zeit, in der wir ständig damit beschäftigt sind, an allen Ecken und Enden Zeit einzusparen. Ständig versuchen wir, uns dringend notwendigen Freiraum zu schaffen, damit wir nicht so gehetzt sind. Wenn es aber um die persönliche Beschäftigung mit der Bibel geht, um das Leben in und aus dem Wort Gottes, gibt es keine Abkürzungen. Im Gegenteil. Unsere große Gefahr heute ist, dass wir viel zu wenig Zeit über der aufgeschlagenen Bibel verbringen. Nun bin ich mir bewusst, dass der Stress und die Beanspruchung in der Arbeitswelt ständig zunehmen. Ich habe deshalb große Achtung vor manchen berufstätigen Nachfolgern Jesu, die trotzdem noch viel Zeit und Kraft für die Gemeinde Jesu einsetzen. Aber es liegt uns oft viel näher, aktiv zu sein und etwas zu unternehmen, als die Stille über Gottes Wort vor dem Angesicht unseres Herrn zu suchen. In diesem Zusammenhang müssen wir ganz neu lernen, dass weniger oft mehr ist. Weniger fromme Aktivitäten und dafür mehr Zeit für die Gemeinschaft mit dem Herrn. Mehr Zeit über der aufgeschlagenen Bibel. Nicht als fromme Pflichtübung. Nicht um uns selbst oder anderen zu beweisen, »wie geistlich wir sind«. Vielmehr geht es darum, *mit* dem Herrn und nicht nur *für* ihn zu leben. Den Herrn Jesus noch mehr zu erkennen. Den zu suchen, »den meine Seele liebt«, wie es die Braut in Hohelied 3,1 von ihrem Bräutigam bekennt. Und dass wir selbst in diesem Leben spendenden Wort verwurzelt werden. Wir sollen nicht nur theologische Systeme und biblische Richtigkeiten übernehmen, sondern wie ein Baum an Wasserbächen gepflanzt sein, um unsere ganze Kraft und unser Leben aus der Bibel selbst zu beziehen.

Mit einer Bibelstudiengruppe besuchten wir während einer Israelreise u. a. den Kibbuz Jotwatha (Jotbata) in der Negev-Wüste. Der Ortsname, den dieser Kibbuz trägt, ist in der Bibel als einer der Rastplätze Israels während der Wüstenwanderung in 4. Mose 33,33-34 und in 5. Mose 10,7 erwähnt. Es ist erstaunlich, was die jüdischen Pioniere dieses Kibbuz auf Sand- und Steinboden errichtet haben. Von diesem mitten in der Wüste gelegenen Ort aus werden heute ca. 65 % des israelischen Trinkmilchbedarfs abgedeckt. Was mich aber noch mehr als die Milch- und die Agrarwirtschaft dieser Wüstensiedlung beeindruckte, waren einzelne grüne Bäume, die nicht erst durch die Pioniere gepflanzt wurden, sondern schon vorher dort standen. Diese Bäume mitten in der Wüste haben teilweise Wurzeln, die 15-25 Meter in die Tiefe gehen. Eben dorthin, wo frisches Wasser unter dem Wüstenboden fließt. Da wurde mir ganz neu bewusst, was es heißt, in Gottes Wort verwurzelt zu sein – »gepflanzt [zu sein] an Wasserbächen«. Kennen wir diese persönliche tiefe Verwurzelung in der Bibel? Oder leben wir mehr von dem, was wir uns durch verschiedene Bücher an biblischen Wahrheiten angelesen haben? Sind viele unserer Aktivitäten (auch jene, die wir als »bibeltreu« bezeichnen) möglicherweise deshalb so fruchtlos, weil wir nicht mehr selbst aus Gottes Wort leben und darin verwurzelt sind?

Nun ist es besser, einen kurzen Abschnitt in der Bibel zu lesen, als gar keine Stille über Gottes Wort zu haben. Aber manchmal tut es mir weh, wenn ich sehe, wie Glaubensgeschwister, auch nach Jahren und Jahrzehnten in der Nachfolge, nicht über die Bibelverse im Losungsbüchlein oder den Abschnitt der vorgegebenen täglichen Bibellese hinauskommen. Wie man auch nach langer Zeit im Prinzip noch immer von dem abhängig ist, was in Bibelleseplänen, Andachtsbüchern usw. geschrieben steht. Nun möchte ich auf keinen Fall gute Andachtsbücher und Bibellesehilfen verachten. Wir dürfen sie dankbar nutzen, und sie können eine große Hilfe sein. Aber die Frage ist, ob wir selbst in Gottes Wort verwurzelt sind. Ob wir *mit* dem Herrn leben und er uns durch sein Wort immer wieder neu begegnen kann, oder ob wir nur noch *für* ihn leben. Wirklich mit dem Herrn zu leben, erfordert auch, dass wir geistlich diszipliniert sind.

Vor lauter Konzentration auf das Renngeschehen versäumte Jan Ullrich die notwendige Ernährung. Wir stehen ebenfalls in der Gefahr, vor lauter Aktivitäten und Kämpfen uns von der Stille und intensiven Beschäftigung mit der Bibel wegziehen zu lassen. Zugleich ist dies auch eine Taktik des Widersachers Gottes. Er versucht, diese Zeit und die damit verbundene persönliche Verwurzelung in der Bibel auf alle erdenkliche Weise zu verhindern oder so klein wie möglich zu halten. Er weiß genau, wie wichtig und lebensnotwendig es für unser geistliches Leben ist, dass wir uns mit dem Wort Gottes beschäftigen. Aus diesem Grund müssen wir wachsam sein und darauf achten, inmitten unserer schnelllebigen Zeit tiefer in Gottes Wort verwurzelt zu werden. Je größer die Verführung wird, umso mehr kommt es auf diese tiefen geistlichen Wurzeln an.

Pfarrer Wilhelm Busch schrieb in dem Buch *Jesus unser Schicksal* bereits vor einigen Jahrzehnten, dass er überzeugt sei, wie der Teufel hinter der Schnelllebigkeit steht, damit wir keine Zeit mehr für die eigentlichen wichtigen Lebensfragen haben. Als Wilhelm Busch dies schrieb, gab es weder Faxgerät noch Computer, Internet, Handy, DVD-Player und unzählige Fernsehkanäle. Was würde Wilhelm Busch heute schreiben? Es gab auch im frommen Bereich noch nicht dieses hektische Veranstaltungs- und Kongressprogramm sowie sich ständig jagende und ablösende neue Ideen und Gemeindebaukonzepte.

Natürlich gibt es auch Phasen in der Nachfolge und im Dienst, in denen wir von verschiedenen Aufgaben so stark beansprucht werden, dass die Beschäftigung mit der Bibel etwas kürzer ausfällt. Aber es stellt sich die Frage, ob wir dann etwas vermissen. Wächst dann in uns die Sehnsucht nach mehr Gemeinschaft mit dem Herrn über seinem Wort? Suchen wir diese auch wieder, sobald es uns möglich ist? Jeremia war ja in einer notvollen Lebenssituation, als er den anfangs zitierten Bibelvers betete. Er bringt darin zum Ausdruck, wie wichtig und wertvoll für ihn die Gemeinschaft mit seinem Herrn und damit Gottes Wort selbst war.

Nach Zeiten einer intensiven Beanspruchung durch verschiedene Aufgaben kann es manchmal sogar einige Tage dauern, bis wir beim Bibellesen innerlich wieder ganz still und von Gedanken frei werden, die uns beschäftigen. Aber dann kommt auch wieder der Punkt, an dem der Herr Jesus uns ganz neu begegnen und sich offenbaren kann. Ebenso gibt es beim Bibellesen manchmal Zeiten, in denen uns scheinbar Gottes Wort nicht so viel zu sagen hat. Dann ist es ein gutes Zeichen, wenn wir uns innerlich danach sehnen, dass sich der Herr ganz neu offenbaren kann, damit wir wieder ihm und seiner Herrlichkeit durch sein Wort begegnen.

Die Bibel – das Lebenselixier

Lassen Sie mich noch eine Anmerkung zu Gottes Wort als dem Lebenselixier machen. Ich sprach vorhin davon, wie wir auch in der Gefahr stehen, die Bibel nur noch als Munitionskasten in all den Kämpfen und Auseinandersetzungen zu gebrauchen. Auf der einen Seite möchte uns der Herr selbst in seinem Wort begegnen. Auf der anderen Seite stellt sich aber auch die Frage, wann wir zum letzten Mal durch Gottes Wort selbst getroffen wurden. Wann konnte mich die Bibel von Sünde, von Verhaltens- und Denkweisen überführen, die nicht in Einklang mit Gottes Willen sind? Wann deckte sie etwas auf, das nicht dem Wesen Christi entspricht?

Paulus zeigt uns in Epheser 6 die geistliche Waffenrüstung. Das Schwert des Geistes, das Wort Gottes (V. 17), ist dabei die einzige Angriffswaffe, die wir haben. Wir wollen das Wort Gottes auch in diesem Sinn gebrauchen. Das scharfe zweischneidige Schwert des Wortes Gottes ist in Hebräer 4,12 aber nicht nur eine Waffe, die nach außen gerichtet ist. Es dringt auch nach innen und möchte seine richtende und reinigende Wirkung in unserem eigenen Leben entfalten. Gebrauchen wir die Bibel nur noch als Waffe nach außen, indem wir sie auf andere beziehen? Oder trifft uns dieses zweischneidige Schwert selbst? Wenn Gottes Wort uns selbst über einen längeren Zeitraum nicht mehr getroffen hat, stimmt es nicht mehr in unserem persönlichen Umgang mit dem Herrn und seinem Wort. Das betrifft liberale oder sogenannte bibeltreue Evangelikale gleichermaßen. Eine Wirkung von Gottes Wort haben wir alle nicht so gerne. Und dies ist die Erkenntnis unserer eigenen Sünden im Spiegel und Licht der Bibel. Aber mit dieser schmerzhaften Selbsterkenntnis ist untrennbar der andere Sachverhalt verbunden. Wenn wir uns einerseits durch Gottes Wort überführen und demütigen lassen, werden uns andererseits Christus und sein Werk umso größer. Was wir heute mehr denn je in unseren Gemeinden benötigen, sind Menschen, die nicht nur *für* den Herrn, sondern *mit* dem Herrn leben. Menschen, die aus der Beschäftigung mit Gottes Wort kommen, ihr Lebenselixier in der Heiligen Schrift haben und von dort aus handeln bzw. denken sowie immer wieder dorthin zurückgehen.

In Mose haben wir ein wunderbares alttestamentliches Beispiel. Von ihm bezeugte Gott in 2. Mose 33,11: »Und der HERR redete mit Mose von Angesicht zu Angesicht, wie ein Mann mit seinem Freund redet.« Dieser persönliche Umgang mit dem Herrn war eines der geistlichen Geheimnisse dieser großen Führungsperson. Nun geht es nicht darum, dass wir auf irgendeine mystische oder schwärmerische Weise das Reden Gottes suchen. Dies ist ja die große Not in der heutigen Zeit, dass man Gottes Stimme überall hören möchte, nur dort nicht mehr, wo er sich selbst geoffenbart hat, nämlich in seinem Wort. Die Frage ist, ob wir diesen vertrauten Umgang mit dem Herrn über der aufgeschlagenen Bibel persönlich kennen. Von Mose wird uns berichtet, dass er ihn immer wieder pflegte. Kennen und erkennen *wir* den Herrn durch sein Wort? Damit steht und fällt alles.

Der vertraute Umgang mit seinem Herrn blieb im Leben Moses nicht ohne Auswirkungen. In 2. Mose 34,29-35 lesen wir, dass Moses Angesicht strahlte, als er aus der Gemeinschaft mit seinem Herrn kam. Mose war sich dessen selbst nicht einmal bewusst. Aber das Volk sah diese Ausstrahlung, und er musste deshalb sein Angesicht sogar bedecken. Was wir heute brauchen, sind nicht lauter bibeltreue Aktivisten und Macher. Wir benötigen keine bibeltreuen Kämpfer, die in der trügerischen Überzeugung ihrer eigenen Unverwundbarkeit und Kampfkraft mit lauten Tönen selbstsicher in den Kampf ziehen und dann irgendwann ausgehungert einbrechen. Was wir heute mehr denn je benötigen, sind Menschen wie Mose. Menschen, die ihren Herrn aus der persönlichen Stille über seinem Wort kennen. Und die aus dieser Stille kommen und von dorther geprägt reden bzw. handeln. Wir können ganz sicher sein: Das wird an unserer heutigen Zeit trotz aller Oberflächlichkeit und Verführung nicht spurlos vorbeigehen.

Pfarrer Alfred Christlieb in Heidberg wurde in besonderer Weise von seinem Herrn gebraucht. Pfarrer Wilhelm Busch schrieb über ihn: In seinen Gesichtszügen »hatte nun der Geist Gottes seine Linien eingegraben. Sie spiegelten Güte, Freundlichkeit und Ewigkeitssinn wider in einer Weise die mich oft überwältigte ...«[258] Pastor Modersohn nannte A. Christlieb den Schatzgräber Gottes und schrieb über ihn: »Das war der erste Eindruck, den er auf mich machte und der sich im Lauf der Jahre immer mehr verstärkte: ein Schriftgelehrter, zum Himmelreich gelehrt. Er gebrauchte die Bibel nicht als das Buch, aus dem er seine Texte nahm, nein, er lebte im Wort ... Hier empfing man eine Gabe aus dem Heiligtum.«[259] A. Christlieb war auch ein sehr belesener Mann. Dazu hielt Arno Pagel fest: »Aber das Beste gaben ihm nicht die Kommentare, das Beste schenkte Gott dem still über der Bibel sinnenden Beter.«[260]

Liegt darin möglicherweise ein Grund, warum wir, die wir bibeltreu sein wollen, nur noch so wenig bewegen und bewirken? Sind unser großer Kampf und auch unser großes Versagen heute nicht darin begründet, dass wir viel zu wenig Zeit über der aufgeschlagenen Bibel verbringen? Das oben zitierte Bekenntnis des Jeremia ist uns im persönlichen Leben abhandengekommen, und die Gemeinschaft mit dem Herrn über seinem Wort

---

[258] Wilhelm Busch, *Plaudereien in meinem Studierzimmer*, Gladbeck: Schriftenmissions-Verlag, 1965, S. 154.
[259] Arno Pagel, *Prof. Theodor Christlieb – Pastor Alfred Christlieb*, Bad Liebenzell: Verlag der Liebenzeller Mission, 1983, S. 132 und 133.
[260] A. a. O., S. 151.

beinhaltet nicht mehr unsere Freude, unsere Wonne und unsere lebensnotwendige Speise, sondern ist zu einer frommen Pflichtübung geworden.

Wir müssen die Verirrungen und Verwirrungen rund um die Bibelfrage und die Gefährlichkeit aller unbiblischen »Stille-Konzepte« heute klar erkennen. Dies ist aber nur eine Hälfte. Zu der wahren Alternative gehört genauso ein Leben, das in Gottes Wort verwurzelt ist, das seine eigentliche Kraft aus der persönlichen Beschäftigung mit der Bibel bezieht, von dort kommt und immer wieder dorthin zurückkehrt. Denken Sie noch einmal an die Baumwurzeln in der Negev-Wüste. Es sollte unser Wunsch sein, persönlich genauso tief in Gottes Wort und damit in der Gemeinschaft mit unserem Herrn verwurzelt zu sein, damit wir den Herrn Jesus selbst durch sein Wort noch mehr erkennen. Dann kann er uns mithilfe der göttlichen Wahrheit noch mehr durch seinen Willen verändern, sodass wir wie Jeremia von seinem Wort und damit von ihm selbst nicht mehr loskommen.

Die Verwurzelung in Christus ist untrennbar mit der Verwurzelung in seinem Wort verbunden. Aus diesem Grund möchte ich mit einem Zitat von Pfarrer Wilhelm Busch schließen. Er schrieb vor etwa fünfzig Jahren einen Artikel über die Mitternachtsstunde der Weltgeschichte. Nun weiß ich wohl, dass man, was die wörtliche Auslegung von Matthäus 24 betrifft, auch anderer Auffassung wie Pfarrer Busch sein kann. Was er aber damals dazu schrieb, war unabhängig davon ein geradezu prophetisches Wort:

»›Und der Mond verliert seinen Schein.‹ Der Mond empfängt sein Licht von der Sonne. Er ist also ein Bild der Kirche. Diese Kirche wird noch da sein – aber ohne Schein. Da werden kraftlose Predigten gehalten, die kein Gewissen anrühren. Da werden Prediger sein, die selbst in Sünden leben, christliche Zeitschriften ohne Botschaft, Tröster ohne Trost, Helfer, die nicht helfen können. Vielgeschäftigkeit ohne Inhalt, Organisation ohne Leben: tote Kirche!

›Und die Sterne werden vom Himmel fallen.‹ In der biblischen Bildersprache sind die Sterne hervorragende Lehrer des Evangeliums. Sie fallen – sie fallen dem Zeitgeist anheim, sie fallen in Sünde und Schande.

Da werden in jener Mitternachtsstunde der Welt nur noch die als Christen übrig bleiben, die es gelernt haben, ganz selbstständig zu stehen auf dem Felsen des Heils; deren Glauben nicht von Predigern und Kirchen abhängt. Es sind die, die in Christo sind.«[261]

---

[261] Wilhelm Busch, *Die Mitternacht der Weltgeschichte*, Traktat D 41 der Evangelischen Volks- und Schriftenmission Lemgo-Lieme, S. 3-4.

Die Bibel fasziniert mich …
weil sie mein Leben verändert

Echtes Leben aus Gott wird unweigerlich sichtbar
Eberhard Platte

»Kann ein Schwarzer seine Haut ändern, ein Leopard seine Flecken?«[262], fragt Gott zur Zeit Jeremias die Israeliten.

Unmöglich!

»Unmöglich!«, werden Sie sagen, »Ebenso wenig wird der Leopard ein friedliches Tier werden, selbst wenn es von Ihnen adoptiert und in einem nur friedlichen Umfeld aufwachsen würde. Das ist absolut gegen seine Natur! Es ist seine Veranlagung, er kann gar nicht anders. Das ist nun mal so!« –

»Richtig!«, sagt Gott. »Dann«, so folgert er weiter, »könntet auch ihr Gutes tun, die ihr an Bösestun gewöhnt seid« (Jer 13,23). Das ist ebenso unmöglich, das ist eben eure Natur, eure Veranlagung, dass ihr sündigt. Da ist »Hopfen und Malz verloren«.

Wenn das aber so unmöglich ist, warum wurden wir dann in der Jahreslosung 2011 aufgefordert: »Lass dich nicht von dem Bösen überwinden, sondern überwinde das Böse mit dem Guten« (Röm 12,21)? Das geht doch ebenso wenig. Das ist doch ebenfalls gegen unsere Natur, gegen unsere Veranlagung. Wie soll das denn zu schaffen sein? Sollen wir den inneren Schweinehund polieren, die Wildsau zähmen? Sollen wir heuchlerisch lächeln – egal, wie es drinnen aussieht? Wenn mir einer querkommt, dem werd ich's ebenso wiedergeben. Das ist doch nicht mehr als gerecht, oder?

---

262 Jeremia 13,23; RELB. Auch der nachfolgend angeführte zweite Teil dieses Verses ist nach der RELB zitiert.

Gott macht in seinem Wort, der Bibel, eindeutig klar, dass eine Veränderung unserer natürlichen Veranlagung nur auf übernatürliche Weise geschehen wird! Es wird tatsächlich eine Zeit kommen, in der »der Leopard beim Böckchen lagern« wird (Jes 11,6) – in einer Zeit, in der nicht mehr unsere gewohnten Naturgesetze gelten werden. Es wird die Friedenszeit Gottes sein. Ist das eine schöne Utopie, ein frommes Wolkenkuckucksheim?

Gibt es heute schon solche Veränderungen?

Wie kann heute in meinem Leben Veränderung meines Denkens und Verhaltens stattfinden? Hätte unsere egoistische Welt das nicht bitter nötig? Ginge es mir nicht wesentlich besser, wenn alle Menschen meiner Umgebung sich anders verhalten würden? Peter Gauweiler, MdB, forderte einmal: »Wir brauchen eine groß angelegte Initiative gegen die Umweltverschmutzung in unseren Köpfen.« Richtig erkannt, aber er geht meines Erachtens nicht weit genug. Jesus Christus ist da viel radikaler und konsequenter: Er sagte: »Ihr müsst von Neuem geboren werden!«[263] Eine Veränderung meines Verhaltens kann nur durch eine göttliche Neugeburt geschehen.

Beispiele von Veränderungen durch die Bibel

Der römische Satiredichter Juvenal (geb. etwa 60 n. Chr., gest. um 127 n. Chr.) schreibt in seinen *Saturae* über die Sittenlosigkeit seiner Zeitgenossen: »Der Orontes ist über die Ufer getreten und in den Tiber geflossen.« Um dieses Zitat verstehen zu können, muss man etwas von der Geografie und der Geschichte wissen. Die drittgrößte Stadt des Römischen Reiches, Antiochien in Syrien, lag am Fluss Orontes; die römische Hauptstadt

---

263 Johannes 3,7.

bekanntlich am Tiber. In seiner Satire beklagt Juvenal den sittlichen Verfall der syrischen Stadt, dessen Auswirkungen bereits Rom erreicht haben. Man fragt sich: Wie können in Städten mit einer solchen Unmoral überhaupt christliche Gemeinden existieren? Apostelgeschichte 11 zeigt, dass die Menschen, die dort zum Glauben kamen, von den übrigen Bewohnern an ihrem veränderten Verhalten erkannt wurden. Man merkte: Das sind Menschen, die leben wie Jesus Christus. Deshalb wurden sie »Christen« genannt. Ihr Glaube wurde in ihrem Leben sichtbar.

Auch Korinth muss eine moralisch erschreckend heruntergekommene Stadt gewesen sein. Die heutige Meile in St. Pauli (Hamburg) ist wohl nichts dagegen. Paulus kannte sich dort aus, denn er lebte auf diesem sittenlosen Pflaster mehr als 18 Monate! Wie schildert er die Menschen dort? Man meint, geradezu einen Blick in eine Boulevard-Gazette zu tun: Er schreibt von Hurern und Ehebrechern, von Pädophilen und Süchtigen, von Kriminellen und Verbrechern! Ja, das steht tatsächlich in Ihrer Bibel! Da ist doch alles vertreten, wovon auch der Klatsch der heutigen Regenbogenpresse lebt: »Bad news are good news!« Aber Paulus wagt es (im Gegensatz zu heutigen Theologen), dagegen entschieden Stellung zu beziehen. Er schreibt: »Irrt euch nicht! Weder Unzüchtige noch Götzendiener, noch Ehebrecher, noch Lustknaben, noch Knabenschänder, noch Diebe, noch Habsüchtige, noch Trunkenbolde, noch Lästerer, noch Räuber werden das Reich Gottes erben« (1Kor 6,9-10; RELB[264]). Recht so, werden Sie zustimmen, solche Menschen gehören wirklich nicht in den Himmel! Da gehören die großen Sünder nicht hinein, nur solche Menschen wie Sie und ich. Solche, die einigermaßen unbescholten durchs Leben gekommen sind, oder?!

Doch Paulus beschreibt nicht die Menschen, die er vor dem Fenster seiner Zeltmacherwerkstatt auf dem Marktplatz der antiken griechischen Metropole sieht, nein, er schildert die Menschen der jungen christlichen Gemeinde, die dort entstanden ist: »Und das sind manche von euch gewesen« (V. 11). – Unglaub-

---

[264] A. d. V.: Auch die nachfolgenden Zitate aus 1. Korinther 6 sind der RELB entnommen.

lich, nicht wahr? Was muss das für eine Gemeinde gewesen sein?! Eine Gemeinde von Sittenstrolchen? Die heutige Presse hätte ihre helle Freude daran, wenn sie in den Annalen der Gemeindeglieder gestöbert und recherchiert hätte.

Doch der Bericht des Apostels geht weiter, indem dreimal das entscheidende Wörtchen »aber« vorkommt:

> »... **aber** *ihr seid abgewaschen,* **aber** *ihr seid geheiligt,* **aber** *ihr seid gerechtfertigt worden durch den Namen des Herrn Jesus Christus und durch den Geist unseres Gottes«* (1Kor 6,11; *Hervorhebung hinzugefügt*).

Was heißt das? Hier sind Menschen mit einer verheerenden Vergangenheit total verändert worden! Hier sind Menschen, bei denen dadurch, dass sie Christen geworden sind, eine krasse Kehrtwendung eingetreten ist! Ihr Christsein wurde durch ihr verändertes Verhalten sofort erkennbar. Von den ersten Christen in Antiochien lesen wir etwas Ähnliches: »... und eine große Zahl, die **gläubig wurde, bekehrte sich** zum Herrn« (Apg 11,21; RELB [Hervorhebung hinzugefügt]). Das heißt doch: Wenn einer gläubig wird und sich bekehrt, sind das zwei Seiten einer Medaille. **Gläubig werden geschieht in meinem Herzen, Bekehren (Umkehr) in meinem Verhalten!** Das eine ist ohne das andere nicht möglich! Grundvoraussetzung für beides ist die Vergebung Gottes, die allein möglich ist durch das stellvertretende Sühnopfer Jesu Christi, des Sohnes Gottes. Ähnliches wird von den ersten Christen in der nordgriechischen Stadt Thessalonich berichtet:

> »Denn von euch aus ist das Wort des Herrn erschollen, nicht allein in Mazedonien und in Achaja, sondern an jedem Ort ist euer Glaube an Gott ausgebreitet worden, sodass wir nicht nötig haben, etwas zu sagen. Denn sie selbst berichten von uns, welchen Eingang wir bei euch hatten und wie ihr euch **von** den Götzenbildern **zu** Gott bekehrt habt, um dem lebendigen und wahren Gott zu dienen und seinen Sohn aus den Himmeln zu erwarten, den er aus den Toten

*auferweckt hat – Jesus, der uns errettet von dem kommenden Zorn«
(1Thes 1,8-10; Hervorhebung hinzugefügt).*

Wer zum Glauben an Jesus Christus gekommen ist, hat sich von den Götzen weg hin zu Gott bekehrt. Das ist »Bekehrung«: Eine Kehrtwendung des Lebens von den alten Gewohnheiten hin zu Gott. Statt den Götzen (auch seinem Ego-Götzen) zu dienen, dient ein Umgekehrter nun von ganzem Herzen Gott! Das wird im Lebensstil und im täglichen Verhalten sichtbar!

Ich habe die Befürchtung, dass wir heute nur noch den ersten Teil, den Glauben, predigen und der zweite Teil, die Umkehr, total vergessen wird.

Weshalb habe ich mich bekehrt?

Vielleicht geht es Ihnen, wie es bei mir gewesen ist. Ich bin in einem christlich geprägten Elternhaus groß geworden. Dort habe ich das sogenannte christliche Verhalten, die christliche Ethik und Moral mit der Muttermilch gelernt. Als ich mit etwa neun Jahren »mein Herz dem Herrn Jesus schenkte«, habe ich dies getan, weil ich in den Himmel kommen wollte. Mein Leben hat sich dabei kaum verändert: Vorher war ich einigermaßen artig – und nachher auch. Ich war vorher fromm und danach auch. Erst Jahre später habe ich mir die Frage gestellt: »Wird mein Leben tatsächlich von der Bibel bzw. von meinem Glauben geprägt und verändert, habe ich mich wirklich ›bekehrt‹?«

Darf ich die Frage stellen? Was hat sich seit Ihrer »Bekehrung« in Ihrem Leben konkret verändert? Verändert die Botschaft Jesu Ihren Alltag, oder passen Sie sich Ihrer Umwelt an?

Ihr Leben predigt mehr als Ihre Worte

Wir sitzen in der wöchentlichen Gesprächsgruppe eines Frauengefängnisses, die wir mit Mitarbeitern der Gefährdetenhilfe[265] regelmäßig durchführen. (Hier treffen sich Christen mit Inhaftierten, um ihnen Gesprächspartner zu sein und ihnen in ihren Fragen, Nöten und Problemen seelsorglich anhand der Bibel und auch ganz praktisch zu helfen.) In der einen Woche dürfen die einsitzenden Frauen kommen, die wegen Verstößen gegen das BtM-Gesetz[266] verurteilt sind; das sind Delikte wegen Drogenmissbrauchs oder -handels. In der nächsten Woche kommen die Frauen, die sonstige Straftaten begangen haben, die sogenannten »Krimis«. Heute sind also die »Drogis« dran. Neben mir sitzt eine junge Frau unserer Gruppe, die vor einigen Monaten zum Glauben an Jesus Christus gekommen ist. Da es sommerlich warm ist, trägt sie ein Top, das ihre Arme frei lässt. Ihr linker Arm spricht »Bände«. Tätowierte Namen und Daten auf der Außenseite, Narben von ausgedrückten Zigaretten und lange Schnittnarben auf der Innenseite werden von den inhaftierten Frauen verstanden. »Bist du von uns, oder bist du von denen?«, wollen sie wissen. Zu deutlich spricht der Arm von dem ihnen bekannten Milieu, von Sucht, von Selbstmordversuchen, Schnibbeln, Verzweiflung und seelischen Verletzungen. – »Ich war von euch«, antwortet sie ohne Zögern, und ihr Blick ist offen und froh, »aber jetzt bin ich von denen«, und ihr Kopf deutet auf unsere Gruppe hin. Verwundert gehen die Blicke der jungen Frauen, denen man die kaputte Vergangenheit ansehen kann, von ihr zu uns, und fast sehnsüchtig fragen sie: »Wie hast du das geschafft?« – Sie lächelt und erklärt: »Der da, der hat mich aufgesammelt, und ich darf jetzt in seiner Familie sein.« Erstaunt rücken die Frauen näher: »Das müssen Sie uns erklären! Wie kommt jemand wie Sie dazu, so jemand aufzunehmen? Würden Sie das auch mit uns

---

[265] Die Gefährdetenhilfe Kurswechsel e. V. Wuppertal wurde 1982 als gemeinnütziger und mildtätiger Verein gegründet mit dem Ziel, suchtabhängigen jungen Menschen zu helfen, aus Drogensucht und Kriminalität herauszukommen. Weitere Informationen unter: http://www.gh-kurswechsel.de (abgerufen am 21. 08. 2012).
[266] Abkürzung für »Betäubungsmittel-Gesetz«.

machen?« So kommen wir ins Gespräch und denken gemeinsam darüber nach, ob man sein Leben grundlegend verändern kann. Aus eigener Kraft nicht, das haben sie immer wieder versucht und sind gescheitert. Durch den Glauben? Durch Vergebung, die Gott schenkt? Die junge Frau gibt Zeugnis, wie es bei ihr war. Wie sie ihr Leben Jesus übergeben hat, wie sie um die Vergebung ihrer Sünden bat und wie Jesus ihr Leben durch die Bibel veränderte. Die anderen Frauen hängen an ihren Lippen, schöpfen Hoffnung. Glaube wird überzeugend durch Lebensveränderung!

Verzicht auf die Freiheit?

Wenn ein Straffälliger zum lebendigen Glauben an Jesus Christus findet, erlebt er wirkliche Befreiung von der ihn belastenden Schuld. Das Herz und das Gewissen werden frei – auch wenn er seine Strafe noch absitzen muss. Mitzuerleben, wenn Gefangene in ihren Herzen frei werden, ist das Schönste, das man erleben kann. Ich wünschte, jeder Christ würde wirklich begreifen, dass echte Vergebung der Schuld das Herz befreit, auch wenn die Folgen der Sünde noch getragen werden müssen!

Ich hörte von einem Gefangenen in Kenia, der, nachdem er im Gefängnis zum Glauben kam, auf seine Freiheit verzichtete, um den anderen Gefangenen zeitlebens im Gefängnis das Evangelium zu verkündigen!

Veränderung in der Mongolei

Er ist ein junger Südkoreaner, den ich während seines Zivildienstes bei einer Gefährdetenhilfe kennengelernt habe. Dort wuchs in ihm der Wunsch, solch eine Arbeit auch in der Mongolei aufzubauen. Nach seinem Zivildienst schrieb er sich an der Universität in Ulan-Bator ein, um die Sprache zu lernen. Er wohnte bei einem Kommilitonen in dessen Familienjurte mit, um die Kultur kennenzulernen, und er informierte sich über das Gefängniswesen der Mongolei. Als dann seine Sprachkenntnisse so weit gediehen waren, dass er sich gut verständigen konnte, ging er zum mongolischen Justizministerium, um mit dem Minister zu sprechen. Bis ins Vorzimmer schaffte er es. Dort wollte man wissen, was er in den mongolischen Haftanstalten wolle. »Ich will den Inhaftierten von Jesus erzählen«, war seine Antwort. »Und was soll das bringen?«, erkundigte man sich. »Wenn die Gefangenen an Jesus Christus glauben und nach der Bibel leben, werden sie nicht mehr kriminell sein!«, war seine überzeugte Antwort. »Das können wir uns nicht vorstellen«, wandten die Beamten ein. »Ich kann es Ihnen beweisen«, sagte er. Er schaffte es, dass vier hochrangige Offiziere aus dem Ministerium mit ihm nach Deutschland flogen und vier Wochen in einer Gemeinschaft der Gefährdetenhilfe die dortige Arbeit unter Drogenabhängigen und Inhaftierten miterlebten. Danach bekam er die Erlaubnis, in allen Haftanstalten der Mongolei den Menschen das Evangelium zu bringen.

Ein Western[267] kümmert sich um Randgruppen

Ich lernte Richard (Name geändert) bei einem Straßeneinsatz kennen, ein echt cooler Westerntyp mit häufig hohem Alkoholspiegel. Er kam zu den offenen Abenden und fasste Vertrauen. Am letzten Tag kam er zu mir: »He, Macker, kannst du mir helfen? Ich will mich bekehren!« Wir gingen im Jugendraum auf die Knie, und er übergab sein Leben Jesus. In einer christlichen Wohngemeinschaft lernte er, anhand der Bibel mit Jesus zu leben. Heute hat er Familie und engagiert sich selbst für Randgruppen. Einige Jahre später kommt nach einer Predigt ein junger Mann auf mich zu und sagt: »Ich möchte mich vorstellen. Ich bin dein Enkel!« Als er meinen erstaunten Blick sieht, erklärt er: »Weißt du, Richard ist damals bei dir zum Glauben gekommen. Ich bin durch Richard zum Glauben gekommen. Also bin ich dein Enkel, oder?« Ich muss sagen, solche Enkel hab ich gerne!

---

267 A. d. V.: Offenbar ist hier jemand gemeint, der von der Kleidung und vom Verhalten her Darsteller nachahmt, die im speziellen Film-Genre des »Western« vorkommen.

Ein Spieler legt die Karten offen

Seine Eltern hatten sich gleich nach seiner Geburt scheiden lassen. Man wollte ihn nicht. So wurde er in verschiedenen Heimen groß und stand mit 19 Jahren allein in dieser großen Welt. Zunächst ging es noch gut. Aber dann verlor er seine Arbeit und seine Wohnung. Er fand sogenannte Freunde, die man auf der Straße kennenlernt. Er nahm Kredite auf, um seine Sucht – das Automatenspielen – zu finanzieren. Irgendwann bekam er von der Bank kein Geld mehr. Von da an ging es bergab. Einbruch auf Einbruch folgte, bis er geschnappt wurde. Das Urteil hieß: 2,5 Jahre in einem Gefängnis bei Wien. Die Zeit des Nachdenkens begann. Seine »Freunde« ließen ihn im Stich. Er schrieb an eine Stelle, die Briefkontakte herstellte, und lernte eine Familie in unserer Stadt kennen. Über diese Familie kam er nach der Entlassung dorthin. Hier lernte er erstmals Christen kennen. Er besuchte den Gottesdienst und hörte viel aus der Bibel. Ihm wurde klar, dass er viel Schuld auf sich geladen hatte. Er hörte aber auch, dass Jesus, der Sohn Gottes, für seine Sünde am Kreuz gestorben war. Bei ihm konnte er seine Sünde abgeben. Er betete zu Hause zu Gott, nannte ihm alle seine Vergehen und bat ihn um Vergebung. Und Gott hat vergeben. Aber danach lief natürlich nicht sofort alles glatt. Er hatte jede Menge Schulden, Probleme mit der Sucht – dem Automatenspielen. Er berichtet: »Ich wurde rückfällig und wollte zurück nach Wien abhauen. Aber Christen halfen mir erneut, und 1993 zog ich dann in die Wohngemeinschaft der Gefährdetenhilfe, wo ich manches lernen konnte. Ich las die Bibel, und Gott veränderte mich Stück für Stück. Auch heute noch. Mittlerweile arbeite ich wieder in meinem Beruf als Bäcker, bin verheiratet und habe einen Sohn. Ich habe echte Freunde gefunden in der Gefährdetenhilfe, der Gemeinde und darüber hinaus. Ich will niemals vergessen, wie schlecht es mir einmal ging und wie sehr mir Gott geholfen hat.«

Und heute? Inzwischen haben er und seine Frau zwei Kinder. Er arbeitet weiterhin als Bäcker und gehört mit seiner Frau zu einer Gemeinde in einer Nachbarstadt Wuppertals. Dort arbeitet er in der Kinderarbeit mit und ist Mitarbeiter bei überregionalen Jungscharfreizeiten.

Viele Fixer sterben – er aber lebt!

Geboren ist er in Kasachstan. Dort erlebte er eine schöne und behütete Kindheit. Mit 14 Jahren begann er mit dem Rauchen und hatte ersten Kontakt mit Alkohol und Marihuana. Ihn reizte es, verbotene Dinge zu tun; er stand gerne im Mittelpunkt.

Als er 15 Jahre alt war, kam seine Familie nach Deutschland. Nachdem er seinen Führerschein gemacht hatte, drehte sich sein Leben komplett. Er war viel mit seinen Freunden unterwegs. Das Nachtleben hatte ihn ergriffen. Discos, Partys, Alkohol und Drogen nahmen einen immer größeren Platz in seinem Leben ein. Er nahm harte Drogen wie Heroin und Kokain, versank in der Kriminalität und kam bald mit der Polizei in Konflikt. Da er eine gute Beziehung zu seinem Bruder hatte, dauerte es nicht lange, bis dieser ebenfalls drogenabhängig wurde. Viele Jungs um ihn herum wurden verhaftet und landeten im Knast. Andere starben. Nach einer Schlägerei wurde er durch Messerstiche lebensgefährlich verletzt. Im Krankenhaus begann er, über sein Leben nachzudenken. Er wollte mit den Drogen aufhören und wünschte, dass sein Bruder mitmachte. Aber diese Vorsätze hielten nicht lange an.

Nur kurze Zeit später war er wieder auf Droge. Seine Mutter überredete ihn, eine Entgiftung zu machen. In der Klinik lernte er Jungs kennen, die ihm von der Arbeit der Gefährdetenhilfe erzählten. Er dachte nach und entschloss sich, die Sache zu probieren. So kam er in unsere Einrichtung. Schon in den ersten Tagen verstand er, dass diese Leute ihn nicht von seiner Drogensucht befreien konnten. Aber sie sprachen von einem Gott, der das kann. Durch die tägliche Bibellese verstand er, was Jesus für ihn getan hat und wie groß seine Schuld vor ihm ist. An einem Abend saßen sie noch lange zusammen und sprachen darüber.

»Am nächsten Morgen stand ich auf, ging auf meine Knie und bekannte Jesus Christus, dass ich ein verlorener Sünder bin. Ich bat ihn um Vergebung und lud ihn in mein Leben ein. Ich erfuhr Vergebung und durfte ein neues, verändertes Leben anfangen. Ich fing an zu beten«, berichtet er. »Dann fing ich an, für meinen Bruder und meine Familie zu beten, dass sie auch den Weg zu Jesus fänden. Und ich war sehr froh und dankbar, als sich mein Bruder nach einem halben Jahr entschloss, in eine christliche Hilfsorganisation nach Paderborn zu gehen. Heute ist er verheiratet und folgt Jesus nach.«

Gott hat viel in seinem Leben verändert. Nicht nur äußerlich – auch innerlich. »Ich will lernen, mit Problemen richtig umzugehen. Nicht davor wegzulaufen, sondern mich damit auseinanderzusetzen, Geduld zu haben, auf wichtige Sachen zu warten, Freundschaft zu schätzen, manches aufzugeben und zu verzichten, um auf Gottes Führung zu warten. Ich habe wieder eine gute Arbeitsstelle als Kfz-Mechaniker gefunden. Für mein Leben wünsche ich mir, dass mir der Herr Jesus wichtig bleibt. Ich möchte ihm gerne dienen.« Er ist heute verheiratet und arbeitet in einer Gemeinde mit.

»Ich hab keine Vergangenheit mehr!«

Sie war die Freundin unserer Pflegetochter. Sie hatte eine bewegte, traurige Vergangenheit, sodass ich mich oft gefragt habe, wie ein junger Mensch so etwas verkraftet. Aber sie hatte an ihrer Freundin gesehen, dass ein Leben mit Jesus Christus völlig neu beginnen kann. So stand Simone (Name geändert) eines Abends – es war Silvester – vor meiner Tür und fragte mich: »Ich möchte auch solch ein Leben führen wie deine Kinder. Wie mach ich das?« Sie hatte bereits einiges von ihnen erfahren und sie beobachtet. Wir setzten uns ins Wohnzimmer, und ich erklärte ihr, wie sie mit ihrer Vergangenheit, mit allen Verletzungen und Enttäuschungen, mit aller Schuld und Sünde im Gebet zu Jesus kommen könne. »Bist du dazu bereit?«, fragte ich sie. Statt einer Antwort ging sie sofort auf ihre Knie und begann, ihr junges Leben vor Jesus aufzudecken. Sie bat ihn unter Tränen um Vergebung und darum, von nun an die Verantwortung in ihrem Leben zu übernehmen. Nachdem auch ich gebetet hatte, standen wir von den Knien auf. Sie schaute mich mit strahlenden Augen an und fragte mich: »Bist du jetzt auch *mein* Papa?« – Sie ist heute glücklich verheiratet, Mutter von fünf Kindern und leitet mit ihrem Mann eine Arbeit unter Menschen mit sozialen Schwierigkeiten. Wenn man sie fragt, warum sie immer so einen frohen Eindruck macht, strahlt sie einen an und sagt: »Weshalb sollte ich nicht strahlen? Ich hab keine Vergangenheit mehr, nur noch eine herrliche Zukunft!« Der Glaube an Jesus Christus und ein Leben nach den Aussagen der Bibel haben ihr Leben völlig neu gemacht.

Crash-Kurs im Glauben

In der Regel nehmen wir die Gefährdeten unserer Wohngemeinschaften auf die Missionsreisen mit. Peter (Name geändert) ist gerade zwei Tage vor Reiseantritt aus der Entgiftung in unsere Einrichtung gekommen. Alles ist neu für ihn! Doch diese Fahrt nach Ungarn wird für ihn im wahrsten Sinn des Wortes ein Crash-Kurs in Sachen Glauben. Verwirrend sind die vielen neuen Eindrücke: Die Lieder, die Zeugnisse der anderen, die Predigten, die Welt der Gefängnisse und vor allen Dingen das Miteinander der Gruppe hinterlassen bei ihm einen tiefen Eindruck und ebnen den Weg dafür, dass er zu Jesus findet. Immer wieder erfahren wir, dass der täglich gelebte Glaube kräftiger predigt als eine Verkündigung.

Friedel Pfeiffer, der ehemalige Leiter der Gefährdetenhilfe Scheideweg, sagte einmal: »Nimm einen Ungläubigen in deine Familie auf und lebe ihm dein Christsein konsequent vor – er wird sich innerhalb von sechs bis acht Wochen bekehren, oder er wird weglaufen. Länger hält das keiner aus, wenn ihm ein Leben mit Jesus authentisch vorgelebt wird!« Das ist für uns eine ständige Herausforderung, aber auch eine kolossale Chance! Ob wir Christen sie nicht viel konsequenter praktizieren sollten?!

»Ich hab das gemacht, was du gesagt hast ...«

Ich besuche die Wohngemeinschaft der ungarischen Gefangenenmission, etwa 20 km nördlich von Budapest gelegen. Ein Mann mittleren Alters kommt auf mich zu und bedeutet mir, dass er mir etwas sagen will. Ich rufe Joschka, den Hausvater, herzu, damit er dolmetscht. »Ich kenn dich«, beginnt Attila (Name geändert).

»Woher kennst du mich?«, frage ich erstaunt zurück. – »Ich habe dich zweimal predigen gehört!«, ist seine Antwort. – »Wo?« – »In der Budapester Haftanstalt!« – »In Trakt A oder Trakt B?« – »In A!« Er sieht mein erstauntes Gesicht. Demnach hat er mindestens zwei Jahre dort im Hochsicherheitstrakt gesessen, überschlage ich schnell. »Und wie kommst du hierher?«, frage ich nach. Seine Augen leuchten, und ein Schmunzeln geht über sein Gesicht: »Ich hab getan, was du damals gesagt hast! Das hat mein Leben verändert, und ich bin frühzeitig entlassen worden«, ist seine strahlende Antwort. Ich nehme ihn in den Arm, und er drückt mich fest, dann beten wir zusammen, er auf Ungarisch, ich auf Deutsch: »Közönem szerettetel, Úr Jézus« – »Herzlichsten Dank, Herr Jesus!«

Zwei Opas verändern sich

Márianosztra – ein ehemaliges Kloster, in dem straffällige Frauen von Nonnen betreut und beaufsichtigt wurden. Seit dem Zweiten Weltkrieg wird es als Zuchthaus für Männer genutzt. Das Kloster existiert nicht mehr, aber gleich nebenan steht eine Wallfahrtskirche, die gerade frisch renoviert wurde. Eine eigenartige Zusammenstellung im nördlichen Bergland Ungarns nahe der slowakischen Grenze. In diesem Gefängnis sind wir Jahr für Jahr, und da hier langjährige Haftstrafen verbüßt werden, treffen wir manch einen Häftling seit Jahren.

Die Instrumente sind aufgebaut, der Chor steht, und die Inhaftierten werden hereingeführt. In der ersten Reihe fallen mir zwei alte Männer auf – klein, rundlich, mit verbitterten Gesichtern, die nur die Fußbodenbretter zu sehen scheinen. Was mögen sie erlebt haben, wie lange sitzen sie hier? Ob sie hier ihr Leben beschließen werden? »Herr, öffne ihre Herzen für deine Botschaft«, ist mein Gebet.

Während der Lieder, des Anspiels und des Zeugnisses sehe ich keine Regung in ihren finsteren Gesichtern. Ob sie überhaupt zuhören? Ich versuche, in der Predigt die Liebe, Geduld und Gnade Gottes deutlich zu machen, die Hoffnung einer echten Vergebung durch das Sterben Jesu für unsere Schuld.

Sehe ich richtig? Langsam heben sie ihre Köpfe. Scheu, fast zaghaft heben sie die Augen, schauen mich fragend an, und Tränen laufen über ihre Wangen. Ich spreche in der Predigt gleichsam nur noch für sie, und sie saugen die Worte auf. Als nach dem Gebet die Frage nach der Entscheidung gestellt wird, heben beide die Hände! In ihren Augen sehe ich den Funken der Hoffnung. Ich würde mich so gerne noch mit ihnen unterhalten, aber es wird uns nicht erlaubt. Als sie mit den übrigen Inhaftierten aus dem Raum geführt werden, schauen sie nochmals zurück und nicken mir zu. Ich nicke aufmunternd zurück. Wir verstehen uns ohne Worte.

Dieser Einsatz bewegt mich stark. Meine Gedanken und mein Herz bleiben in Márianosztra zurück. »Herr, führe sie innerlich weiter und bewahre sie«, bete ich.

Im darauffolgenden Jahr sind wir wieder hier. Erwartungsvoll stehe ich mit dem Chor auf der Bühne und warte auf »meine« beiden Opas. Da kommen sie herein, zwischen sich einen jungen Mann, den sie offensichtlich mitgebracht haben. Als sie mich sehen, strahlen ihre Augen, und sie winken! Wie haben sie sich verändert! Die Freude strahlt aus ihren Gesichtern, und sie scheinen den Wunsch zu haben, dass ihr junger Freund auch die gute

Botschaft hört. Als wir das Abschlusslied singen (»Jézus viszajön, mindig készan várjuk Öt«[268]), kann ich meine Tränen – Freudentränen – nicht zurückhalten: Ja, wir werden uns in der Herrlichkeit wiedersehen, wenn Jesus wiederkommt! Auch wenn wir uns hier nicht weiter verständigen konnten, die Blicke sprachen von Vergebung, Erlösung, Freude und innerer Verbundenheit!

Im nächsten Jahr sind wir wieder hier. Ich sehe nur einen der beiden Opas. Er nickt mir zu. Ein offener, aber auch nachdenklicher Blick. Wo ist sein Freund? Er scheint meinen fragenden Blick zu verstehen und zeigt mit seinem Finger nach oben. Nach der Predigt wird uns zum ersten Mal erlaubt, mit den Inhaftierten zu sprechen. Ich hole den Übersetzer und frage »meinen« Opa. »Ja«, bestätigt er, »er ist vor einem Vierteljahr hier verstorben. Er ist oben, und ich werde ihm folgen«, freut er sich.

István

Ich begegne István (Name geändert) in einem ungarischen Gefängnis. Er wirkt still und zurückhaltend. Als ich ihn nach seinem Leben frage, wird er verlegen. »Ich war ein Bandenführer«, bekennt er, »und ich sitze zu Recht hier in dieser Strafanstalt. Aber der Herr Jesus hat aus mir einen neuen Menschen gemacht.« Die Sozialarbeiterin, die neben ihm steht, nickt bestätigend und erzählt uns die ganze Geschichte und davon, was sich hier in der Strafanstalt in den letzten Jahren getan hat. Und das ist in der Tat bemerkenswert!

Aber ich will vorne anfangen. Als wir vor Jahren zum ersten Mal in diesem Gefängnis sind, fallen mir unter den etwa 150 Zuhörern einige Männer auf, deren Gesichter während der Lieder und der Predigt strahlen. Sie singen kräftig mit und bei genauerem Hinsehen entdecke ich, dass jeder von ihnen eine Bibel auf dem Schoß liegen hat. Später höre ich, dass sie durch

---

268 A. d. V.: Anfangszeile und Titel eines Liedes, das in mehreren Sprachen bekannt ist: »Bald schon kann es sein, dass wir Gott als König seh'n« im Deutschen und »Soon and very soon, we are going to see the king« im Englischen.

diesen stillen, zurückhaltenden Mann zum Glauben an Jesus Christus gekommen sind. Ich muss ehrlich gestehen, dass ich nach diesem Gottesdienst draußen in die erste Schaufensterscheibe geschaut habe, um festzustellen, ob man auch an meinem Gesicht erkennen kann, dass ich Christ bin.

Dieser ehemalige Bandenführer, der seit vielen Jahren einsitzt und noch etliche Jahre Haft vor sich hat, ist durch die Kontaktgruppenarbeit der ungarischen Gefangenenmission zum lebendigen Glauben gekommen. Der Gefängnisleitung ist die Veränderung in seinem Verhalten nicht unbemerkt geblieben. Sie hat ihm im Gefängnis freie Hand gegeben, da sein Einfluss auf die übrigen Mithäftlinge positive Folgen im Miteinander aller Gefangenen zeigt. Er darf jede Zelle besuchen und mit jedem Häftling sprechen. Inzwischen hat er im Gefängnis eine regelmäßige Bibelstunde begonnen, zu der wöchentlich etwa 80 Inhaftierte kommen. Die Zahl der Gläubigen wächst. Und die Atmosphäre im Gefängnis verändert sich. Da die Sozialarbeiterin ebenfalls Christ ist, wird diese Arbeit sehr gefördert.

Beim letzten Mal erfahren wir von ihr, dass seit einem Jahr ein neuer Direktor die Leitung übernommen hat, der auch ein bewusster Christ ist. Bei Sanierungsarbeiten auf dem Gefängnisgelände entdeckte er einen alten Kirchenraum, der seit Jahrzehnten als Abstell- und Rumpelkammer gebraucht worden war. Er hat einen Verein gegründet, um Mittel zu bekommen, diese historische Gefängniskirche mit seinen Häftlingen zu renovieren. Als wir 2003 dort sind, dürfen wir als Erste den Gottesdienst hier durchführen. Vierzehn Tage später ist eine gefängniseigene Evangelisation geplant, bei der zum Glauben gekommene Inhaftierte ihren Mithäftlingen das Evangelium predigen werden!

Unser Herz jubelt, wenn wir sehen, was Gott aus einem kleinen Anfang machen kann. Als letzte Nachricht erhielt ich die Mitteilung, dass Christen die Erlaubnis gegeben wurde, sich einmal im Monat aus diesem Gefängnis in andere Strafanstalten fahren zu lassen, um dort zu missionieren! István denkt nicht daran, ein Gnadengesuch einzureichen. »Dies ist mein Platz, wo Gott mich hingestellt hat«, sagt er leise.

Ein Vorgesetzter outet sich

Nach einer Predigt kommt der stellvertretende Direktor der Haftanstalt nach vorne. Er bedankt sich für die Lieder, die Zeugnisse und die Verkündigung. Dann sagt er: »Diese Botschaft, die wir heute gehört haben, ist nicht nur für die Gefangenen, sondern auch für uns, das Personal. Ich möchte euch allen mitteilen, dass ich die Botschaft für mich verstanden habe und in diesen Augenblicken mein Leben Jesus übergeben habe. Ich möchte von nun an ihm folgen.«

Still ist es geworden, die Inhaftierten schauen ihren Vorgesetzten an. Wir beten zusammen und danken Gott für dieses mutige Bekenntnis. Nach meinem Eindruck ist es in Deutschland kaum denkbar, dass ein Vorgesetzter sich vor seinen Gefangenen und den Kollegen so outet und ein offenes Bekenntnis für Jesus ablegt.

Veränderungen in der Bibel

Der Apostel Paulus berichtet in 1. Thessalonicher 1,9 von der Umkehr der Menschen in der nordgriechischen Metropole Thessalonich: »Ihr [habt] euch von den Götzenbildern zu Gott bekehrt ... um dem lebendigen und wahren Gott zu dienen.« Ihre Veränderung wurde von der gesamten Bevölkerung bemerkt: »Und ihr seid unsere Nachahmer geworden und die des Herrn, indem ihr das Wort aufgenommen habt in vieler Drangsal mit Freude des Heiligen Geistes, sodass ihr allen Gläubigen in Mazedonien und in Achaja zu Vorbildern geworden seid. Denn von euch aus ist das Wort des Herrn erschollen, nicht allein in Mazedonien und in Achaja, sondern an jedem Ort ist euer Glaube an Gott ausgebreitet worden, sodass wir nicht nötig haben, etwas zu sagen« (1Thes 1,6-8). Ob das von Ihnen und von mir auch gesagt werden kann?

Gottes Wort verändert Menschen, damals wie heute: Der korrupte Oberzöllner Zachäus bereinigt seine Vergangenheit

(Lk 19,8-10), sein Kollege Levi kündigt seine Stellung und folgt Jesus nach (Lk 5,27-29). Der cholerische Fischer Petrus wird zu einem feinfühligen Menschenfischer (Joh 21,15-19[269]), die Prostituierte Rahab aus Jericho wird ehrbare Mutter und Stamm-Mutter Jesu (Jos 6,22-23; Mt 1,1ff.). Der temperamentvolle »Donnersohn« Jakobus ist bereit, für Jesus zu sterben, und wird zum Märtyrer (Apg 12,2), der Betrüger Jakob beugt sich nach langem Kampf und bekennt am Ende seines Lebens, dass er die Umkehr nicht bereut hat (1Mo 25,29-34; 27; 32,25-32; 48,15; 49,24). Ein ultraorthodoxer Fanatiker namens Saulus wird zum größten Missionar des Neuen Testaments, und ein Verbrecher bekommt in seiner Todesstunde die Zusage, im Paradies bei Jesus zu sein. Eine okkult Belastete wird zur ersten Überbringerin der Osterbotschaft (Lk 8,2; Joh 20,18), und ein Angehöriger der »oberen Zehntausend« wird zu einem Prediger in der ersten Heidengemeinde (Apg 13,1) …

Veränderungen in der Kirchengeschichte

Denken wir an Augustinus (354–430), der nach einem sehr ausschweifenden Leben durch die Bibelstelle in Römer 13,13-14 im Innersten getroffen wurde: »… nicht in Schwelgereien und Trinkgelagen, nicht in Unzuchthandlungen und Ausschweifungen, nicht in Streit und Neid; sondern zieht den Herrn Jesus Christus an und treibt nicht Vorsorge für das Fleisch zur Befriedigung seiner Begierden.« Nach dem Lesen dieser Stelle strömte das Licht der Gewissheit in sein Herz, und Gott konnte ihn zum Segen für viele gebrauchen.

Georg Müller (1805–1898) war der Sohn eines Steuereinnehmers. Nach Besuch des Gymnasiums in Halberstadt und Nordhausen studierte er zunächst in Halle Theologie, führte aber ein sehr ausschweifendes Leben. Durch einen schlichten Bibel-

---

[269] A. d. V.: Dort wird seine Wiedereinsetzung in den Dienst als Menschenfischer beschrieben. Die beiden Briefe des Petrus belegen hinreichend, wie feinfühlig dieser Apostel als Seelsorger wirkte.

gesprächskreis kam er zum lebendigen Glauben und engagierte sich daraufhin für die missionarische Arbeit. Wie konnte Gott diesen veränderten Mann gebrauchen, der als Waisenvater von Bristol in die Kirchengeschichte einging!

Wodurch wird mein Leben verändert?

Man könnte von vielen berichten, deren Leben sich mit ihrer Bekehrung entweder schlagartig oder aber schrittweise verändert hat. Woher kommt das? Was geschieht in einem Leben, das durch das stellvertretende Sterben Jesu verändert wird? Die Bibel lehrt (und wir können es im eigenen Leben erfahren), dass mit der Lebensübergabe, dem Eingeständnis meiner Schuld gegenüber Gott und durch die glaubende Annahme des Sühnopfers Jesu der zu Gott umgekehrte Mensch Vergebung seiner Sünden erhält und den Geist Gottes empfängt, der fortan in ihm wohnt. Die Bibel nennt dieses Geschehen die »neue Geburt«. Von diesem Zeitpunkt an ist der Betreffende ein »neuer Mensch« oder ein »aus Gott Geborener«. Dieser Geist Gottes in mir wird mein Leben verändern. Es ist, als wenn mir damit ein Funkempfänger Gottes in mein Gewissen eingebaut worden wäre. Dadurch wird ganz praktisch mein Verhalten im Alltag verändert. Und das wird sichtbar werden. Paulus nennt das die »Frucht des Geistes« (Gal 5,22). Nicht meine Anstrengungen bewirken die Veränderungen, sondern die Wirksamkeit des Geistes Gottes in mir. Gott erwartet »nur« meine bewusste Einwilligung dazu. So schreibt der Apostel Paulus in Epheser 4,17-32 (RELB; Hervorhebung hinzugefügt):

> *»Dies nun sage und bezeuge ich im Herrn, dass ihr nicht mehr wandeln sollt, wie auch die Nationen wandeln, in Nichtigkeit ihres Sinnes; sie sind verfinstert am Verstand, fremd dem Leben Gottes wegen der Unwissenheit, die in ihnen ist, wegen der Verstockung ihres Herzens; sie, die abgestumpft sind, haben sich selbst der Ausschweifung hingegeben, zum Ausüben jeder Unreinheit mit Gier.*

Ihr aber habt den Christus nicht so kennengelernt. Ihr habt ihn doch gehört und seid in ihm gelehrt worden, wie es Wahrheit in Jesus ist: dass ihr, was den früheren Lebenswandel angeht, den alten Menschen abgelegt habt, der sich durch die betrügerischen Begierden zugrunde richtet, dagegen erneuert werdet in dem Geist eurer Gesinnung und den neuen Menschen angezogen habt, der nach Gott geschaffen ist in wahrhaftiger Gerechtigkeit und Heiligkeit.
Deshalb legt die Lüge ab und redet Wahrheit, ein jeder mit seinem Nächsten! Denn wir sind untereinander Glieder. Zürnet, und sündigt dabei nicht! Die Sonne gehe nicht unter über eurem Zorn, und gebt dem Teufel keinen Raum!
Wer gestohlen hat, stehle nicht mehr, sondern mühe sich vielmehr und wirke mit seinen Händen das Gute, damit er dem Bedürftigen etwas mitzugeben habe!
Kein faules Wort komme aus eurem Mund, sondern nur eins, das gut ist zur notwendigen Erbauung, damit es den Hörenden Gnade gebe! Und betrübt nicht den Heiligen Geist Gottes, mit dem ihr versiegelt worden seid auf den Tag der Erlösung hin!
Alle Bitterkeit und Wut und Zorn und Geschrei und Lästerung sei von euch weggetan, samt aller Bosheit! Seid aber zueinander gütig, mitleidig, und vergebt einander, so wie auch Gott in Christus euch vergeben hat!«

Paulus hat das am eigenen Leib erfahren. Er wurde von einem fanatischen, religiös-militanten Fundamentalisten zu einem mutigen Bekenner seines Herrn und einem feinfühligen, seelsorgerlich handelnden Jünger Jesu. Angesichts dessen konnte er bezeugen: »Nicht mehr lebe ich, sondern Christus lebt in mir« (Gal 2,20).

Was ist echte Vergebung?

Noch ein Besuch im Frauengefängnis: Manuela (Name geändert) ist zum ersten Mal in der Gesprächsgruppe. Nach der Andacht will sie wissen: »Warum kommt ihr hier in den Knast? Was wollt ihr?« – »Wir wollen euch die beste Botschaft bringen, die es gibt!«, ist meine Antwort. – »Und die wäre?«, fragt sie neugierig. – »Nun«, sage ich ihr, »du weißt, dass der Richter dich nur bestrafen kann. Aber wenn du deine Strafe abgesessen hast, ist deine Schuld immer noch da, nicht wahr?«

Sie nickt bestätigend. Ja, das weiß jeder Inhaftierte: Der Richter kann nur bestrafen, aber nicht vergeben.

»Ich zeig dir, wie du von deiner Schuld frei werden kannst, wie dein Gewissen echt sauber und dein Leben sich verändern wird.« Aufmerksam schaut sie mir auf die Finger, als ich mit ihr das Neue Testament aufschlage und sie die Stelle aus 1. Johannes 1,9 lesen lasse.

»Lies mal laut, was da steht«, bitte ich sie. Zögernd beginnt sie: »Wenn wir unsere Sünden bekennen, zeigt Gott sich treu und gerecht: Er vergibt uns die Sünden und reinigt uns von allem Unrecht« (NeÜ). – Fragend schaut sie mich an: »Von allen Sünden?« –

»Lies noch mal«, gebe ich ihr zur Antwort. – Danach sieht sie mich mit großen Augen an: »Auch von den schlimmen?« –

»Lies noch mal.« Gehorsam liest sie, und ihr Finger fährt langsam über die Zeilen: »Auch – von – ... Mord?«, flüstert sie mit einem scheuen Blick auf die anderen. Hoffentlich hört keiner zu. –

»Lies noch mal«, bitte ich sie erneut. – Wieder liest sie, und fast ungläubig schaut sie mich an: »Auch – von – vielen – ... Morden ...?« –

»Lies noch mal«, ermutige ich sie. Als sie wieder aufsieht, werden ihre Augen groß: »Ist das wahr, ist das wirklich wahr? Aber dann müsste das doch jeder hier im Knast wissen!« –

Ja, deshalb gehen wir zu den Menschen und verkündigen diese unglaubliche Botschaft, diese Botschaft, die jeder wissen muss, und doch kaum jemand in unserem ehemals »christlichen Abendland« noch kennt: Jesus Christus macht frei von Sünden, von aller Schuld, vom belasteten Gewissen! Wer das erfahren hat, kann nicht mehr so weiterleben wie bisher. Ein Befreiter lebt anders als ein Sünder.

Wie werden Sie verändert?

Wer täglich seine Bibel liest und erwartet, dass Gott durch sie zu ihm spricht, gibt Gott die Möglichkeit, sein Denken und Verhalten zu korrigieren und zu verändern. Lassen Sie sich auf dieses Abenteuer ein! Ihr Leben wird von Grund auf anders werden, Ihre Veränderung wird in Ihrer Umgebung, in der Familie, in der Nachbarschaft und am Arbeitsplatz bemerkt werden. Solche Menschen braucht unsere verlorene Welt! Sie braucht Menschen, die ihr Christsein authentisch, offen und echt leben, Menschen, die das Wesen Jesu widerspiegeln, Menschen, die sich als echte »Christen« erweisen und damit »Salz … und … Licht« dieser Erde sind (vgl. Mt 5,13-16). Sie sind ein ansteckendes Zeugnis für den gestorbenen und auferstandenen Herrn des Lebens, der gesagt hat: »Ich bin gekommen, damit sie Leben haben und es in Überfluss haben« (Joh 10,10).

Jeder Mensch, der zum lebendigen Glauben an Jesus Christus gefunden hat, ist ein Wunder Gottes. Ein Wunder ist ein Ereignis, das entgegen jeder Erfahrung und Normalität passiert. Wunder haben für uns immer etwas mit Gott zu tun – darum sind wir ihm dankbar, dass er uns solche Wunder erleben lässt.

Nicht unsere Kraft, nicht unser Verdienst – sondern allein Gnade Gottes

Und noch etwas gilt: Wer aus seinem vergangenen Leben ausgestiegen ist und heute ein neues Leben mit Jesus führt, bleibt auch in Zukunft auf die Gnade und Hilfe Gottes angewiesen. Wird unser Leben in Zukunft gelingen, werden wir in Extremsituationen unseres Lebens den Halt nicht verlieren, werden wir ehrlich bleiben, werden wir Jesus treu sein und unseren Familien als Vorbilder dienen …? Wer will das heute mit Gewissheit sagen? Paulus schreibt: »Wer zu stehen meint, sehe zu, dass er nicht falle« (1Kor 10,12). In diesem Bewusstsein zu leben, bewahrt uns vor falscher Sicherheit und hält uns nahe bei Gott. Denn in der eigenen Ohnmacht zeigt sich die Macht Gottes am deutlichsten. Dank sei Gott dafür!

Anhang I

Meine Lebenswende – wie Gott mir Glauben schenkte

Ein sehr persönliches Zeugnis einer Theologiestudentin
Anita Kupfermann

Ich heiße Anita Kupfermann, und ich möchte Ihnen gerne von meinen Erfahrungen berichten, die ich während meines Theologiestudiums gemacht habe. Dieses kleine, aber ehrliche Lebensbild soll sowohl eine Warnung als auch eine Ermutigung für Sie sein. Warnend möchte ich davon erzählen, wie die sogenannte »historisch-kritische Bibelwissenschaft« meine Glaubensbeziehung zu Gott und damit auch mein ganzes Leben negativ beeinflusst hat. Ermutigen soll meine Geschichte dadurch, dass ich voller Freude und Dankbarkeit berichten kann, wie der Herr Jesus Christus noch während meiner Studienzeit mich von meinem Unglauben heilte und mich in seine wundervolle Nachfolge rief. Ich hoffe und bete, dass sich der heilige Gott durch diese Zeilen verherrlicht und Menschen ermutigt werden, dem Wort Gottes volles Vertrauen zu schenken.

Meine Bibelschulzeit und die historisch-kritische Methode

Durch die Erziehung in meinem Elternhaus bin ich schon früh mit den Inhalten des christlichen Glaubens vertraut gemacht worden. Ich besuchte regelmäßig die Kindergottesdienste und ließ mich schließlich mit 14 Jahren taufen.

Gut zehn Jahre später verspürte ich während meiner Tätigkeit als Erzieherin den starken Wunsch, mir eine sinnvolle Auszeit zu nehmen. Es war mir ein Anliegen, mich dem Wort Gottes zu widmen und über mein Glaubensleben nachzudenken. Denn obwohl ich mich hatte taufen lassen, merkte ich, dass mir die Bibel fremd war und mir eine lebendige Beziehung zu Gott fehlte. Ich sehnte mich danach, in meinem Glauben zu wachsen, und wollte tiefer verstehen lernen, was es bedeutet, als Christ zu leben. So entschied ich mich dafür, eine zehnmonatige Bibelschule zu besuchen. Die vor mir liegenden Monate, so meine große Hoffnung, sollten mir in meinem Glaubensleben weiterhelfen.

Schon gleich zu Beginn meiner Bibelschulzeit wurde ich mit der Bibelkritik in Form der »historisch-kritischen Methode(n)« (HKM) konfrontiert. Die HKM ist die gängige Arbeitsweise an deutschen Universitäten bzw. etlichen freikirchlichen Hochschulen, um biblische Texte auszulegen. Die Bibel wird dabei nicht mehr als die von Gott inspirierte Heilige Schrift, sondern als ein sich widersprechendes und fehlerhaftes menschliches Werk verstanden, das wie jedes andere Buch der Weltliteratur kritisch hinterfragt werden muss. Diese Herangehensweise an den Text der Bibel führt zumeist zu einer Enthistorisierung. Dies bedeutet, dass die geschichtliche Zuverlässigkeit der biblischen Berichte infrage gestellt wird. Kurzum, die meisten Dinge, von denen die Bibel berichtet, seien in Wirklichkeit nie so passiert. Ich möchte anhand eines Beispiels aufzeigen, wie diese historisch-kritische Bibelforschung arbeitet.

Die Entstehungszeit des Markusevangeliums wird auf die Zeit um das Jahr 70 n. Chr. bzw. etwas später datiert, und zwar aus folgendem Grund: Die kritische Bibelforschung schließt kategorisch aus, dass Jesus Christus die Zukunft voraussehen konnte. Dieses Evangelium berichtet aber davon, dass Jesus Christus die Tempelzerstörung voraussagte. Im Jahre 70 n. Chr. erfüllten sich die Worte Jesu buchstäblich; der Jerusalemer Tempel wurde durch die Römer zerstört. Der Großteil der kritischen Forscher ist nun der Ansicht, dass es sich hierbei um eine unechte Prophezeiung handelt (*vaticinium ex eventu*[270]). Sie gehen davon aus, dass die Ankündigung der Tempelzerstörung erst im Nachhinein, also nach 70 n. Chr., Jesus in den Mund gelegt wurde. Das

---

270 A. d. V.: Lat., svw. »Weissagung vom Ereignis her«.

Markusevangelium könne nämlich keine Voraussagen über die Tempelzerstörung enthalten, also müsse es auch nach der Tempelzerstörung entstanden sein.

Mit diesem festgelegten und ungläubigen Vorverständnis wird die gesamte Heilige Schrift kritisch begutachtet, bis letztendlich fast alle ihre Berichte infrage gestellt werden. Um besser verstehen zu können, was die Erträge der modernen bibelkritischen Forschung sind, möchte ich einige Ergebnisse nennen:

- Adam und Eva hätten niemals existiert, sondern seien lediglich literarische Symbole für die gesamte Menschheit. Somit habe auch der Sündenfall nicht stattgefunden.
- Noah mit seiner Arche sei eine Legende und keine wahre Begebenheit.
- Die 5 Bücher Mose stammten nicht von Mose, stattdessen von mindestens drei Verfassern, die über einen langen Zeitraum hinweg an dieser Komposition arbeiteten und sich teils sogar widersprächen.
- Die Zehn Gebote seien nicht von Gott empfangen worden, sondern durch einen langwierigen Wachstumsprozess entstanden (viel später als Mose).
- Die Eroberungskriege, wie sie z. B. im Buch Josua beschrieben werden, hätten nie stattgefunden.
- Die Worte und Taten Jesu in den Evangelien seien oftmals von den späteren Christen erfunden und Jesus in den Mund gelegt bzw. ihm zugeschrieben worden. Vieles also, was die Evangelien berichten, sei historisch gesehen Fiktion. Z. B. habe Jesus nie etwas über seinen Tod gesagt, geschweige denn über seine Auferstehung. Auch dass er der Sohn Gottes oder der Christus ist, habe man sich später ausgedacht. Außerdem hätte er nie im Sinn gehabt, eine Gemeinde zu gründen oder die Heiden zu erreichen.
- Paulus sei nicht der Verfasser der neutestamentlichen Briefe an die Kolosser und Epheser, des 2. Briefs an die Thessalonicher, des 1. und 2. Timotheus- sowie des Titusbriefs, und auch Petrus habe nicht die Petrusbriefe geschrieben usw.

Dies sind nur einige von unzähligen Beispielen. Die Ergebnisse der historisch-kritischen Herangehensweise an die Bibel wurden mir während der Bibelschule sowie besonders in meinem späteren Studium nicht bloß vorgestellt (um zu wissen, dass es solche Sichtweisen gibt), sondern von meinen Dozenten vertreten und mit Überzeugung gelehrt. Unter dem Einfluss dieser Lehre wurde für mich die Glaubwürdigkeit der Bibel immer mehr infrage gestellt. Immer schlüssiger erschien mir der Gedanke, dass die Bibel nicht Gottes unfehlbare Worte wiedergibt, sondern vielmehr einem Sammelsurium von menschlichen und damit fehlerhaften Gedanken über »Gott und die Welt« gleicht.

Hinter jede Person und jedes Ereignis der Bibel wurde nun ein dickes Fragezeichen gesetzt. Neben meiner neuen »Erkenntnis«, dass die meisten biblischen Erzählungen keine wirklichen, d. h. historischen, Begebenheiten überliefern, wurden auch meine ethischen Prinzipien neu infrage gestellt. Wir unterhielten uns in der Bibelschule über verschiedene Themen (Homosexualität, vorehelicher Verkehr usw.) und fragten uns, ob diese nicht doch als unbedenklich einzustufen seien. Kurzum, ich verspürte zunehmend, wie sich immer heftigere Zweifel gegenüber dem christlichen Glauben und der Bibel einschlichen. Besonders eine Frage drängte sich mir immer mehr auf: Wenn das alles so nicht stimmt, wie es geschrieben steht, was kann ich dann noch glauben? Meine Skepsis gegenüber dem Christentum wuchs erst recht, als im Unterricht die anderen Weltreligionen intensiv behandelt wurden. Ich stürzte in eine tiefe und anhaltende Glaubenskrise und überlegte ernstlich, mein Christsein aufzugeben. Meine Bibelschullehrer waren sich so sicher, dass es nur gut für mich sein kann, wenn ich mein altes Glaubensfundament überdenke und niederreiße (»dekonstruiere«), um so einen neuen »reflektierten, mündigen und erwachsenen Glauben« zu erhalten. Das waren ihre positiven Aussichten für mein Leben, und ich hoffte innigst, dass sie recht behalten sollten.

Meine Zeit am Theologischen Seminar

Nach dem Ende der zehn Monate ging ich zunächst für ein Jahr in meinen alten Beruf zurück. Doch spielte ich mit dem Gedanken, mich weiterzubilden. Und weil mich nach wie vor die unbeantworteten Fragen der Bibelkritik beschäftigten, lag es für mich nahe, ein Theologiestudium zu beginnen. Zudem gefiel mir der Gedanke, eine Pastorin zu werden, außerordentlich, und so begann ich im Jahr 2007 mit meinem Studium der Theologie an der Fachhochschule[271] des Bundes Evangelisch-Freikirchlicher Gemeinden. Eine Berufung durch Gott erlebte ich jedoch nicht, wenngleich ich versuchte, mir dies einzureden. Ich sprach viel mit Menschen über meine Gedanken, aber nicht mit Gott selbst. Inzwischen wehrte ich mich nicht mehr gegen bibelkritisches Denken, denn so manches Ergebnis der historisch-kritischen Forschung war mir bereits aus der Bibelschulzeit vertraut. Die Bibelkritik im Studium nahm jedoch noch weitaus größere Ausmaße an.

Ich erinnere mich, wie z. B. ein Dozent den Lehrsaal verließ und zwischen Tür und Angel sagte: »Morgen bringen wir Mose um.« Damit meinte er, dass wir am nächsten Tag erfahren werden, dass es Mose, wie die Bibel ihn beschreibt, geschichtlich wohl nie gegeben hätte. Wiederum lernte ich, dass viele der alttestamentlichen Erzählungen Mythen und Legenden wiedergäben, die sich kaum auf die historische Wirklichkeit bezögen, und dass die jüdische Gottesverehrung (Tempel, Gottesdienst, religiöse Feste, Gebote usw.) zum größten Teil von der religiösen Umwelt Israels abgeschaut worden sei. Die Texte der Bibel seien über viele Jahrhunderte hinweg von zahlreichen unbekannten Schreibern ergänzt, verändert und bewusst manipuliert (umgeschrieben) worden. Darum seien auch zahlreiche Widersprüche (Spannungen) in der Bibel vorhanden. Die Bibelkritik gewinnt, wenn man sie einmal zulässt, eine gewisse Eigendynamik und überschüttet

---

271 A. d. V.: Obwohl die Ausbildungsstätte offiziell »Theologisches Seminar Elstal« heißt, ist es korrekt, von einer Fachhochschule zu sprechen, da dieser Begriff dem Namen als Klammerzusatz oft beigefügt wird.

lawinenartig jegliche Glaubensinhalte, bis letztlich jede Art von Glaubensgewissheit abhandengekommen ist.

    Ich habe viele Studenten sagen hören, dass sie diese Erkenntnisse der »Wissenschaft« als Bereicherung empfänden – auch ich habe damals so empfunden bzw. mir eingeredet, dass es so sei. In Wirklichkeit aber erntete ich nun die bitteren Früchte meines neuen, »mündigen Glaubens«: Gegen Ende des zweiten Semesters entschied ich mich ganz bewusst, die Bibel als völlig unglaubwürdiges Dokument beiseitezulegen, und sortierte sie in die unterste Schublade meines Regals ein, um sie aus meinem Sichtfeld zu verbannen. Ich hatte keinerlei Bedürfnis mehr, darin zu lesen, geschweige denn gemäß ihren Aussagen zu leben. Ich betete nicht mehr und unterließ es auch, Gott in irgendeiner Form um Weisheit und Hilfe zu bitten. Viel zu sicher war ich mir in meiner kritischen Haltung. Obwohl ich innerlich keinerlei Verbindung mehr zu Gott oder seinem Wort hatte, gab ich mich doch äußerlich noch als zukünftige Pastorin; ich predigte und stellte mich fromm, zumindest in der Gemeinde. Unter meinen Kommilitonen hingegen hielt ich mich nicht zurück; ich betrank mich nun zunehmend auf Partys und verlor meine Scheu, zu lügen und zu betrügen. Besonders über andere Kommilitonen zu lästern, bereitete mir immer größere Freude. Dabei waren mir gerade diejenigen jungen Männer ein Dorn im Auge, die der Heiligen Schrift uneingeschränkt Glauben schenkten. Es gab einen kleinen Kreis in meinem Semester, der sich auch im Unterrichtsgeschehen für die Glaubwürdigkeit der Bibel einsetzte. Mich und andere Kommilitonen störte dies ungemein, weshalb wir ausgiebig über sie lästerten. Bei alledem verspürte ich nicht den leisesten Ansatz eines schlechten Gewissens. Ich hatte schon lange die Ehrfurcht vor Gott oder gar die Angst vor einer ewigen Strafe verloren. Die ermahnenden Worte der Schrift waren mir gleichgültig. Der Gott, den ich in meinem Studium kennengelernt habe, zürnt nicht, respektiert jeden Zweifel und vergibt letztendlich allen Menschen. Warum sollte ich mich also fürchten? Warum nicht Spaß haben und das Leben in vollen Zügen genießen, so wie ich es will? Gemäß diesem Vorsatz lebte ich vor mich hin, bis sich die anfängliche Euphorie legte und es mir im Laufe der Zeit immer schlechter ging, sodass ich schließlich den Boden unter meinen Füßen verlor. Eine innere Leere machte mir zunehmend deutlich, dass mir wahres Leben und wahrer Frieden fehlten. In bibelkritischen Büchern und in Gesprächen mit Mitmenschen suchte ich das zu finden, was ich nicht besaß – jedoch vergeblich.

In dieser Zeit vertraute ich mich im Anschluss an eine Gemeindeveranstaltung einem fremden Evangelisten an und bat ihn um Fürbitte. Ich sehnte mich danach, eine echte Beziehung zu Gott zu haben, doch selbst darum zu bitten, konnte ich nicht. Es war mir, als hätte ich jegliche Fähigkeit zum Beten verloren.

Meine Lebenswende

Einige Wochen später sollte das Fürbittegebet dieses Evangelisten erhört werden. Am 6. Dezember 2008 öffnete mir der Herr die Augen, und ich erkannte meine große Schuld sowie mein gottloses Leben.

Auslöser für diese Einsicht war eine öffentliche polemische Rede eines Dozenten im Seminar, die im Rahmen eines Filmabends gehalten wurde. Sie verhöhnte vor allem jene, die der Bibel wörtlich Glauben schenken. Einer der Verspotteten, der auch in meinem Semester war, saß direkt vor mir und ließ die Worte über sich ergehen. Ich sprach ihn anschließend darauf an, und er versicherte mir, dass er sich seines Glaubens nicht schäme. Sein innerer Frieden und seine Glaubensgewissheit brachten mich zum Nachdenken. Auch fragte ich mich, wie wohl die übrigen der verspotteten »Bibeltreuen«, die oft einfach die »Fundis« (Abkürzung für »Fundamentalisten«) genannt wurden, reagieren werden.

Zu meinem großen Erstaunen ließen sie sich nicht auf die Idee eines Unterricht-Boykotts ein. Stattdessen kamen sie, wie sie es jeden Tag zu tun pflegten, zum gemeinsamen Gebet zusammen und traten auch für den Spötter und das gesamte Seminar fürbittend ein. Ich erkannte, dass der Herr ihr Schutzschild ist und sie einen festen Glauben besaßen. In der Bibel steht geschrieben, dass Christen nicht mehr für sich selbst leben, sondern für den, der für sie gestorben ist. Bei diesen jungen Männern aus meinem Semester durfte ich erkennen, dass sie durch die Gnade Gottes dazu befähigt waren, nicht ihr eigenes Recht und Ansehen zu verteidigen. Das empfand ich in der Situation damals als »nicht normal« und sehr beeindruckend. Sie konnten die Demütigungen an Christus abgeben, sodass Zorn und Rachegefühle keinen Raum gewannen.

Nach all diesen Ereignissen und Eindrücken, die mich nicht losließen, fuhr ich über Weihnachten nach Hause zu meiner Familie und erkannte hier immer mehr, dass ich Gott durch meine bibelkritische Lebenseinstellung verachtet hatte. Ich hatte Gottes Wort verleugnet, Gottes Gnade verachtet und Gottes Diener verlästert. Vor allem aber die Tatsache, dass ich mich Christin nannte und doch zugleich das Sühnopfer Christi für nichts achtete, erkannte ich als unfassbar schweren Fehler an. In diesen Tagen tat ich unter Tränen über vieles Buße, ich suchte Gott im Gebet und durfte seine Vergebung erfahren. Mit frohem Herzen erwarb ich mir eine neue Bibel und begann, eifrig darin zu lesen – bis zum heutigen Tag habe ich nicht aufgehört, dies mit voller Freude zu tun.

Ich rief den Namen des Herrn Jesus Christus an und demütigte mich vor ihm. Ich vertraute Christus mein Leben an und sprach zu ihm, dass ich von nun an seinem Wort glaube – egal, wie viele Fragen mir auch begegnen mögen. Ich habe nicht auf alles eine Antwort, doch bin ich nun von ganzem Herzen gewiss, dass die Heilige Schrift von Gott inspiriert und die Bibel in sich schlüssig und fehlerfrei ist in dem, was sie lehrt. Ich danke dem Herrn, meinem Gott, von ganzen Herzen für seine souveräne Gnade über meinem Leben sowie für die Sünden-Erkenntnis und Vergebung, die er mir geschenkt hat.

Gott hat mein Leben reich beschenkt, und ich darf durch seine Gnade glauben, dass sein Wort die vollkommene Wahrheit ist (Joh 17,17). Es ist so schön, einfach wie ein Kind glauben zu können, und ich lege heute alle Zweifel und »wissenschaftlichen Erkenntnisse« zur Seite, die die Glaubwürdigkeit der Bibel kritisieren. Stattdessen finde ich in Christus, wie ihn die Schrift offenbart, alle Schätze der Weisheit und der Erkenntnis. Schenken wir doch unserem Herrn und Heiland unser Vertrauen; ich bin gewiss, dass er dies segnen wird. Ich bete zum Herrn, dass Sie vor Unglauben bewahrt bleiben und Ihr Vertrauen auf Gott und sein Wort gestärkt wird.

Anmerkungen

In Bezug auf ausführlichere Informationen empfehle ich die folgenden Bücher von Prof. Dr. Eta Linnemann, die 2009 verstarb. Einige Tage vor ihrem Tod hatte ich die große Freude, ein längeres Telefonat mit ihr führen zu dürfen. Gemeinsam freuten wir uns über unseren großen Retter. Er ist würdig – vertrauenswürdig.

Hier nun die Angaben zu drei Büchern dieser Autorin:
- *Original oder Fälschung. Historisch-kritische Theologie im Licht der Bibel*, Bielefeld: CLV, 2010, 4. Auflage
- *Die Bibel oder die Bibelkritik?*, Nürnberg: VTR, 2007
- *Bibelkritik auf dem Prüfstand*, Nürnberg: VTR, 1999, 2. Auflage

Kontakt: an.kupfermann@googlemail.com

Anhang II

Mit Rücksicht auf den Fleiß des Verfassers: noch mangelhaft!

Ein Situationsbericht aus den 1960er-Jahren, der die Grenzen der Bibelkritik, aber auch Gottes Eingreifen aufzeigt
Martin Vedder

»Meine beiden Theologieprofessoren schauen mich ernst an. Die schriftliche Arbeit fürs erste Staatsexamen ist leider verbaut. Hatten sie mich nicht oftmals gewarnt? Warum musste ich auch immer wieder auf die offensichtlichen Denkfehler der historisch-kritischen Methode hinweisen, statt alles gläubig und unkritisch zu schlucken, was mir von ihnen vorgesetzt wurde? Erinnerte ich mich noch daran, wie ich bei der Nachbesprechung einer Religionsstunde, wo es um den verlorenen Sohn ging, die Wiedergeburt des anwesenden Professors in Zweifel gezogen hatte? Und wie oft hatte sein Kollege mich schon aus dem Religionsseminar ausschließen wollen, weil er meinen Widerspruch nicht mehr ertragen konnte! ›Ja, Vedder, was haben Sie sich denn dabei gedacht, die modernen Theologen mit einem Handstreich vom Tisch zu fegen?!‹ Nun, ich hatte im Vorfeld meiner Examensarbeit den Professor gebeten, das Thema vor allem in Verbindung mit bibelgläubigen Theologen behandeln zu können. Das sollte bei diesem Thema ›Gesetz und Evangelium in der Evangelischen Unterweisung‹ ja auch eigentlich selbstverständlich sein! Aber er bestand darauf, dass die Professoren Bultmann, Käsemann und andere Vertreter der historisch-kritischen Methode unbedingt auch zurate gezogen werden müssten, obwohl sie nun wirklich nicht viel zu diesem Thema beizutragen hatten. Nun, das Ergebnis war vorherzusehen, und nun saß ich hier mit der niederschmetternden Mitteilung: **Mit Rücksicht auf den Fleiß des Verfassers: noch mangelhaft!**

Sollte ich das so einfach akzeptieren? Ein weiteres Semester dranhängen, nur weil diese Männer beleidigt waren und ihr Ziel, mich von meinem kindlichen Glauben zu befreien, nicht erreicht hatten?! – Während ich darüber nachdenke, wird mir klar: Was du hier erlebst, geschieht um Christi willen. Lauf Ihm nicht aus der Schule fort! Er weiß, wofür es gut ist. ›Lieber Unrecht leiden als Unrecht tun!‹ Und wenn die Professoren noch so drohen – ›Wir werden dafür sorgen, dass Sie niemals die Vocatio[272] erhalten!‹ –, weiß ich mich in dem geborgen, der verheißen hat: ›Ich will dich nicht versäumen und verlassen, sodass wir kühn sagen können: Der Herr ist mein Helfer, ich will mich nicht fürchten. Was wird mir der Mensch tun?‹ (Hebr 13,6).

Nun, im nächsten Semester kommt ein neuer Theologieprofessor nach Bonn. Soll ich es noch einmal versuchen? Ich erzähle ihm von seinen Kollegen und meiner Überzeugung von der Verbalinspiration[273] und frage ihn, ob er bereit ist, mich auf dieser Basis in die mündliche Prüfung zu nehmen. (Eine Wiederholung der schriftlichen Examensarbeit im Fach ›Evangelische Theologie‹ war mir wegen des mageren Ergebnisses nicht mehr erlaubt.) Er ist einverstanden, und so kommt es am Ende des Zusatzsemesters zu einer überaus interessanten Prüfung zum Thema ›Gesetz und Evangelium im Galaterbrief‹ zwischen einem Vertreter der historisch-kritischen Forschung und einem jungen Anwärter fürs Lehramt, der sich im Wesentlichen auf die Erkenntnisse einiger englischsprachiger Theologen des 19. Jahrhunderts aus der ›Brüderbewegung‹ stützt, die schon in ihrer Zeit mit ähnlichen liberalen Ansichten konfrontiert wurden und dazu (zur Inspirationslehre wie auch zum fundamentalen Unterschied zwischen Gesetz und Evangelium) einige beherzigenswerte Artikel verfasst haben.

---

272 Die kirchliche Lehr-Erlaubnis zur Erteilung des evangelischen Religionsunterrichts.
273 Der biblische Urtext ist Wort für Wort und Buchstabe für Buchstabe vom Heiligen Geist eingegeben (inspiriert), d. h. nicht unbedingt diktiert, aber das Ergebnis entspricht bis auf das kleinste ›Tüpfelchen‹ den Gedanken Gottes und ist von daher irrtumslos, zuverlässig und ohne innere Widersprüche.

Am Ende der Prüfung dann meine Frage: Was soll ich tun, um doch noch die ›Vocatio‹ zu erhalten? Mein Gegenüber ist bestens informiert über meinen ›kirchlichen‹ Hintergrund. ›Sie kommen aus der Brüderbewegung, und dazu noch aus dem *geschlossenen* Teil. Das wird nicht ganz einfach für Sie sein! Ökumenefeindlich und auch der Evangelischen Allianz nicht wohlgesonnen! Aber ich rate Ihnen: Besorgen Sie sich einen Termin beim Oberkirchenrat Ebersbach in Düsseldorf und erzählen Sie ihm alles, was Sie mir erzählt haben. Und machen Sie auch deutlich, dass Sie keine Proselyten machen wollen!‹

Gesagt, getan! Einige Wochen später sitze ich besagtem Kirchenmann gegenüber, der noch einen weiteren seines Ranges hinzugenommen hat. Ich erzähle ihnen meine Geschichte und was mich bewogen hat, überhaupt Lehrer werden zu wollen. Und dabei stellt sich heraus, dass sich beide zu Jesus Christus als ihrem persönlichen Herrn und Heiland bekennen! Sie hören gespannt zu, und ihre Antwort lässt nicht lange auf sich warten: ›Leute wie Sie suchen wir wie die berühmte Stecknadel im Heuhaufen. In einer Viertelstunde können Sie die *Vocatio* direkt mit nach Hause nehmen!‹ – Wie jubelt da mein Herz. Der Herr hat alles gut gemacht. Ihm allein sei Lob und Dank dafür!

Doch damit ist die Geschichte noch nicht zu Ende. Nach dem Examen bekomme ich meine erste Stelle in der Sonderschule für Lernbehinderte in Frechen, einem Vorort von Köln. Die Schule besuchen auch etliche evangelische Kinder, die in einigen Klassen zusammengefasst werden, wenn Religionsunterricht dran ist. Bisher hat eine evangelische Kollegin diese Aufgabe wahrgenommen, doch jetzt muss sie einen Teil der Klassen an mich abgeben. Das scheint ihr jedoch nicht zu behagen. Und als sie erfährt, dass ich meinen Schülern evangelistisches Kindermaterial vom Missionswerk Werner Heukelbach mitgebe, da ist kein Halten mehr. Der örtliche Pfarrer wird informiert in der Hoffnung, dass der frühere Zustand wiederhergestellt wird. Der etwas ältere Herr bemüht sich zu uns auf den Berg (die Schule war auf dem größten Hügel des Ortes erbaut) und erkundigt sich bei mir sehr eingehend nach meiner Glaubensüberzeugung. Es zeigt sich, dass auch er ein Bruder in Christus ist, der sich freut, dass endlich mal ein gläubiger Lehrer den Religionsunterricht an dieser Schule in die Hand nehmen möchte. ›Wissen Sie, Ihre Kollegin wollte Ihnen die Klassen wieder abnehmen; jetzt aber bekommen Sie auch noch die restlichen Klassen hinzu, sodass Sie den gesamten Religionsunterricht für alle evangelischen Schüler übernehmen können!‹ Ja, unsere Verlegenheiten sind Seine Gelegenheiten!

Aber das ist immer noch nicht das Ende der Geschichte. Einige Zeit nach diesen Ereignissen gesellt sich die katholische Religionslehrerin zu mir: ›Herr Vedder, ich komme mit Ihrer Klasse nicht zurecht. Die Kinder sind so wild und undiszipliniert im Religionsunterricht. Ich weiß nicht mehr, was ich machen soll!‹ – ›Wenn das so ist, übernehme ich am besten Ihren Unterricht.‹ – ›Ja, aber das geht doch nicht! Sie können doch keinen katholischen Religionsunterricht erteilen!‹ – ›Wieso denn nicht? Sie wissen doch, dass ich evangelische Religion unterrichte, obwohl ich nicht zur Evangelischen Kirche gehöre. Ich erteile lediglich biblischen Unterricht – erzähle Geschichten aus der Bibel – und das müsste doch im katholischen Religionsunterricht genauso möglich sein, oder?‹ – ›Nun, da muss ich mal zunächst die Patres fragen. Sie hören wieder von mir.‹ – Es vergeht eine längere Zeit. Dann kommt die Antwort: ›Die Patres sind einverstanden. Sie können katholischen Religionsunterricht erteilen.‹ Und so kommt es, dass der, dem angedroht wurde, niemals (evangelischen) Religionsunterricht erteilen zu können, die Erlaubnis gegeben wird, dies nicht nur für alle evangelischen, sondern sogar für etliche katholische Schüler zu tun! **So groß ist unser Gott!**«

Auszug aus dem Buch *Afrika war nur der Anfang* von Martin Vedder, Bielefeld: CLV, 2009, 3. Auflage, S. 21-24

PS: Vor Kurzem (2011) erreichte uns (Emmaus-Fernbibelschule der ZAM) die Bitte vom Vizepräsidenten des protestantischen Kirchenbundes in Kongo/Kinshasa, den Religionsunterricht in allen 17 000 (siebzehntausend!) protestantischen Schulen des

Landes zu übernehmen. Und auch in etlichen katholischen Oberschulen wird mittlerweile Gottes Wort anhand unserer Bibelkurse den angehenden Studenten vermittelt. Ja, so ist unser Gott!

Vorstellung der Autoren

Michael Kotsch

Michael Kotsch, Jahrgang 1965, ist verheiratet mit Viviane Kotsch. Sie haben drei Kinder. Nach dem Studium der Theologie an der STH[274] Basel (1986 – 1991) sowie der Theologie, Religionswissenschaft und Ökologie an der Universität Basel (1991 – 1995) war er Religionslehrer im Auftrag der Reformierten Kirche Basel (1990 – 1995). Seit 1995 ist er Lehrer für Kirchengeschichte, Konfessions- und Sektenkunde, Religionswissenschaft und Apologetik an der Bibelschule Brake. Er ist Mitarbeiter in der Arbeitsgemeinschaft für biblische Ethik in der Medizin (ABEM) sowie im Vorstand des Bibelbundes. Michael Kotsch ist Autor für verschiedene theologische Zeitschriften und Verfasser mehrerer Bücher zu apologetischen und religionswissenschaftlichen Themen.

Siegfried F. Weber

Siegfried F. Weber wurde als siebtes Kind 1962, dem Jahr der großen Sturmflut, in Ostfriesland geboren. Das flache Land, die tobende See und der raue Wind der norddeutschen Landschaft reizen und fesseln ihn noch heute. Mit 17 Jahren traf er im Zelt der Deutschen Zeltmission eine persönliche Entscheidung für Jesus Christus.

Nach seinem Abitur studierte er Theologie an der STH in Basel. Dort lernte er auch seine Frau Christine kennen. Sie haben drei Kinder.

Der Autor war von 1988 bis Mai 2012 bei der Ostfriesischen Zeltmission e. V. sowie der Bibel- und Missionsschule Ostfriesland in Großheide-Ostermoordorf tätig. Er veröffentlichte

---

[274] A. d. V.: Abkürzung für »Staatsunabhängige Theologische Hochschule«.

etliche Bücher und Artikel zu aktuellen theologischen Fragestellungen. Viele biblische Ausarbeitungen zu verschiedenen Themen können auf seiner Homepage heruntergeladen werden: www.siegfried-f-weber.de.

Jochen Endres

Jochen Endres, Jahrgang 1964, hat bereits im Elternhaus freikirchliches Gemeindeleben im Rahmen der Brüderbewegung kennen und schätzen gelernt. Nachdem er schon im Kindesalter zum Glauben an Jesus Christus fand, entwickelte sich früh sein Interesse am intensiven Studium der Bibel. Obwohl er keine theologische Fakultät oder Bibelschule besuchte, hat er sich im Selbststudium Kenntnisse angeeignet, die er u. a. als Referent in verschiedenen Gemeindebibelschulen gerne weitergibt. Sein besonderes Interesse gilt dem induktiven Bibelstudium und der Auslegungspredigt.

Jochen wohnt mit seiner Frau Rita im Oberbergischen Land. Zur Familie gehören fünf Söhne. Jochen ist seit vielen Jahren Ältester der örtlichen Brüdergemeinde. Beruflich leitet Jochen als Krankenpfleger, Medizinpädagoge und Alterswissenschaftler eine Ausbildungsstätte der Altenpflege.

Wolfgang Nestvogel

Wolfgang Nestvogel, Dr. theol., Jahrgang 1961, ist Pastor der Bekennenden Evangelischen Gemeinde Hannover (www.beg-hannover.de) und Rektor der ART[275]. Nach dem Studium der Theologie in Krelingen, Göttingen und Tübingen war er Pfarrer in Gemeinden der hannoverschen Landeskirche. Danach wissenschaftliche Arbeit und Promotion im Bereich Predigtlehre und Evangelistik. Von 2001 – 2010 Dozent an der ART, von

---

275 A. d. V.: Abkürzung für »Akademie für Reformatorische Theologie«.

2005–2010 deren Rektor und zugleich seit 2005 Pastor in Hannover. Autor theologischer Publikationen, u. a. *Evangelisation in der Postmoderne* (Bielefeld: CLV, 2004). Verheiratet mit Patricia, zwei Kinder. Homepage: www.wolfgang-nestvogel.de.

Johannes Pflaum

Johannes Pflaum, Jahrgang 1964, fand schon in frühen Jahren bei einer Kinderwoche zum Glauben an Jesus Christus.

Ein halbes Jahr vor der Beendigung seiner Ausbildung als Verlagskaufmann zeichnete sich für ihn der Weg in den vollzeitlichen Dienst ab. Nach der fünfjährigen Ausbildung am Theologischen Seminar der Liebenzeller Mission war er zunächst für einige Jahre als Prediger des Liebenzeller Gemeinschaftsverbandes tätig. Danach folgten zwei weitere Dienststellen in der Schweiz.

Seit 1989 ist er mit seiner Frau Dagmar verheiratet. Zu der Familie gehören fünf Kinder. Die Familie wohnt in Neu St. Johann/Schweiz.

Seit ca. zehn Jahren ist Johannes Pflaum als Verkündiger und Bibellehrer im Rahmen des »Bibel-Lehr-Dienstes« im übergemeindlichen Dienst tätig. Er gehört zum Vorstand des Bibelbundes Schweiz, zum Vorstand des Maleachi-Kreises e. V., unterrichtet am EBTC Zürich (Europäisches Bibel Trainings Centrum) und hat seine gemeindliche Heimat in der christlichen Versammlung Sennwald, in der er auch als Ältester dient.

Eberhard Platte

Eberhard Platte, Jahrgang 1942, ist seit über 40 Jahren glücklich verheiratet mit seiner Frau Erika. Sie haben vier erwachsene Kinder und acht Enkelkinder. Sie sind in der Christlichen Gemeinde in Wuppertal-Barmen aktiv, einer evangelisch-freikirchlichen Brüdergemeinde (www.cg-barmen.de), sind Mitbegründer der

Gefährdetenhilfe Kurswechsel (www.gh-kurswechsel.de) und ehrenamtlich in der Straffälligenhilfe tätig.

Von Beruf ist Eberhard Platte selbstständiger Grafik-Designer und Inhaber einer kleinen Werbeagentur, die heute von seinen Söhnen geführt wird. Er ist Referent zu Ehe-, Familien-, Gemeinde- und Seelsorgethemen und Gastdozent an der Bibelschule Burgstädt. Außerdem ist er in zahlreichen christlichen Werken und Arbeitskreisen tätig (z. B. im Vorstand des Maleachi-Kreises e. V.) und Autor etlicher Bücher zu Themen der Bibel (www.wachsen-im-glauben.de).

Der Maleachi-Kreis stellt sich vor

Der Maleachi-Kreis (Mal 3,16) ist ein Arbeitskreis für Glaubensstärkung in Lehre und Leben. Zu diesem Kreis gehören bibeltreue Verantwortliche aus dem evangelikalen Raum. Jeder von ihnen ist in einer örtlichen Gemeinde integriert, nimmt häufig aber auch überörtliche Aufgaben wahr.

Die Mitarbeiter des Maleachi-Kreises bekennen sich als wiedergeborene, erlöste Menschen (Joh 3,1-7; Röm 3,24; Eph 2,8) zur gesamten – von Gott inspirierten – Heiligen Schrift (2Tim 3,16) als der verbindlichen Grundlage unseres Glaubens und Lebens, wie es z. B. in der »Chicago-Erklärung zur Irrtumslosigkeit der Bibel« (1978) zum Ausdruck kommt. Wir lehnen davon abweichende theologische Ansätze zur Deutung der Bibel ab (wie u. a. die »historisch-kritische Methode« und die »Hermeneutik der Demut«). Wir halten fest an der inneren Einheit aller durch den Geist Gottes Wiedergeborenen (Joh 17). Wir distanzieren uns jedoch von allen unbiblischen Einheitsbestrebungen (Ökumene). Bezüglich der schwärmerischen Bewegungen halten wir an der »Berliner Erklärung« (1909) fest.

Die Treffen des Maleachi-Kreises dienen dem gemeinsamen Gebet, dem Studium des Wortes Gottes und dem Hören aufeinander. Die Teilnehmer wollen sich ergänzen, gegenseitig stärken und korrigieren (Kol 3,15-16). Sie möchten neben dem Einstehen für das rettende Evangelium von Jesus Christus (Evangelisation und Mission) bibeltreue Gläubige in schwerer Zeit ermutigen, im Glauben festigen und für ihren Alltag zurüsten (Eph 4,12-16; 1Petr 5,10). Darüber hinaus wollen sie anhand der Bibel Orientierung geben, über unbiblische Entwicklungen aufklären und nötigenfalls warnen (Apg 20,28-32). Sie wollen dadurch mithelfen, auf geistliche Art und Weise der Gemeinde Jesu Christi zu dienen.

Entstanden ist der Maleachi-Kreis im Jahr 2001 während einer Bibelfreizeit, die Martin Vedder im Freizeitheim Waldesruhe in Vesperweiler hielt. Die vermehrte Konfrontation mit Irrlehren aller Art, die sich allmählich auch ins Lager der sogenannten »Evangelikalen« einschlichen, führte zu dem Gedanken, die bibeltreuen Verkündiger (Prediger, Bibellehrer, Evangelisten und Publizisten) im Land zu sammeln, um im oben beschriebenen Sinn den verunsicherten Kindern Gottes biblische Orientierung und Glaubensstärkung anzubieten. Dazu dienen neben dem Mitteilungsblatt *Maleachi-Info* (Erscheinungsweise 3 x jährlich, gratis) vor allem die Maleachi-Konferenzen, -Tagungen und -Tage, auf die regelmäßig in verschiedenen christlichen Publikationen hingewiesen wird, u. a. auch auf der Internetseite: www.maleachi-kreis.de.

Kontakt:
Maleachi-Kreis e. V.
Herrn Martin Vedder
Auf dem Kohlknippen 8
D-51597 Morsbach

Buchempfehlung

Das erste **Buch des Maleachi-Kreises** (erschienen zum Jahr der Stille 2010):

> Maleachi-Kreis (Hrsg.)
> **Gefährliche Stille!**
> Wie die Mystik die Evangelikalen erobern will
> Bielefeld: CLV, 224 Seiten, Paperback, ISBN 978-3-86699-226-9

mit Beiträgen von Roland Antholzer, Wolfgang Nestvogel, Johannes Pflaum, Eberhard Platte, Lothar Schäfer, Alexander Seibel, Ulrich Skambraks, Martin Vedder

Dieses Buch deckt auf, was unter dem Etikett des »Jahres der Stille« keineswegs biblisch ist. Was steckt hinter diesem Jahr, das mit langer Hand vorbereitet wurde?

Doch dieses Buch bietet auch Hilfen auf biblischer Basis an: Stille in der Bibel; Stille mit der Bibel; Stille finden im Leid, und wie ein Christ zu einem erhörlichen Gebet finden kann. Ein notwendiges Buch!

A. d. V.: Obwohl das Buch inzwischen vergriffen ist, steht der Text zur Verfügung unter:
>   http://www.clv-server.de/pdf/256226.pdf
>   (abgerufen am 21. 08. 2012).

Zum Downloaden:

Die Chicago-Erklärung zur Irrtumslosigkeit der Bibel

Die Chicago-Erklärung stellt das Bekenntnis zur Unfehlbarkeit und Irrtumslosigkeit der Heiligen Schrift verständlich und ausführlich dar. Dadurch können Missverständnisse abgebaut und die eigene Stellung zur Schrift gefestigt werden.

Dieses bedeutsame Dokument steht zur Verfügung unter:
http://www.maleachi-kreis.de/downloads/chicago.pdf
(abgerufen am 21. 08. 2012).

Die Berliner Erklärung von 1909

Die nach wie vor wichtige Erklärung der Gemeinschaftsbewegung, in der sie sich von der Pfingstbewegung distanziert.

Auch dieses wichtige Dokument steht auf der Homepage des Maleachi-Kreises zum Download bereit:
http://www.maleachi-kreis.de/downloads/BerlinerErkl.pdf
(abgerufen am 21. 08. 2012).

Abkürzungen

a. a. O.	am angeführten Ort
A. d. A.	Anmerkung des Autors
A. d. V.	Anmerkung des Verlags
ders.	derselbe
ebd.	ebenda
Elb 2003	*Elberfelder Übersetzung*, Hückeswagen: CSV, 2003, 3. Aufl. 2009.
gr.	griechisch
HfA	*Hoffnung für alle. Die Bibel*, Gießen und Basel: Brunnen.
Hrsg.	Herausgeber
hrsg.	herausgegeben
lat.	lateinisch
Luther 1912	*Die Heilige Schrift nach der deutschen Übersetzung Martin Luthers*, Stuttgart, 1912.
Luther 1984	*Die Bibel nach der Übersetzung Martin Luthers*, Deutsche Bibelgesellschaft, Stuttgart (Bibeltext in der revidierten Fassung von 1984).
Menge	*Die Heilige Schrift Alten und Neuen Testaments*, übersetzt von Dr. Hermann Menge, Berlin, 1960.
NeÜ	*Neue evangelistische Übersetzung* von Karl-Heinz Vanheiden, Dillenburg: Christliche Verlagsgesellschaft, 2010.
RELB	*Elberfelder Übersetzung*, revidierte Fassung, Wuppertal: R. Brockhaus Verlag, 8. Aufl. 2001.
s. o.	siehe oben
s. u.	siehe unten
Schlachter 1951	*Die Heilige Schrift des Alten und Neuen Testaments*, übersetzt von F. E. Schlachter, Genf, 1990.
Schlachter 2000	*Die Bibel*, übersetzt von F. E. Schlachter (Version 2000), Genf, 3. Aufl. 2009.
svw.	so viel wie
UELB	*Elberfelder Übersetzung*, nicht revidiert, Berlin, 1961.
Zürcher	*Die Heilige Schrift des Alten und des Neuen Testaments, Zürcher Bibel*, Evangelische Haupt-Bibelgesellschaft zu Berlin, 1956.